Naturschutz und Biologische Vielfalt
Heft 54

Informieren und faszinieren – Kommunikation in Natur-Infozentren

Bearbeitung:
Karl-Heinz Erdmann
Till Hopf
Christiane Schell

Bundesamt für Naturschutz
Bonn - Bad Godesberg 2008

Titelbilder: Bildautoren im Uhrzeigersinn von oben links: Seekamp; Werbeck; Nationalpark-Zentrum Königsstuhl; Hoffman; Johaentges; Nationalpark-Zentrum Königsstuhl; Zentrum: Archiv Multimar; Hintergrund: Niclas

Adresse der Bearbeiterin und Bearbeiter:

Prof. Dr. Karl-Heinz Erdmann
Dipl.-Geogr. Till Hopf
Dr. Christiane Schell

Bundesamt für Naturschutz
Fachgebiet II 1.2-Gesellschaft, Nachhaltigkeit, Tourismus und Sport
Konstantinstr. 110
53179 Bonn

Diese Veröffentlichung wird aufgenommen in die Literaturdatenbank DNL-online (www.dnl-online.de).

Herausgeber: Bundesamt für Naturschutz (BfN)
Konstantinstr. 110, 53179 Bonn
URL: www.bfn.de

Druck: LV Druck GmbH & Co. KG, Münster

Bezug über: BfN-Schriftenvertrieb im Landwirtschaftsverlag
48084 Münster
Tel.: 02501/801-300, Fax: 02501/801-351
Preis: 16,-- €

oder im Internet:
www.lv-h.de/bfn

ISBN 978-3-7843-3954-2

Gedruckt auf FSC-Papier

Bonn - Bad Godesberg 2008

Mix
Produktgruppe aus vorbildlich bewirtschafteten Wäldern und anderen kontrollierten Herkünften
www.fsc.org Zert.-Nr. GFA – COC - 1227
© 1996 Forest Stewardship Council

Inhaltsverzeichnis

Vorwort

Erfolgreiche Naturschutzarbeit ist darauf angewiesen, bei der Bevölkerung hinreichende Akzeptanz für die notwendig erachteten Schutzmaßnahmen zu gewinnen. Zu diesem Zweck ist der Wert der Natur für den Menschen, aber auch der intrinsische Wert der Natur zu vermitteln und im allgemeinen Bewusstsein zu verankern.

Dieser Prozess lässt sich idealer Weise in Informationszentren initiieren, die dort realisiert sind, wo sie den Besucherinnen und Besuchern auch direkte Anschauung bieten: in landschaftlich reizvollen Urlaubsregionen, aber auch an geeigneter Stelle im städtischen Umfeld.

Stets stellt sich dabei die Frage, welchen konzeptionellen Ansatz Naturschutzkommunikation verfolgen soll. Sollen Adressatinnen und Adressaten argumentativ überzeugt werden, oder gilt es eher, den Weg des unterbewussten „Verführens" zu beschreiten? Ersteres birgt die Gefahr des abschreckend wirkenden „erhobenen Zeigefingers", letzteres die Schwierigkeit, dass grundlegende Sachverhalte und Bildung „auf der Strecke" bleiben könnten. Diese verschiedenen Spielarten der Kommunikation werden in den einleitenden Beiträgen der vorliegenden Publikation näher beleuchtet.

Weiterhin gilt es stets zu beachten, dass sich Natur-Infozentren nach Ende einer (etwaigen) Start-Förderung langfristig wirtschaftlich tragen müssen. Dies erfordert ein kundenorientiertes Marketing und eine zielgruppengerechte Ansprache. Gerade in Konkurrenz zu anderen, „klassischen" Freizeitangeboten stellt dabei auch die Unterhaltungskomponente der Ausstellung einen nicht unerheblichen Faktor für die Gunst der Besucherinnen und Besucher dar.

Das Bundesamt für Naturschutz hat seit den 1990er Jahren mit Mitteln des Bundesministeriums für Umwelt, Naturschutz und Reaktorsicherheit mehrere Erprobungs- und Entwicklungsvorhaben (E+E) gefördert, in denen beispielhaft innovative Natur-Infozentren realisiert wurden. Dies fügt sich ein in die Anforderungen des Übereinkommens über die biologische Vielfalt, dem zufolge das Bewusstsein für die Bedeutung des Erhalts der biologischen Vielfalt und das Verständnis für die dazu notwendigen Maßnahmen zu fördern ist.

Zwei der geförderten E+E-Vorhaben werden im zweiten Teil dieser Publikation näher vorgestellt, beide in typischen Ferienregionen an Nord- und Ostsee (MulitmarWattforum in Tönning/Schleswig-Holstein und Nationalpark-Zentrum Königsstuhl auf Rügen/Mecklenburg-Vorpommern) gelegen. Neben der Darstellung des jeweils eingeschlagenen Weges enthalten die Beiträge auch verschiedenartige Hinweise und Erfahrungen, die zukünftigen Vorhaben als Anregung und Leitlinie dienen können.

Bundesamt für Naturschutz

Aufklären oder verführen? - Zur Bedeutung der Faktoren „Emotionalität" und „Integrierte Kommunikation" für Besucherzentren und Ausstellungen

RALF RÖCHERT

Die Kreideküste der Insel Rügen gehört wohl zu den eindrucksvollsten Naturlandschaften Deutschlands. Der Königsstuhl, seit über 200 Jahren Symbol romantischer Naturbewunderung, hat bis heute magnetische Anziehungskraft. Jährlich stehen dort hunderttausende von Menschen, um das Farben- und Formenspiel von Kreidekliff, Buchenwald und Ostsee zu erleben. Eine solche Situation stellt erhebliche Anforderungen an die Besucherlenkung und Betreuung in Deutschlands kleinstem Nationalpark Jasmund, bietet andererseits aber auch besondere Chancen, in einer breiten Bevölkerung für die Schönheit und den Wert von Natur zu werben. Vor diesem Hintergrund sah das Gründungskonzept für ein am Königsstuhl gelegenes Nationalpark-Zentrum vor, die gefühlsbetonte Ansprache der Gäste in den Mittelpunkt zu rücken und die emotionale Vermittlung damit zum Leitbild der Kommunikation zu bestimmen (siehe auch Beitrag von RÖCHERT et al. in diesem Buch). Im folgenden werden einige grundsätzliche Überlegungen zu den Faktoren „Emotionalität" und „Integrierte Kommunikation" dargestellt, die maßgeblich für die konzeptionelle Entwicklung des Nationalpark-Zentrums Königsstuhl waren, die darüber hinaus aber auch von genereller Bedeutung für die Entwicklung von Ausstellungen und Besucherzentren sind.

1 Emotionalität als Basis strategischer Kommunikation

Besucherzentren, gerade wenn sie sich an einer prominenten Stelle befinden und von einem großen Publikum besucht werden sollen, bestimmen ganz wesentlich, welches Bild die Bevölkerung von einem Schutzgebiet erhält. Da möglichst viele Menschen von der Wichtigkeit des Schutzgebietes und vom Wert der geschützten Natur überzeugt werden sollen, erfüllen solche Zentren als zentrales Bindeglied zur Öffentlichkeit eine klassische Aufgabe für die *public relations* (PR)[1]. Wie also - so eine für den Naturschutz generell relevante Leitfrage für die Gestaltung von Kommunikationskonzepten - lässt sich für ein großes Publikum eine Form der Ansprache finden, die überzeugt und die beabsichtigte

---

[1] Bildungsangebote werden hier als Teilbereich der in einem Besucherzentrum angebotenen, kommunikativen Dienstleistungen verstanden. Sie erfüllen im Verständnis des Autors eine zwar notwendige Funktion, stellen aber nur eines unter vielen Kommunikationsinstrumenten zeitgemäßer Besucherzentren dar.

Wirkung erzielt? Ein kleiner Exkurs in die Erforschung ursprünglicher menschlicher Lebensgemeinschaften liefert hierfür interessante Erkenntnisse.

Der amerikanische Anthropologe Eugene N. ANDERSON untersuchte weltweit Gemeinsamkeiten in den Überlebensstrategien traditioneller Gesellschaftssysteme und identifizierte dabei eine hohe emotionale Bindung solcher Lebensgemeinschaften an die umgebende Natur. Diese emotionale Bindung offenbarte sich als durchgängig erfolgreiches Regularium für die gesamte Ressourcennutzung. In einer Zusammenfassung seiner langjährigen Studien hält ANDERSON deshalb fest: „The common theme of all these traditional resource management ethics is not spiritual harmony with some disembodied and abstracted Nature, but actual personal and emotional involvement with the actual landscape and its nonhuman inhabitants. [...] In those cultures that endure and do not collapse, the meanings of nature are bound up in systems of respect and protection“ (ANDERSON 1996: 174).

Da Menschen in ihren Grundzügen emotional handeln, so argumentiert Anderson weiter, müsse das Ressourcen-Management so strukturiert sein, dass es diesem Umstand Rechnung trägt. Traditionelle Gesellschaftssysteme hätten im Einklang mit ihrer Umwelt überlebt, ohne ihr Leben der Ökologie zu widmen oder ausgefeilte Gesetze zu verinnerlichen. „It is not only easier, but apparently more productive, to persuade people to live by a few simple principles of caring for, and enjoying the world“ (ANDERSON 1996: 175).

Den erfolgreichen Akt der Überzeugung, der Persuasion, übernimmt in traditionellen Lebensgemeinschaften in der Regel die Religion, die es schafft, einfache moralische Codices in emotional eindringlicher Form - letztlich also gesellschaftlich fest verankerte Werte - zu vermitteln. „To succeed, a moral code must have something to do with reality, but it must be strongly *believed* - people have to have a lot of emotion invested in it. Belief in this sense does not mean dogmatism. One can be open and reasonable about a belief. The difference between a belief - in this sense - and an ordinary bit of knowledge is the emotional investment“ (ANDERSON 1996: 161).

Angesichts der Ausrichtung neuzeitlicher industrieller Gesellschaftssysteme fällt es allerdings schwer, der Religion in einer mitteleuropäischen Zivilisation an der Schwelle zum 21. Jahrhundert eine ähnlich zentrale Rolle zuzuschreiben wie in traditionellen Lebensgemeinschaften. Doch die emotionale Ansprache durch einfache Codices ist nicht per se auf religiöse Kontexte begrenzt.

Im Zeitalter von Marketing und Massenmedien wurden die Götter der archaischen Welt durch Güter ersetzt, die moralischen Codices durch Werbebotschaften. So ließe sich eine provokante Schlussfolgerung aus BOLZ und BOSSHARTs (1995) Erkenntnissen zu Phänomenen des Kult-Marketing formulieren. Als Kommunikationsdesign - so die beiden Medienwissenschaftler - zielt das moderne Marketing nicht mehr auf das Bewusstsein, sondern vielmehr auf dessen Immunsystem: die Gefühle. Emotionen entsprechen Verhaltensmustern und werden in gewisser Weise erlernt. Deshalb ist es möglich, Gefühle zu modellieren. An die Stelle des Objektdesigns trete zunehmend das Design von Wahrnehmung und Lebensstil, und im Ergebnis werden Waren nicht mehr aufgrund ihres Produktverhaltens gekauft, sondern aufgrund der Assoziationen, die sie hervorrufen. Anders ausgedrückt: Ob man Pepsi oder Coca Cola trinkt, sei keine Frage der Geschmacksnerven, sondern des Weltbildes, das der Videoclip der weltumspannenden Werbekampagne entwirft. Und die Werbung selbst entwickle permanent und erfolgreich die entsprechenden Techniken, um die hierfür notwendige Emotionalisierung der anvisierten Kundschaft zu erreichen.

Derartig provokante Thesen sind weder neu, noch überraschend. Die konkurrierenden Werbefeldzüge der Fahrzeug- oder Zigarettenindustrie, der Getränke- oder Textilhersteller, der Telekommunikations- oder Dienstleistungsunternehmen machen täglich deutlich, dass der Ausdruck mehr zählt als das Produkt. Und auffällig ist, dass Natur sehr häufig als Werbeträger genutzt wird, nicht einmal nur als Kulisse, sondern auch als direkt verkaufsförderndes Agens für den „Kult“-Status der Marke: Wer Marlboro raucht, atmet auch heute noch die Freiheit und grandiosen Landschaften Süd-Utahs, die Wildheit des amerikanischen Westens. Egal ob Raucher oder Nichtraucherin, hier werden Sehnsüchte durch die eindringliche Überhöhung natürlicher Schönheiten geweckt, denen sich nur wenige Menschen entziehen können. Dieser Weg ist bisher jedoch eher eine Einbahnstraße, denn die Werbung nutzt zwar die Natur sehr erfolgreich für ihre Zwecke, umgekehrt schafft es der Naturschutz aber offensichtlich nur unzureichend, die Techniken der Werbung für seine eigenen Ziele einzusetzen und breite Bevölkerungsschichten dadurch emotional stärker zu erreichen als bisher. In dieser betont emotionalen Ansprache aber liegt nach Überzeugung des Autors eine der zentralen Aufgaben für eine nachhaltig wirkende und an ein breites Publikum gerichtete Naturschutzkommunikation.

Zwar wäre die Vorstellung, Naturschutz entwickle sich künftig zum Kultphänomen und ein durch perfekte Werbestrategien verbreitetes Werteprinzip des „care and respect for nature“ trete an die Stelle der moralischen Codices traditioneller Gesellschaften, überzogen und in letzter Konsequenz auch ziemlich absurd. Dennoch lohnt es sich, den Erkenntnissen der Werbepsychologie größere Aufmerksamkeit zu schenken.

Zentral für den Absatzerfolg eines Produktes ist gutes Marketing. Dabei sollte erwähnt werden, dass „Marketing“ ausdrücklich **nicht** allein im Sinne von Absatzbemühungen privatwirtschaftlicher Unternehmen zu verstehen ist. So wird es von der American Marketing Association beispielsweise charakterisiert als Planung und Realisation der Gestaltung, Preispolitik, Kommunikation und des Vertriebs von **Ideen**, Gütern und Dienstleistungen. Entsprechend ist das „social marketing“ ein mittlerweile weit verbreiteter und positiv besetzter Begriff, was man vom „nature marketing“ nicht gerade behaupten kann.

Kommunikation im Marketing definiert sich selbst als eindeutig **persuasiv** angelegter Vorgang, dessen Hauptziel es ist, den Wert eines Produktes bzw. einer Idee zu betonen und in diesem Sinne möglichst viele Menschen davon zu überzeugen. Damit zeigt sich in den Zielstellungen werbender Kommunikation eine deutliche Übereinstimmung mit den Zielen einer strategisch orientierten Naturschutzkommunikation: Möglichst viele Menschen sollen vom Wert der Natur, eines Schutzgebietes, der biologischen Vielfalt, etc. überzeugt werden.

Die Wirkung werbender Kommunikation ist nicht nur Gegenstand kontinuierlicher Reflexion im Rahmen werblicher Praxis, sie ist auch Gegenstand zahlreicher empirischer Untersuchungen aus dem Bereich der Werbepsychologie. Dabei wurden eine Reihe verschiedener Modellvorstellungen zu den Erfolgsvariablen persuasiver (bzw. beeinflussender) Kommunikation entwickelt.

Aus historischer Perspektive betrachtet herrschten lange Zeit die so genannten Stufenmodelle vor, die im Rahmen des Werbewirkungsprozesses eine kontinuierliche Reaktionsabfolge beim Adressaten postulierten. Sie gehen ihrem Wesen nach zurück auf die schon 1898 von E.S.E. Lewis vorgeschlagene AIDA-Regel (**A**ttention, **I**nterest, **D**esire, **A**ction), einer als „Klassiker“ berühmt gewordenen Handlungsanleitung für Verkaufsgespräche. Im Zuge weiterer Forschung wurden diese Stufenmodelle kontinuierlich verfeinert und damit komplexer, ohne den Grundcharakter einer aufeinander aufbauenden Abfolge von Reaktionen zu verlieren.

Zunehmend wuchs jedoch die Erkenntnis, dass das Modell einer zwingenden linearen Reaktionsabfolge als Ergebnis persuasiver Kommunikation in der Praxis selten greift. Insbesondere das finale Ziel, Verhalten direkt zu beeinflussen, entzieht sich in der Regel dem unmittelbaren Zugriff der Werbung (wie übrigens auch der Pädagogik), da das tatsächliche Verhalten eingebunden ist in komplexe soziale Kontexte, die sich über Kommunikationsmethoden allein kaum verändern lassen, sowie in eine Vielzahl von häufig miteinander konkurrierenden Einstellungen. Vor diesem Hintergrund haben die so genannten Einstellungsmodelle in der Werbewirkungsforschung zunehmend an Bedeutung gewonnen, zumal sie mit dem Element des „involvements“, also des Vorab-Engagements des Empfängers, eine Schlüsselgröße für die Vermittlung von Werbebotschaften einführen.

So unterscheiden PETTY und CACIOPPO (1986) einen zentralen und einen peripheren Weg der Persuasion. Mit diesem Ansatz reflektieren sie eine der zentralsten Fragen für die beeinflussende Kommunikation: wie wahrscheinlich ist es, dass ein Adressat sich intensiv mit inhaltlichen Argumenten auseinandersetzt? Ist er bereit, intensiv über den Inhalt der Kommunikation nachzudenken, dann wird die Argumentation über die so genannte zentrale Route verarbeitet. Dieser Weg greift aber in der Regel nur bei besonders interessierten Adressaten bzw. beim Fachpublikum, wie wohl auch die Alltagserfahrungen der meisten Menschen nahe legen, wenn man einmal kritisch die eigenen Reaktionen auf die uns täglich umgebende Flut inhaltlicher Botschaften reflektiert. Ist der Adressat nicht zu einer intensiven inhaltlichen Auseinandersetzung bereit, dann schlägt die Überredung den so genannten peripheren Weg ein. Auf dem zentralen Weg der Persuasion, so das Modell, zählen vor allem Argumente; auf dem peripheren Weg wird die Verarbeitung vor allem über äußere Reize gesteuert, die subtil wirken und nichts mehr mit den argumentativen Inhalten einer Kommunikation zu tun haben. Je weniger Vorab-Engagement also vorhanden ist, desto deutlicher tritt der periphere Weg der Verarbeitung in den Vordergrund.

Empirische Untersuchungen zur Werbewirkung und das Konzept des „low involvement" führten schließlich zur Entwicklung von KROEBER-RIELs „Grundmodell der Werbewirkung" (KROEBER-RIEL & WEINBERG 2003). Einstellungsänderungen durch Werbekontakte werden demnach bei Personen mit großem Engagement bzw. hoher Aufmerksamkeit gegenüber einer Botschaft (z.B. bei persönlicher Betroffenheit oder großer Vorkenntnis) am ehesten durch kognitive Vorgänge erreicht. Bei Personen mit geringem Engagement bzw. geringer Aufmerksamkeit jedoch (die typische Situation im Werbealltag und auch die typische Situation, wenn breite Bevölkerungsschichten mit Naturschutzbotschaften in Berührung kommen) überzeugen Botschaften nur dann, wenn sie einfach sind und wenn sie emotional ansprechen.

So wird die herausragende Bedeutung der emotionalen Ansprache in einem Kommunikationsprozess mit breiten Bevölkerungsschichten von den Erkenntnissen der Werbepsychologie eindeutig bestätigt. **„Kultstatus" erhält eine Idee nicht durch bessere Argumente, sondern dadurch, dass sie die Herzen erreicht.** Die Macht der Werbung liegt darin, dass sie die Dinge ernst nimmt, die Menschen wirklich bewegen (BOLZ & BOSSHART 1995). Und dass Natur Menschen bewegen kann, zeigt nicht zuletzt die werbliche Praxis selbst.

Viele Vermittlungsversuche im Naturschutzbereich scheitern jedoch häufig bereits im Ansatz daran, dass die Kommunikation aus dem Rollenverständnis der „Lehrenden" agiert, die ihren „Schülern und Schülerinnen" viel beizubringen haben, und damit eine alte Erkenntnis der Unterhaltungsindustrie negiert: Die aufwändigste Show bleibt blass, wenn sie am Publikum vorbei produziert wurde. Vielleicht möchte das „breite" Publikum häufig viel lieber verführt als aufgeklärt werden!?

Welchen Stellenwert aber besitzt die Kommunikation über Medien im Verhältnis zu direkten persönlichen Erfahrungen mit einer Idee bzw. einem Produkt? Obwohl dieser Zusammenhang relativ komplexer Natur ist, lässt sich im Verhältnis dieser beiden Erfahrungsbereiche dennoch eine Grundregel skizzieren: wenn die persönliche oder die durch Andere übermittelte persönliche Erfahrung mit einem Produkt schlecht ist, dann wird es eine mit diesem negativen Eindruck konkurrierende Kommunikation sehr schwer haben, sich überzeugend durchzusetzen (FELSER 1997). Im Gegenteil wird sie in diesem Fall tendenziell eher kontraproduktiv, weil unehrlich oder beschönigend, wirken.

Dieser Zusammenhang hat nicht nur Konsequenzen für Kommunikationsprozesse mit „Betroffenen“ etwaiger Nutzungseinschränkungen, sondern auch für den Umgang mit dem „normalen“ Publikum. Wenn die persönliche Erfahrung beim Besuch eines Schutzgebietes schlecht ist, dann treffen auch optimal vermittelte Botschaften in Ausstellungen oder Massenmedien nicht gerade auf gute Voraussetzungen, um zum gewünschten Ergebnis zu kommen. Verläuft der Besuch positiv, sind die Voraussetzungen für eine Kommunikation über Medien hingegen ausgesprochen gut, zumal die Schutzgebiete in der breiten Bevölkerung ohnehin über einen hohen Imagewert verfügen. Ein Zusammenhang, der den hohen Stellenwert einer Service-orientierten Ausrichtung von Besucherzentren für die Wirksamkeit persuasiver Kommunikationsvorgänge unterstreicht.

Für die konzeptionelle Entwicklung einer Kommunikationsstrategie für Besucherzentren lassen sich demnach drei zentrale Aspekte ableiten:

1. Um eine hohe Zufriedenheit der Gäste zu erreichen, müssen die notwendigen hoheitlichen Aufgaben einer Schutzgebietsverwaltung durch ein gutes Serviceangebot im Bereich der Besucherbetreuung ergänzt werden.
2. Um die „Unternehmung“ Nationalpark, Biosphärenreservat, Naturpark etc. überzeugend nach außen vertreten zu können, sollte Kommunikation als integrativer Teil ökologischen Marketings und damit als strategische Aufgabe definiert werden, in der die Klaviatur professioneller PR-Arbeit gezielt und offensiv eingesetzt wird.
3. Um breite Bevölkerungsschichten vom Wert eines Schutzgebietes überzeugen bzw. für den Erhalt biologischer Vielfalt begeistern zu können, sollten alle kommunikativen Aktivitäten bewusst emotional konzipiert werden.

2 Ausstellungen als Instrument emotionaler Ansprache

Ausstellungen gehören zum Standardrepertoire der meisten Besucherzentren. Wenn Ausstellungen mit dem Ziel entwickelt werden sollen, Menschen vor allem emotional anzusprechen, stellt sich automatisch die Frage, wie dieses Ziel praktisch umgesetzt werden kann. Emotionale Ansprache in Ausstellungen erfordert zunächst einmal, die Besucherinnen und Besucher in den Mittelpunkt zu stellen und nicht das Sendungsbewusstsein der Ausstellungsmacher. Und zu den Grundbedingungen einer besucherorientierten Ausstellung gehört, dass jeder Schritt des Entstehungsprozesses aus den Augen des Gastes betrachtet und dabei die Grundbedürfnisse des Ausstellungspublikums beachtet werden: das Bedürfnis nach Unterhaltung, nach Orientierung, nach Aktivität, nach einer angenehmen Raumatmosphäre, nach Sitzgelegenheiten, wenn man müde wird.

Zu den wichtigsten Erkenntnissen der Besucherforschung zählt, dass die Verweildauer an Ausstellungstexten extrem gering ist. Jeder Versuch, Inhalte vorwiegend über geschriebene Texte zu vermitteln, ist deshalb von vornherein zum Scheitern verurteilt. Denn wer liest Bücher schon gern im Stehen? Vor diesem Hintergrund wurde vor allem aus dem naturkundlichen Bereich heraus eine andere Vermittlungsrichtung eingeschlagen, die den menschlichen Entdeckungsdrang nutzt und deren Wurzeln in den USA liegen. Die Bewegung der „Science Center“ setzte einen Gegenpol zum klassischen naturhistorischen Museum. An die Stelle von Texten und Originalexponaten trat das Experiment: Gegen die Disziplin des Lesens wurde systematisch die Lust des Ausprobierens gesetzt. Besucherinnen und Besucher treffen hier auf eine Welt der Phänomene, die aktiv entdeckt und mit Spaß durchdrungen werden will.

Das Prinzip der „Hands-On-Museen“, des Anfassens und Berührens anstelle einer ehrfürchtigen Distanz zum Objekt, hat sich zunehmend durchgesetzt - nicht nur in der Science Center-Bewegung oder in der weltweit wachsenden Gemeinschaft von Kinder- und Jugendmuseen, sondern als generelles Prinzip moderner Ausstellungsgestaltung. Die Interaktion gehört zu den Schlüsselfaktoren erfolgreicher Vermittlung und interaktive Exponate haben deutlich neue Akzente in Museen und andere Ausstellungsinstitutionen hineingetragen.

Im Naturschutzbereich wurde das Prinzip „Spiele und Lerne“ in Deutschland wohl erstmalig im Otter-Zentrum in Hankensbüttel erprobt und konsequent eine „etwas andere“ Form der Vermittlung entwickelt (RUMP 1991). Mittlerweile haben interaktive Ausstellungselemente in Naturschutzeinrichtungen und Ausstellungsinstitutionen im Umweltbereich eine weite Verbreitung erfahren - bewegen sich in punkto Qualität und Originalität allerdings auf sehr unterschiedlichem Niveau. Bezogen auf die Attraktivität von Ausstellungsgegenständen sind grundsätzlich zwei Voraussetzungen zu erfüllen: Exponate müssen attraktiv sein, also zunächst neugierig machen bzw. anziehen und dann für eine Weile „fesseln“, d.h. zur gewünschten Auseinandersetzung mit den präsentierten Inhalten motivieren („attracting und holding power“).

Interaktive Medien allein sind allerdings noch kein Garant dafür, das Publikum auch emotional zu erreichen. Bereits Anfang der achtziger Jahre riefen KÜKELHAUS und ZUR LIPPE (1982) dazu auf, die Sinne des Menschen neu zu entfalten - ein Plädoyer für multisensorische Erfahrungen, das den Ausstellungsbereich stark beeinflusst hat. Wie die spielerischen und interaktiven Ansätze gehört mittlerweile auch das Ansprechen möglichst vieler Sinne zu den Grundsätzen emotionaler Ausstellungsgestaltung.

In vielen Statements zu Ausstellungen im Natur- und Umweltbereich klingt inzwischen das Postulat positiver Botschaften an, so etwa bei UNTERBRUNNER (1996, zit. n. SCHER 1998: 87): „Kinder [...] brauchen einen unbelasteten, fröhlichen, lustvollen Umgang mit

Natur. Sie sollen Natur auch von ihrer „schönen Seite“ kennen lernen, sich daran erfreuen und diese auch genießen (Erwachsene übrigens auch!).“ SCHER (1998: 88) selbst weist noch wesentlich nachdrücklicher darauf hin, dass das Prinzip positiver Botschaften zum Thema Natur keinesfalls auf Kinder begrenzt werden sollte, in dem sie als Ergebnis ihrer Studie zur Wirkung von Umweltausstellungen folgende These formuliert: „Je älter das durch Umweltausstellungen angesprochene Publikum ist, desto nötiger sind Ausstellungen, in denen Natur und Umwelt auch und vor allem als positives Erlebnis erfahrbar werden - quasi als Gegentrend zu den Vorstellungen, die die Besucher schon in sich tragen.“

Diese Aussage führt zu einem wichtigen Punkt gefühlsbetonter Vermittlung, denn Emotionalität sagt zunächst einmal nichts über die Art der Empfindung aus, die beim Rezipienten hervorgerufen wird. Will man beispielsweise Stürme als natürlichen ökologischen Faktor in „wilden“ Wäldern oder an Küsten thematisieren, läge es nahe, in der Darstellung mit den Bildern von Sturmfluten und Orkanen an vorhandene Ängste anzuknüpfen, um Menschen zu emotionalisieren. Im Ergebnis würde diese Form der Präsentation allerdings eher das Schutzbedürfnis (z.B. den Wunsch nach härterem Küstenschutz) befördern, als die Faszination für die gestaltende und ästhetische Kraft des ökologischen Faktors „Wind“. Wenn - wie im Fall eines Nationalpark-Zentrums - also beispielsweise eine höhere Wertschätzung für die gestaltenden Kräfte der Natur erreicht werden soll, dann muss auch sorgfältig darauf geachtet werden, Wildnis bzw. das Prinzip „Natur Natur sein lassen“ positiv darzustellen und dabei nicht unbeabsichtigt Ängste wachzurufen oder neu zu schüren.

Zu den Charakteristika neuerer Ausstellungen gehört darüber hinaus, dass sie nur mit wenigen Botschaften arbeiten, die ihrerseits klar und eindeutig kommuniziert werden, so dass Gäste durch Komplexität und Interpretationsmöglichkeiten nicht verwirrt bzw. ermüdet werden. Unter britischen Ausstellungsmachern ist diese Erkenntnis mit dem Satz „Not how much, but how good“ auf eine einfache Erfolgsformel gebracht.

Ein Element emotionaler Ansprache, das insbesondere Zoologische Gärten, Aquarien, Vogelparks etc. seit langen Jahren nutzen, sind lebende Tiere. Bezogen auf Einrichtungen im Naturschutz werden vor allem Aquarien häufig benutzt, um Tiere in ihrem Lebensraum zu zeigen. Ähnlichen Zwecken dienen auch Freigehege oder Nachbauten von Biotopen, die häufig im Außenbereich von Ausstellungszentren anzutreffen sind.

In Kombination mit benachbarten oder integrierten Informationseinrichtungen haben Schaugehege durchaus motivierenden Charakter, sich mit den Inhalten einer Ausstellung auseinanderzusetzen, wie JANßEN (1998) am Beispiel der Seehundstation Friedrichskoog zeigte. Zielgerichtet eingesetzt können vor allem für den Menschen attraktive Tiere das emotionale Erlebnis sehr stark steigern. Auch dieses Prinzip wurde vom Otter-Zentrum in Hankensbüttel erstmalig konsequent eingesetzt und strategisch weiterentwickelt, um anhand von Fischottern und anderen Mardern Naturschutzbotschaften an ein breites Publikum vermitteln zu können. Weiteres Beispiel einer sehr publikumswirksamen Präsentation von Lebewesen in einer naturschutzorientierten Ausstellung sind die Aquarien im Multimar-Wattforum in Tönning (siehe Beitrag von MEURS in diesem Buch).

Gerade am Beispiel der Präsentation lebender Tiere zeigt sich aber wiederum die Subtilität emotionaler Eindrücke in Ausstellungen. Das gleiche Lebewesen, in unterschiedlicher Form bzw. in anderen Zusammenhängen präsentiert, kann vollständig gegensätzliche Eindrücke beim Betrachter hinterlassen. Ein Fischotter beim Unterwasserspiel in einem naturnah gestalteten Gehege ist ein anmutiger Akrobat und Ausdruck höchster Eleganz; das gleiche Tier im Betonbecken eines in die Jahre gekommenen Zoos ein leidendes Wesen, das bestenfalls Mitleid, sehr häufig aber bloß Gleichgültigkeit hervorruft. Werbung für die Schönheit von Natur ist es in letzterem Fall sicher nicht. Neben den ethischen Problemen einer solchen Präsentation gibt es auch ein Kommunikationsproblem: Wie stelle ich Tiere dar? Als „Clown“ wie den Elefanten, der während der Zoofütterung Männchen macht? Als beherrschtes Wesen wie den Löwen, der vor dem Raubtierdompteur kuscht? Oder als Spielgefährten wie den Schwertwal, der seiner Trainerin aus der Hand frisst? Der Eindruck, der von der Natur vermittelt wird, hängt ab von den inneren Bildern, die die Präsentation beim Publikum erzeugt. Und Bilder, gerade wenn sie emotionale Wirkung entfalten, wirken subtil und nachhaltig zugleich (vgl. FREY 1999). Inhalte sind schnell vergessen, die Bilder im Kopf bleiben lange haften.

Hierin liegt eine der größten und bisher viel zu selten beachteten Herausforderungen für den Vermittlungsanspruch einer naturschutzorientierten Ausstellung, zumal, wenn sie gezielt Gefühle ansprechen will. Und diese Herausforderung, jederzeit zu reflektieren, welche Gefühle durch die angebotenen „Bilder“ tatsächlich hervorgerufen werden, ist keinesfalls auf die Präsentation von Tieren begrenzt, sie gilt für alle Darstellungen von Natur gleichermaßen.

Botschaften, gerade wenn sie im Kontext emotionaler Vermittlung stehen, leben auch von der Atmosphäre des räumlichen Umfeldes. Es fällt schwer, zauberhafte Geschichten in einem nüchternen oder kontextlosen Raumambiente zu erzählen. Diesen Fehler machen viele Ausstellungen, die in ungestalteten oder mitunter auch in architektonisch attraktiven Räumen stattfinden, deren Atmosphäre aber mit den Inhalten der Ausstellung überhaupt nicht korrespondiert. Selbst die besten Vermittlungsideen können zu „hingestellten“ Exponaten verflachen, wenn der umgebende Raum sie nicht stützt.

Räumliche Inszenierungen haben sich schon früh in Großbritannien entwickelt, vor allem im Bereich der Industriemuseen und in der Präsentation von Kulturgütern. Das „Heritage-Design“ ist in weiten Bereichen geprägt durch phantasievolle Darstellungen historischer Szenen, die das Publikum durch eine stimmungsvolle Nachbildung in verschwundene

Welten mitnimmt und für kurze Zeit aus der Gegenwart heraus in eine „lebendig“ gewordene Vergangenheit transformiert. Einfache szenographische Abbildungen wurden durch Kombination mit den wachsenden technischen Möglichkeiten inzwischen vielfältig weiterentwickelt, wobei das Grundprinzip, Verborgenes erlebbar zu machen bzw. das Publikum auf inszenierte Reisen in unbekannte Welten zu schicken, ein zunehmend wichtiges Motiv auch in der Darstellung von Naturphänomenen ist.

Wichtig für das Gelingen derartiger Inszenierungen ist es, eine emotional erlebbare Illusion zu erzeugen, eine spürbare Transformation des Menschen von draußen nach drinnen, aus der Realität heraus in die Welt der Ausstellung. Damit diese Transformation klappt, brauchen Ausstellungsräume eine atmosphärische Abgeschiedenheit und räumliche Trennung von der Außenwelt, die es erlaubt, einen eigenen, von äußeren Einflüssen unabhängigen Spannungsbogen zu erzeugen und zu halten.

Bewegungssimulatoren sind seit einigen Jahren in der Unterhaltungsindustrie (z.B. Freizeitparks, Rummelplatz etc.) im Einsatz und werden in aktuellen Neuentwicklungen von Museen zunehmend auch als Bestandteil von Ausstellungskonzepten eingeplant. Eine Entwicklung, die sich gerade in großen, kommerziell arbeitenden Ausstellungsinstitutionen durchzusetzen scheint und sehr nachdrücklich die sich weltweit abzeichnende Tendenz von „education“ zu „edutainment“ verdeutlicht. Was hier die Bildungs- bzw. Naturschutzkommunikation vom Spektakel trennen soll, ist der zielgerichtete, inhaltlich und didaktisch motivierte Einsatz solcher Medien anstelle reiner Effekthascherei auf dem Rummelplatz. Ob der Einsatz dieses aufwändigen und teuren Instruments „Bewegungssimulation“ diesem Anspruch in Naturschutzausstellungen wirklich gerecht werden kann, wird letztlich nur aus dem inhaltlichen Konzept des individuellen Ausstellungsprojektes und natürlich dem zur Verfügung stehenden Budget heraus zu beantworten sein.

Stark in der öffentlichen Diskussion sind auch „virtuelle Realitäten“, die häufig synonym gebraucht werden zu Begriffen wie Computeranimationen oder Multimedia-Anwendungen, die aber auf eine wesentlich aufwändigere Rechnertechnologie zurückgreifen. Ziel ist es im wesentlichen, die Besucherinnen und Besucher zum interagierenden Teil einer per Datentechnologie kreierten räumlichen Projektion zu machen, durch die sie sich in „Echtzeit“, d.h. in sofortiger direkter Rückkopplung zwischen virtueller Welt und den eigenen Aktivitäten, bewegen können (z.B. schwimmen mit einem virtuellen Hai in einem virtuellen Aquarium). Anders als im Film sind die Betrachtenden damit nicht passiv einem Geschehen ausgesetzt, sie sind selbst aktiver und beeinflussender Teil des Geschehens.

Im Unterhaltungsbereich werden virtuelle Realitäten bereits eingesetzt, z.B. in Disney-Quest, einem vom Disney-Konzern in Orlando betriebenen Freizeitpark, der im wesentlichen interaktive, dreidimensionale Computerspiele präsentiert. Ganz abgesehen von der

Frage, ob es zielführend sein kann, Natur in virtuellen Realitäten zu präsentieren, ist diese Technik wegen der erforderlichen enormen Datenverarbeitungskapazitäten nicht nur extrem aufwändig und teuer, sie ist für eine breite Anwendung im Ausstellungsbereich - zumal mit hohem Publikumsdurchsatz - derzeit auch noch nicht weit genug entwickelt.

Anders als die virtuellen Realitäten können dagegen audiovisuelle Medien eine Schlüsselrolle für die gefühlsbetonte Ausstellungsgestaltung spielen. Sie sind über Jahrzehnte gut erprobt und weiterentwickelt und bieten daher nicht nur eine Fülle an Ausdrucksmöglichkeiten, ihre emotionale Kraft zeigt sich täglich neu im Wirken der Filmindustrie. Eine Erfahrung, die Andy Warhol, einen der führenden Vertreter der Pop-Art, einmal zu der provokativen Bemerkung veranlasste, dass Gefühle ihre wahre Intensität heutzutage nicht mehr im wirklichen Leben entfalten, sondern im Kino.

Der „wahre" Kern, der hinter dieser Überspitzung liegt, ist die Fähigkeit audiovisueller Darstellungsformen, beinahe alle Möglichkeiten künstlerischen Ausdrucks (Bilder, Plastiken, Bewegungsformen, Raumgestaltung, Musik, Klänge, Licht etc.) miteinander zu kombinieren, dadurch Erlebnisse zu verdichten und emotional zu intensivieren. Natürlich gibt es auch hier erhebliche Unterschiede in den erzielbaren Effekten: Der Film im Fernsehen ist etwas anderes als der Film auf Großbildleinwand mit Surround-Akustik, die Diaschau noch lange keine Multivision im Planetarium. Dabei ist es aber nicht allein der technische Aufwand, der über die Intensität emotionaler Effekte entscheidet, sondern selbstverständlich auch die Kunst der Macher, die vielfältigen Möglichkeiten audiovisueller Medien gekonnt und gefühlvoll einzusetzen. Im Laufe der Weiterentwicklung audiovisueller Techniken entstand eine Vielzahl an Gestaltungsstrategien, die vor allem im Filmbereich nicht nur praktisch erprobt, sondern die auf emotionale Aktivierung abzielende Syntax auch systematisch untersucht und belegt wurde (vgl. u.a. MIKUNDA 2002).

Aufgrund ihrer Fähigkeiten, Gefühle stark zu intensivieren, sollte die emotionale Ausstellungsgestaltung deshalb gezielt mit audiovisuellen Ausdrucksformen arbeiten, wobei sich die Verwendungsmöglichkeiten auch durch die sich in rasantem Tempo weiterentwickelnde Medientechnik ständig erweitern, z.B. durch die Kombination von szenografischen Elementen und audiovisuellen Medien. Aktuelle Trends im Ausstellungsbereich tendieren deshalb zunehmend dazu, die Strategien der emotionalen Filmgestaltung in den Raum zu übertragen und Ausstellungen in Teilen als „begehbare Filme" zu konzipieren. Der große Erfolg von IMAX-Kinos[2] oder großen Multivisionsshows gerade im Feld der Naturthemen ist ein weiteres Indiz für die Schlüsselrolle audiovisueller Medien in der emotionalen Ansprache eines großen Publikums.

---

2 Sehr große, hoch auflösende Kinoprojektion, z.T im 3D-Format.

Für das Nationalpark-Zentrum Königsstuhl wurden aus den dargestellten Trends im Ausstellungswesen zehn methodische Leitlinien abgeleitet, die für Planung und Realisierung der Ausstellung maßgeblich waren:

1. Das gesamte Haus inkl. Ausstellung besucherorientiert ausrichten.
2. Spielerische Ansätze der Vermittlung aufgreifen und möglichst weitgehend interaktive Ausstellungselemente einsetzen.
3. Mit der Ausstellung möglichst viele Sinne ansprechen.
4. Positive Emotionen zum Thema Natur und Wildnis wecken.
5. Auf wenige Botschaften konzentrieren, diese aber klar und eindringlich vermitteln.
6. Formen der Präsentation wählen, die Respekt und Wertschätzung für Natur befördern und ungewollte (auch subtil wirkende) Negativeffekte emotionaler Ansprache vermeiden.
7. Auf stimmungsvoll inszenierten Reisen ungewöhnliche Einblicke in das „Innenleben“ von Natur bieten und dabei verborgene Welten emotional erlebbar machen.
8. Wenn möglich auch „lebende Natur“ auf attraktive Art in die Ausstellungsbereiche integrieren.
9. Raumatmosphären schaffen, die einen emotionalen Spannungsbogen ungestört von äußeren Einflüssen entfalten können und die notwendige Transformation des Besuchers aus der Realität heraus in die Welt der Ausstellung ermöglichen.
10. Die Möglichkeiten audiovisueller Medien und Ausdrucksformen nutzen, um Ausstellungserlebnisse emotional zu verdichten bzw. zu intensivieren.

3 Integrierte Kommunikation

Kommunikation als strategische Aufgabe für ein Besucherzentrum zu definieren erschöpft sich aber selbstverständlich nicht darin, eine emotionale Ausstellung zu entwickeln. Es bedeutet letztlich auch, alle potentiellen Kontaktstellen zwischen dem Schutzgebiet oder einem botanischen Garten, das bzw. den es repräsentiert, und seinen Gästen als Einheit so zu entwickeln, dass ein in sich konsistentes Erscheinungsbild vermittelt werden kann.

In der Wirtschaft geht man heute davon aus, dass unternehmerische *public relations* (PR) nur erfolgreich realisiert werden können, wenn sie auf einem mit allen Unternehmensbereichen abgestimmten Konzept aufbauen (integrierte Kommunikation). Idealerweise basieren PR-Konzeptionen auf einer eindeutigen Unternehmensphilosophie, der „Corporate Identity“ und werden in enger wechselseitiger Korrespondenz mit den Konzeptionen für Marketing und Produktentwicklung erstellt.

Besucherzentren sind Produkt (bzw. Dienstleistung) und Kommunikation zugleich, ihr wirtschaftliches Überleben ist - selbst wenn sie dauerhaft vollständig staatlich subventioniert werden - auch auf professionelles, kommerziell ausgerichtetes Marketing angewiesen. Besonders deutlich wird dieser Zusammenhang etwa bei Ausstellungen, die einerseits Attraktion und wirtschaftliches Zugpferd, andererseits auch zentrales Kommunikationsinstrument für die Vermittlung von Naturschutzinhalten sein sollen. Aber auch „reine" Dienstleistungsbereiche wie ein Verkaufsstand oder eine Gastronomie senden kommunikative Botschaften. Sie gestalten Erscheinungsbild und langfristiges Image daher letztlich ebenso mit. Da ein Besucherzentrum darüber hinaus eingebettet ist in den kommunikativen Gesamteindruck, den beispielsweise ein Nationalpark insgesamt bei Besucherinnen und Besuchern hinterlässt, begrenzt sich die Aufgabe, ein klares und in sich konsistentes Erscheinungsbild für die Nationalpark-Idee zu präsentieren, nicht allein auf das Haus selbst, sie gilt im Grundsatz für alle potentiellen Kontaktstellen zwischen Gästen und Nationalpark, wobei insbesondere der erste Eindruck von entscheidender Bedeutung ist. Typische, imagebildende Kontaktstellen sind:

- Werbung und PR-Arbeit,
- Erreichbarkeit, Zustand und Management des Parks,
- Art und Kosten von Dienstleistungen,
- Auftreten des Personals (inkl. Schutzgebietsbetreuung),
- Infomaterialien,
- Besucherzentrum und sein Umfeld,
- Ausstellung(en),
- Programmangebote,
- Verkaufsstände, Gastronomie, anderer Service.

Schematisch lässt sich dieser Zusammenhang zwischen Erscheinungsbild und öffentlicher Meinung wie folgt beschreiben (vgl. Abb. 1): Das Image einer Organisation, einer Verwaltung, eines Unternehmens oder auch einer Einrichtung wie den Nationalparken setzt sich aus zwei Komponenten zusammen: dem Erscheinungsbild („Imagery") und der Bewertung der Einrichtung durch die Öffentlichkeit („Credit"). Die Bewertung durch die Öffentlichkeit lässt sich nie unmittelbar beeinflussen, sondern immer nur indirekt durch das öffentlich wahrzunehmende Erscheinungsbild. Und das einzige Mittel, dieses Erscheinungsbild zielgerichtet selbst zu beeinflussen (und nicht vornehmlich durch von außen bestimmte Vorurteile oder Medienberichte), ist die eigene Kommunikationsarbeit, der eigene Auftritt nach außen („Corporate Communications"). Außenauftritt ist dabei nicht allein eine Frage geschickt lancierter Pressemitteilungen oder eine Frage des Designs, wie

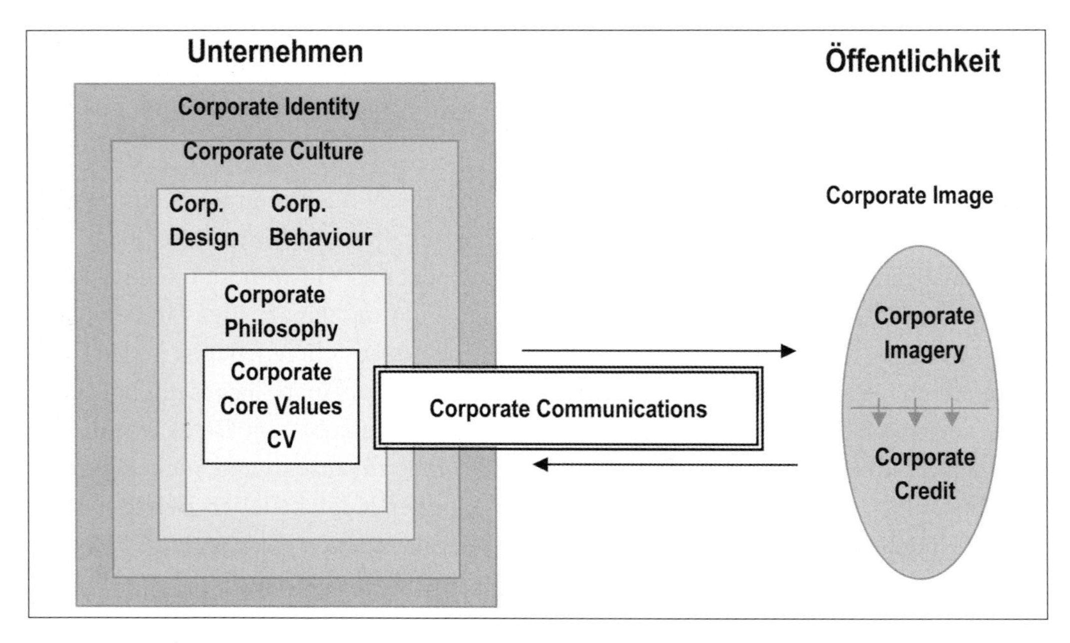

Abb. 1: Das System der Corporate Identity (nach PFLAUM & LINXWEILER 1998).

es die häufige Verwechslung von „Corporate Design“ mit „Corporate Identity“ suggerieren mag. Die von außen wahrnehmbare Identität umfasst letztlich alle Teilbereiche einer Unternehmung. Die „Corporate Identity“, die sich aus den in der Abbildung dargestellten Bestandteilen zusammensetzt, systematisch und in sich konsistent zu entwickeln, schafft damit eine der Grundvoraussetzungen für eine eindeutige und überzeugende Kommunikation von Schutzgebieten mit ihren Gästen.

Für ein integriertes Kommunikationskonzept - dem im Fall des Nationalpark-Zentrums Königsstuhl als „Unternehmensphilosophie“ die Nationalpark-Idee und deren konsequente Umsetzung zugrunde liegt - ergeben sich vor diesem Hintergrund drei große Aufgabenbereiche, die konzeptionell eng aufeinander abgestimmt und miteinander korrespondierend entwickelt werden müssen.

1) Entwicklung einer Corporate Identity (CI)

CI-Prozesse legen die Grundkoordinaten fest, die beim Außenauftritt einer „Unternehmung“ des Naturschutzes das Gesamterscheinungsbild (Werte, Grundausrichtung, Tonalität, Anmutung, persönliches Auftreten etc.) prägen sollen und bestimmen damit ganz entscheidend die langfristigen Erfahrungen ihrer „Kunden“, hier also z.B. der Gäste eines Schutzgebietes.

Da in der Regel verschiedene Akteure (Verwaltung, Naturschutzverbände, Busfahrer, touristische Anbieter, Gewerbetreibende im Natur-Infozentrum) gemeinsam das Bild eines

Schutzgebietes bei den Besucherinnen und Besuchern bestimmen, kann ein diesbezüglicher, praxisrelevanter CI-Prozess nicht nur auf dem Papier als schriftliche Ausarbeitung stattfinden. Die Corporate Identity muss im Anschluss gelebt und deshalb mit den verschiedenen Beteiligten gemeinsam erarbeitet werden, um ein Maximum an Identifikation, zumindest aber Akzeptanz sicher stellen zu können. Nur dadurch kann gewährleistet werden, dass von der Verwaltung über das Besucherzentrum bis zum Fahrer eines Shuttle-Busses die Grundzüge der CI im Alltag auch an die Gäste weiter vermittelt werden. Gemessen an der allgemeinen Ausgangssituation in deutschen Schutzgebieten handelt es sich hier um ein Arbeitsfeld, das in der Praxis wohl die größte Kraftanstrengung, viel guten Willen und den längsten Atem von allen Beteiligten erfordert. Vor allem ist es eine Aufgabe, die in der täglichen Praxis auch nach Eröffnung eines Besucherzentrums kontinuierlich weiterentwickelt werden muss.

2) Konsistenz in der Außendarstellung

Zusätzlich zu den Ausstellungsbereichen wird es eine Vielzahl von Materialien geben, mit denen die Besucherinnen und Besucher in Berührung kommen: von der Eintrittskarte über Werbeprospekte bis zur vertiefenden Publikation. Außerdem werden vor allem die Mitarbeiter und Mitarbeiterinnen eines Besucherzentrums bzw. der Schutzgebietsverwaltung entscheidend für eine langfristig erfolgreiche Kommunikation sein, da sie in vielen Situationen als Ansprechpersonen gesucht werden und auch als solche agieren. Qualität und Umfang der Programmangebote sind dabei nur ein Element in einer vielfältigen Kette personaler Vermittlung. Regelmäßige Evaluation und Weiterentwicklung von Programmangeboten sowie eine kontinuierliche Schulung der Mitarbeiterinnen und Mitarbeiter werden daher wesentliche Voraussetzung für ein auch langfristig überzeugendes Angebot sein.

Wie oben bereits angedeutet, existieren darüber hinaus allerdings auch eine ganze Reihe anderer kommunikativer Schnittstellen zwischen Besuchenden und Besucherzentrum bzw. Schutzgebiet, botanischem Garten etc., die systematisch erfasst und gestaltet bzw. möglichst positiv beeinflusst werden sollten. Es ist deshalb von zentraler Bedeutung, diese potentiellen Kontaktstellen sorgfältig zu analysieren und so weit wie möglich in ein übergreifendes Kommunikationskonzept zu integrieren.

3) Konsistenz in der Produktgestaltung

Da das Gesamtprodukt „Besucherzentrum" im Kern aus kommunikativen Angeboten besteht, sind die entsprechenden Dienstleistungen in weiten Teilen deckungsgleich mit den Kommunikationsleistungen. Dies gilt allerdings nur sekundär für Bereiche wie Verkauf und Gastronomie. Auch solche, rein gewerblich ausgerichtete Geschäftszweige sollten weitestgehend konsistent zur Corporate Identity entwickelt werden, um einen Bruch zwischen den kommunikativen Ansprüchen eines Besucherzentrums und einem primär kommerziellen Waren- bzw. Dienstleistungsangebot zu vermeiden.

4 Ausblick

Da Menschen und ihre Gesellschaften sich ändern, sind gerade Besucherzentren immer auch gute Sensoren, um sowohl Zeitgeistphänomene als auch fester verankerte Wertetraditionen in der Beziehung von Mensch und Natur aufzuspüren. Bereits während der Planung von Besucherzentren ergeben sich spannende Fragen, auf die nicht immer empirisch belastbare Antworten zu finden sind. Was ist es genau, das Menschen an der Natur zu faszinieren vermag, und gibt es hierbei deutlich unterscheidbare Lebensstiltypen? Gibt es bestimmte Naturbilder, die bei unterschiedlichen gesellschaftlichen Gruppen besonders positive oder besonders negative Assoziationen hervorrufen? Wichtige Fragen und wohl auch lohnende Forschungsfelder, wenn der Naturschutz - salopp gesagt - seine Strategien der Verführung kontinuierlich verfeinern will.

Besucherzentren können hier wichtige Erfahrungswerte beisteuern und darüber hinaus als hervorragendes Experimentierfeld für künftige Initiativen in der Naturschutzkommunikation genutzt werden. Ein Defizit können sie allerdings nicht beheben. Modellvorhaben, wie sie in dieser Publikation vorgestellt werden, können zwar Impulse für ein zeitgemäßes Schutzgebietsmanagement im Bereich Besucherbetreuung geben, sie können aber nicht eine fehlende Dachstruktur ersetzen. Wenn Großschutzgebiete in ihrem Sinne langfristig erfolgreich in der breiten Öffentlichkeit „kommunizieren“ wollen, dann muss die „Kleinstaaterei“ im öffentlichen Auftritt aufgegeben werden. Der längst überfällige Schritt, die deutschen Großschutzgebiete unter der Dachmarke „Nationale Naturlandschaften“ zu bündeln und ihn mit der Intention zu verbinden, deren kommunikativen Auftritt in allen Aspekten publikumswirksamer und professioneller zu gestalten, gehört aus kommunikativer Sicht deshalb zu den ermutigendsten Initiativen im deutschen Schutzgebietsmanagement.

5 Literatur

ANDERSON, E.N. (1996): Ecologies of the heart - Emotion, belief and the environment. - New York, Oxford (Oxford University Press): 256 S.

BOLZ, N. & BOSSHART, D. (1995): Kult-Marketing. Die neuen Götter des Marktes. - Düsseldorf (Econ): 372 S.

FELSER, G. (1997): Werbe- und Konsumentenpsychologie. - Stuttgart (Schäffer-Poeschel): 387 S.

FREY, S. (1999): Die Macht des Bildes. Der Einfluss der nonverbalen Kommunikation auf Kultur und Politik. - Bern (Verlag Hans Huber): 173 S.

JANßEN, W. (1998): Evaluation einer Ausstellung über Seehunde in der Seehundstation Friedrichskoog (Schleswig-Holstein) und Folgerungen für Umweltbildungseinrichtungen. - In: SCHER, M.A. (Hrsg.): (Umwelt-)Ausstellungen und ihre Wirkung: Tagung vom 29.-31. Januar 1998. - Oldenburg (Isensee) - Schriftenreihe des Staatlichen Museums für Naturkunde und Vorgeschichte 7: 19-36.

KROEBER-RIEL, W. & WEINBERG, P. (2003): Konsumentenverhalten. 8. Aufl. - München (Vahlen): 825 S.

KÜKELHAUS, H. & ZUR LIPPE, R. (1982): Entfaltung der Sinne. Ein Erfahrungsfeld zur Bewegung und Besinnung. - Frankfurt (Fischer Taschenbuch Verlag): 176 S.

MIKUNDA, C. (2002): Kino spüren - Strategien emotionaler Filmgestaltung. - Wien (Facultas Universitätsverlag): 344 S.

PETTY, R.E. & CACIOPPO, J.T. (1986): Communication and persuasion. Central and peripheral routes to attitude change. - New York (Springer): 262 S.

PFLAUM, D. & LINXWEILER, R. (1998): Public Relations der Unternehmung. - Landsberg/Lech (Verlag Moderne Industrie): 304 S.

RUMP, C. (1991): Die Konzeption der Umweltbildung des OTTER-ZENTRUMs Hankensbüttel. - Hankensbüttel, unveröffentl. Manuskript.

SCHER, M.A. (1998): Ängste und Verlust von Zukunft? - Studie zur Wirkung von Umweltausstellungen. - In: SCHER, M.A. (Hrsg.): (Umwelt-)Ausstellungen und ihre Wirkung: Tagung vom 29.-31. Januar 1998. - Oldenburg (Isensee) - Schriftenreihe des Staatlichen Museums für Naturkunde und Vorgeschichte 7: 74-91.

UNTERBRUNNER, U. (1996): Wider die Angst - das kann Pädagogik tun! - In: GIEBELER, K., KREUZINGER, S., LOEWENFELD, M. & WINTERER-SCHEID, E. (Hrsg.): Aufstand für eine lebenswerte Zukunft. Ökologische Kinderrechte: Bestandsaufnahme - Ermutigung - Wege zum Handeln. - München (Verlag Ökologie und Pädagogik): 93-105.

Was kann die Naturschutzkommunikation von der Werbung lernen? Oder: Bühnenbilder des Erhabenen und Idyllischen in Werbung und Naturschutz

HEINRICH SPANIER

Come in and find out

Es ist eine Tatsache, dass die Werbung Natur benutzt, um sympathische und angenehme Eigenschaften der Natur auf die Produkte zu übertragen. Umgekehrt benutzt auch der Naturschutz die Werbung, um für seine Ziele zu werben. Naturschutz ist jedoch für eine Betrachtung, wie sie hier beabsichtigt wird, viel zu heterogen und vielschichtig. Insofern liegt es nahe, sich zu beschränken. Naturschutz meint im vorliegenden Essay stets denjenigen Naturschutz, der von staatlichen Behörden in Wahrnehmung der öffentlichen Aufgabe praktiziert wird. Wie man sehen wird, sind damit einige Einschränkungen, welche die Einschätzung des Werbens betreffen, verbunden. Verbände und Vereine sind dagegen, unter Werbegesichtspunkten betrachtet, Marktteilnehmer, die sich zwar einerseits altruistisch um die Erhaltung der Natur kümmern, andererseits aber auch untereinander am Markt konkurrieren.[1] Der Wettbewerb zielt auf neue Mitglieder, auf Spendeneinnahmen sowie auf Anzeigenvolumina für zum Teil sehr auflagenstarke Mitgliederzeitschriften, die von Firmen herausgegeben werden, deren Gesellschafter wiederum die gemeinnützigen Vereine sind. Die wenigen Stichworte verdeutlichen, dass es im privaten, ehrenamtlichen und verbandlich organisierten Naturschutz eine Reihe von Merkmalen gibt, die ihn vom behördlichen Naturschutz unterscheiden.

1 Alles Müller, oder was? - Werbung, Propaganda und Öffentlichkeitsarbeit

Vorab ist zu reflektieren, ob und in welchem Maße eine gesellschaftspolitische und staatliche Aufgabe wie der Naturschutz sich überhaupt der Werbung im engeren Verständnis und der darin angewendeten Methoden bedienen sollte. Kommerzielle Werbung bedient

---

[1] Einem möglichen Einwand, der staatliche Naturschutz sei auch im gleichen Sinne Marktteilnehmer am Markt vieler öffentlicher Interessen, sei dadurch begegnet, dass es sich - wirtschaftspolitisch gesprochen - eben um keinen Markt, sondern um einen „verstaatlichten" Sektor handelt. Die Verbände sind ja nicht der Ideen wegen Marktteilnehmer, sondern der Konkurrenz um Einnahmen aus Spenden und Mitgliederbeiträgen wegen. Ihr Geschäftszweck ist, so verstanden, auch nicht praktischer Naturschutz, sondern politischer Einfluss. Dass gleichwohl, vor allem in den zahlreichen Ortsgruppen, praktische Arbeit gleistet wird, sei hier ausdrücklich hervorgehoben. Es ist hier auf den Unterschied zwischen der Geschäfts- und altruistischer Ebene hinzuweisen.

sich subtiler und suggestiver Methoden der Kundenbeeinflussung, was sich insbesondere im Hinblick auf die Verführbarkeit (V. PACKARD: „Die geheimen Verführer") von Kindern als nicht unproblematisch erweist und politisch beispielsweise in Werbeverbote mündet. Diese Produktwerbung unterliegt einer generellen Beschränkung aufgrund des Gesetzes gegen den unlauteren Wettbewerb (UWG) vom 3. Juli 2004, durch freiwillige Selbstkontrollen im Werberat[2] und insbesondere der Beobachtung durch die Konkurrenz auf der einen und Verbraucherzentralen auf der anderen Seite.

Üblicherweise wird zwischen Werbung und Propaganda unterschieden.[3] Während sich Produktwerbung auf wirtschaftliche Ziele bezieht, verfolgt Propaganda den Zweck der politischen, religiösen und kulturellen Beeinflussung, wobei die Werbung für religiöse Ziele auch als Mission bezeichnet wird. Allein diese lexikalische Unterscheidung macht deutlich, welche heiklen Probleme der hier zu diskutierende Sachverhalt aufwirft. Man wird leicht einwenden wollen, dass es beträchtliche Unterschiede hinsichtlich der propagandistischen Ziele gibt. Propaganda für die gute Sache Naturschutz sei sicherlich anders zu bewerten als nationalistische, hasserfüllte Propaganda gegen Fremde oder Andersgläubige. Man wird allerdings auch davon ausgehen dürfen, dass die Autoren der jeweiligen Propaganda subjektiv ihre jeweiligen Inhalte für gut halten. Nicht nur aus historischen Gründen ist bei Propaganda besondere Sorgfalt angezeigt.

Staatliche „Werbung" (also Propaganda im obigen lexikalischen Sinne) für Politikfelder, die auf den Gebieten der Gesundheitsvorsorge[4], der politischen Bildung[5] und des Umweltschutzes[6] stattfindet, ist grundsätzlich frei von gesetzlichen Einschränkungen. Allerdings ist bei den haushaltsfinanzierten Stellen der Regierung eine parlamentarische Kontrolle gegeben, die letztlich mit jährlichen Entscheidungen über die Geldversorgung auch die Güte bzw. Konformität der Propaganda beurteilt.

Diese staatliche Werbung agiert somit in einem für den „Verbraucher" unkontrollierten Bereich. Das Vertrauen der Bürgerinnen und Bürger in den Wahrheitsgehalt der Mitteilungen

---

2 Die in letzter Zeit behandelten Fälle betreffen zu einem nicht unerheblichen Teil Themen aus dem Zusammenhang der Frauendiskriminierung (vgl. www.Werberat.de).

3 Vgl.(1) Bibliographisches Institut 1979, Stichworte „Propaganda" (Band 19) und „Werbung" (Band 25); (2) Brockhaus 2006, Stichwort „Propaganda": „... eine Form der Werbung, bes. für bestimmte geistige Ziele und polit., religiöse, wirtschaftl., aber auch künstler. oder humanitäre Ideen."; (3) Brockhaus 1999, Stichwort „Werbung" hingegen leicht differierend: „Im Bereich der Politik löste der Begriff Werbung die Bezeichnung Propaganda ab."; (4) Brockhaus multimedial 2005, (5) Microsoft Encarta 2003. Vgl. auch mit allem Vorbehalt hinsichtlich der Seriosität (6) Wikipedia Artikel *Werbung* 2006 und (7) Wikipedia Artikel *Propaganda* 2006.

4 Bundeszentrale für gesundheitliche Aufklärung.

5 Bundeszentrale für politische Bildung.

6 § 2 Abs. 1 Nr. 2 UBAG (Gesetz zur Errichtung des Umweltbundesamtes vom 22. 7. 1974). Aufgabe „Aufklärung der Öffentlichkeit in Umweltfragen".

staatlicher Stellen ist besonders hoch. So hoch übrigens, dass in der rechtswissenschaftlichen Literatur Tragweite und Grenzen staatlicher Warnungen diskutiert werden, insbesondere dann, wenn diese Warnungen beispielsweise Produkte oder Ideen betreffen und sich diese am Ende als voreilig oder verfassungswidrig erweisen (Problem der Geschäftsschädigung, üblen Nachrede und Beschränkung von Grundrechten wie Religionsfreiheit oder freie Meinungsäußerung) (vgl. beispielhaft LEGE 1999, dort mit weiteren Nachweisen und grundsätzlich HESSE 1995). Gerade weil das Vertrauen der Bevölkerung in die Verlautbarungen von Politik und Staat besonders groß und sensibel ist, stellen sich vor diesem Hintergrund besonders hohe Anforderungen an die staatlicherseits zu verfolgende Werbung, auch an jene, die sich des allseits anerkannten und populären Zieles Naturschutz annimmt.

Öffentlichkeitsarbeit - als reduzierte Propaganda - könnte in dem aufgezeigten Dilemma genau der Königsweg sein. Es ist in jeder Demokratie selbstverständlich, dass die Exekutive auch öffentlich Rechenschaft über ihr Tun und Lassen (das allerdings seltener) ablegt. Man wird bei vernünftiger Betrachtung auch feststellen, dass es keine wirklich objektive Öffentlichkeitsarbeit geben kann. Abgesehen von Inhalten, die in der vorliegenden Betrachtung als „gesetzt“ betrachtet werden, ist jede Form von Vermittlung selbst schon mehr oder weniger versteckte Botschaft. Die kann über das Layout, ja selbst über die Wahl der Schrifttypen und Schriftgrößen ebenso vermittelt werden wie über die Bildauswahl. Die Bilder, die verwendet werden, sind das Thema der vorliegenden Betrachtung.

Um der stets gegebenen Gefahr zwischen Produktwerbung (Reklame) und Ideenwerbung (Propaganda) auszuweichen, ist zunächst die Bewusstwerdung dieses Dilemmas der wichtigste Erkenntnisschritt. Öffentlichkeitsarbeit der Behörden der Regierung ist insofern der sachlichen Information verpflichtet - und natürlich dem jeweiligen gesetzlichen Auftrag. Es wird empfohlen, dass Informations- und Kommunikationspolitiken sich stets die vier Stufen der Argumentation bewusst machen sollten: informieren, argumentieren, predigen, verordnen.

- **Informieren**, d.h. die Vermittlung reiner Fakten. Streng genommen handelt es sich hierbei noch nicht um Argumentation, allerdings ist die Information ihr Auftakt.
- **Argumentieren**, d.h. das Aufzeigen von Zusammenhängen und die Herstellung logischer Beziehungen zwischen den Argumenten - in der mathematisch formalisierten Sprache sagt man bekanntlich auch a sei Argument von f usw..
- **Predigen**, d.h. das Werben im Sinne der oben diskutierten Propaganda. Das Predigen spricht die Emotionen an, sowohl in der kommerziellen Produktwerbung als auch von der Kirchenkanzel oder in politischen Flugblättern. Es werden sowohl positive wie auch negative Gefühle angesprochen oder sogar geweckt. Sachverhalte werden bewertet. Beispielsweise werden aus fremdenfeindlichem Milieu bewusst Ängste geschürt.

- **Verordnen,** d.h. die Ausblendung von Argumenten und Informationen. Das Diktum ist zu befolgen, z.B. Geschwindigkeitsbegrenzung im Straßenverkehr. Im günstigen Fall ist der Verordnung, z.B. der Straßenverkehrsordnung, Information und Argumentation vorangegangen, so dass das Verordnete einsichtig erscheint und akzeptiert wird. Bekanntlich erzeugen Verordnungen ohne vorherige Information und Argumentation regelmäßig politische Brisanz.

Als **Zwischenergebnis** bleibt festzuhalten, dass Naturschutzkommunikation ihr Lernenwollen von der Werbung differenziert betrachten sollte. Nur auf Erfolge zu schauen, die mit suggestiven Techniken in der Produktwerbung erreicht werden können, dürfte fehl gehen. Naturschutzkommunikation, die Informationen logisch verbindet und gleichzeitig berücksichtigt, dass mit Informationen jeweils auch Gefühlsebenen der die jeweiligen Botschaften empfangenden Menschen berührt werden, wäre der Weg der Wahl.

2 Pack den Tiger in den Tank: Werbung mit der Natur

In Werbung, Propaganda und Öffentlichkeitsarbeit spielen Bilder eine bedeutende Rolle. Zentrale Botschaften werden über Bilder verbreitet. Das können in der Produktwerbung antiquierte Frauen- und Familienbilder sein oder, wie im Umfeld des hier zu behandelnden Themas, Bilder von Natur, die Idyllen zeigen und an unterschwellig ersehnte „Goldene Zeitalter“ (s.u., Abschnitt 4.3) anknüpfen. Natur spielt in der Werbung ihre jeweils besondere Rolle - und selbst dann, wenn sie keine besondere Rolle spielt, ist das ein bemerkenswertes Indiz.[7]

Das mit Bezügen auf Natur und Landschaft beworbene Produkt wird entweder in eine Umgebung, vor eine landschaftliche Kulisse, den **Umraum**, gestellt oder so inszeniert bzw. verfremdet und überhöht, dass das Naturbild als **Symbolraum** fungiert (KÜHNE 2002: 103). Als letzteres wird Natur bzw. Landschaft zu einer **unthematischen Information**. Sie wirkt jenseits einer bewussten Wahrnehmung und erzeugt dadurch Stimmungen, Anmutungen und Gefühle. Mit diesen wird das Produkt oder die Botschaft emotional aufgeladen. Der Empfänger identifiziert sich mit der versteckten, durch Aufladung (KÜHNE 2002: 39) erzeugten Botschaft. Unthematische Informationen sind grundsätzlich in allen Werbebotschaften mit enthalten - also auch in solchen, die als reine Sachinformationen gedacht sind. Im Gegensatz dazu sind **thematische Informationen** rational erfassbare (Werbe-)Botschaften über das Produkt. Es werden seine Eigenschaften, z.B. Preise, Gebrauch, Herkunft, Leistung beschrieben.

Die für den Naturschutz und seine innere Verfasstheit wichtige Frage ist die, warum bestimmte Bilder von Natur erfolgreich eingesetzt werden können. Gibt es Strukturen, die

[7] Zur allgemeinen Rolle der Natur in der Werbung wird auf ERDMANN, SIMONS & SPANIER (2005) verwiesen.

hinter der Oberfläche liegen und die deutlich machen, mit welcher Bildsprache Werbung Seinsbereiche des Betrachters anspricht, die gerade nicht Gegenstand seiner Reflexion sind? Die Zeichensprache der Werbung ist subtil, suggestiv und Mythen aufgreifend oder teilweise Mythen bildend (vgl. THEOBALD 2003). Gleichwohl erzeugt Werbung Wirklichkeit, weil es subjektiv nicht auf den realen Wahrheitsgehalt, sondern auf die geglaubte Botschaft ankommt. Werbung ist weder gut noch böse, sie ist eine Wirklichkeit - und sie schafft Wirklichkeit. Barbara KÜHNE (2002: 25) gebraucht in diesem Zusammenhang den Begriff „**Wirklichkeitsgenerator**". Diese Funktion erreichen die Werbestrategen, die sich schon längst psychologischer - und zunehmend neurowissenschaftlicher (vgl. HOLLRICHER 2005) Hilfe bedienen, durch das statistische Clustern von Einstellungen zu sog. Lebensstilen. Unter „Lebensstil" wird dabei ein theoretisches Konstrukt verstanden, das die stilisierbaren Teilbereiche menschlichen Alltagslebens zu ordnen versucht. Hierzu gehören Freizeitverhalten, politische Interessen sowie Organisation von verschiedenen Lebenslagen, wie z.B. Gruppenzugehörigkeit, Konsumorientierung und Stilpräferenzen (u.a. Mode-, Einrichtungsstil).

Da Konsummuster sehr stark mit **Lebensstilen** korrelieren, kommt im Kontext Werbung der Lebensstilforschung besondere Bedeutung zu. Die Lebensstilforschung macht es möglich, Zielgruppen zu definieren und „maßgeschneidert" zu bewerben. Allerdings ist auch der umgekehrte Einfluss bemerkenswert, nämlich inwieweit Konsum und Werbung Lebensstile kreieren. Zur Bedeutung der Lebensstilforschung sowohl für die Werbung als auch für die Naturschutzkommunikation wird auf umfangreiches Schrifttum verwiesen (ERDMANN, SIMONS & SPANIER 2005 mit weiteren Nachweisen).

3 Wir machen den Weg frei: Natur in der Zeitschriftenwerbung

In der Zeit von September 2005 bis Mai 2006 wurden stichprobenartig Zeitschriften und Illustrierte hinsichtlich der darin enthaltenen Bildersprache in der Werbung ausgewertet. Diese Beobachtungen waren bildorientiert und nicht systematisch angelegt. Sie haben insofern eher den Charakter einer Sondierung bzw. Voruntersuchung, um weiteren Untersuchungsbedarf bestimmen zu können.

Es wurden untersucht:

- Politische Magazine wie „Der Spiegel", „Focus", „Wirtschaftswoche" „Capital", „Die Zeit";
- Sport- und Autozeitschriften wie „Kicker", „Sportbild", „ADAC Magazin", „Auto Motor Sport";
- Illustrierte wie „Stern", „Bunte", „Freizeit Revue", „Frau Aktuell";
- so genannte Frauenzeitschriften wie „Für Sie", „Brigitte woman", „Freundin";

- die Life-style Magazine „Maxx“ und „Men’s Health“ und
- „Schöner Wohnen“, „Wohnen und Garten“, „living at home“ sowie
- die Reise-Zeitschrift „Geo“.

Nicht berücksichtigt wurden Spots in Fernsehen und Kino sowie Werbeprospekte.

Die Zeitschriften wurden nicht Woche für Woche ausgewertet, sondern in unregelmäßigen, zufälligen Zeitabständen. Dieser Ansatz erscheint zulässig, weil die Ausgangsthese besagt, Werbung vermittle ein Bild der Natur. Wenn dieses tatsächlich zutrifft, dann auch grundsätzlich und über längere Zeiträume. Dann wiederum dürften zufällig ausgewählte Zeitschriften und zufällige Termine auch ein zutreffendes Bild der Werbelandschaft abbilden.

Frühere Befunde, wonach Zeitschriften, die sich schwerpunktmäßig mit Naturthemen beschäftigen, wie z.B. Geo, einen überproportional hohen Anteil von Werbeanzeigen mit Naturbezug aufweisen (ERDMANN, SIMONS & SPANIER 2005; hier 48 %), kann die 2005 bis 2006 durchgeführte Stichprobe nicht bestätigen. Im Gegenteil: Es war eher eine Naturabstinenz in der Werbung als das Gegenteil festzustellen. Als Ursache für den allgemeinen Trend wird vermutet, dass sich Natur-Themen (evtl. vorübergehend) „abgenutzt“ haben.

Die Frage der „Abnutzung“ von Themen und hier speziell des Naturthemas wären weitere Untersuchungen wert. Es steht zu vermuten, dass Zyklen wiederkehrender Schwerpunkte bestehen.[8] Auch trat durch die Änderung der politischen Rahmenbedingungen (z.B. Werbeverbot für Tabakprodukte) möglicherweise ein Wandel ein. Den Leserinnen und Lesern bekannte Werbung, die durch emotionale Aufladung (KÜHNE 2002: 39) besonders erfolgreich Mythen bildend war, wie jene für die Zigarettenmarken Marlboro und Camel, die ausschließlich männlich konzipiert war (und gleichwohl zu nicht unerheblichen Teilen auch Frauen als Konsumentinnen angezogen hatte), setzte seinerzeit vollkommen auf den Abenteurer in der Wildnis. Inzwischen ist der berühmte Marlboro-Mann an Lungenkrebs gestorben und es geht auch sonst kein einsamer Held meilenweit. Bei den beiden genannten Zigarettenmarken ist auffällig, dass mit der Schaffung von Modekreationen und Accessoires eine Möglichkeit geschaffen wurde, den Markennamen und die spezielle auf Outdoor und Wildnis setzende Bildsprache trotz bevorstehendem Werbeverbot weiterhin zu verwenden. Die emotional aufgeladenen Marken in Verbindung mit der bekannten Markentreue der Kundschaft können in der Werbung auf die Symbole und Farben und landschaftlichen Kontexte des ursprünglichen Produktes reduziert werden. Ein Beispiel, mit welcher Raffinesse die Tabakwerbung das von der EU geforderte Werbeverbot einhalten und gleichzeitig umgehen kann.

---

[8] Siehe Abschnitt 4.2 und das dort erwähnte Recycling eines erfolgreichen Slogans über einen Zeitraum von mehr als 40 Jahren.

4 Nichts ist unmöglich: Wie die Werbung Natur abbildet

Eine umfassende Analyse der bildhaften Werbebotschaften würde den Rahmen dieses Essays sprengen. Deshalb sollen hier nur einige Anregungen gegeben werden, die Landschaften der Werbung zu sehen und ihre jeweilige Bedeutung sowohl für die Werbebotschaft als auch für unser Verhältnis zur Landschaft zu erkennen. Anhand der Beispiele werden Bilder, Botschaften und Bedeutungen besprochen.

4.1 Natur ... find ich gut

Natur (genau genommen Landschaft)[9] wird im folgenden ersten Beispiel so eingesetzt, dass die ins Bild gesetzten (inszenierten) Eigenschaften der Natur, Reinheit, Unberührtheit[10], Klarheit und Unverfälschtheit, vom Betrachter mühelos auf das Produkt übertragen werden.

Abb. 1: Die Krombacher Brauerei wirbt seit 1994 mit dem Slogan „Eine Perle der Natur" und zeigt die Wiehltalsperre im Bergischen Land.

„Zucht"-Perle der Natur

Eine große Brauerei wirbt mit dem Slogan „Eine Perle der Natur" (Abb. 1). Der damit zum Ausdruck kommende Hinweis auf das Reinheitsgebot des Produktes und die Reinheit der Zutaten tritt vollkommen hinter die bildhafte Umsetzung der Botschaft zurück. Der

[9] Zur Differenzierung von Natur(en), Landschaft und Wildnis siehe SPANIER 2003.

[10] Das im Naturschutz so wichtige Attribut der Unberührtheit, als Ausdruck höchster Vollkommenheit und Schutzbedürftigkeit, hat im Gesellschaftlichen seine wortgleiche Entsprechung im Sinne von Jungfräulichkeit. Dieser Kontext, der im Naturschutz nicht weiter reflektiert wird, erklärt (neben sakral-spirituellen Aufladungen (vgl. SPANIER 2003)) die teilweise bis ins Absurde gesteigerte Wertschätzung menschenleerer Gegenden, die in den vergangenen 200 Jahren zahlreichen indigenen Völkern das Leben oder den Lebensraum gekostet haben (vgl. CRONON 1996: 79f. und SUCHANEK 2001: 38ff.). OTT (2002: 78) macht darauf aufmerksam, dass es sich bei dem von der Internationalen Naturschutzunion (IUCN) propagierten Ziel der „ökologischen Unversehrtheit" ebenfalls um ein „wertgeladenes Konstrukt" handelt.

Betrachter sieht - sowohl in den selten gewordenen Zeitschriftenanzeigen als auch in den TV-Spots - einen in perfekter Aufnahmetechnik fotografierten, wunderschönen See mit einer kleinen bewaldeten Insel darin. Je nach spezieller Biersorte wechselt die Perspektive, mal aus der Vogelschau und mal aus der Boots- und mal aus der „Froschperspektive". Bemerkenswert ist bei der Inszenierung, dass der Zusammenhang zwischen Slogan und Bild perfekt und für den Zuschauer in jeder Phase glaubwürdig erscheint. „Reine", dunkelgrüne Wälder, die einen klaren See umgeben, mit einer kleinen, ebenfalls bewaldeten Insel im Zentrum, sind der Inbegriff von Natur, von wertvoller Natur. Es handelt sich um eine Perle der Natur - wobei der Betrachter rätseln darf, ob das Produkt oder die Landschaft eine Perle der Natur ist. Die überwiegende Anzahl der Betrachter und Betrachterinnen weiß nicht und ahnt noch nicht einmal, dass es sich bei diesem so natürlich anmutenden See um ein Artefakt handelt, nämlich die Wiehltalsperre im Bergischen Land. Die Künstlichkeit des Landschaftseindrucks wird vom Publikum ausgeblendet.

Ich bin doch nicht blöd: „Gefühlte Natur" vs. „echte Natur"

„Gemessene" („echte") und „gefühlte" Natur stehen sich gegenüber, der Widerspruch wird nicht aufgelöst und er wird im Moment des Betrachtens noch nicht einmal bemerkt. Vermutlich wären die Betrachter, die sich soeben von der Schönheit und Anmut der absolut menschenfreien Landschaft haben fesseln lassen, durchaus in der Lage, Talsperren als Kunstlandschaften anzusprechen. Sie würden möglicherweise sogar eine Bürgerinitiative unterstützen, die sich bemüht, in der heimischen Region ein Talsperrenprojekt zu verhindern.[11] Trotzdem erscheint das Talsperrenbild zunächst als der Inbegriff von Natur. Dass es sich so verhält, kann aus der langen Laufzeit (seit 1994) der Werbung geschlossen werden. Widersprüche in den Bild- und Textbotschaften wären dem Kunden längst schon unangenehm auffallen und von den Werbestrategen behoben worden. Da diese Werbung jedoch seit einigen Jahren konstant geschaltet wird, ist auch anzunehmen, dass die Botschaften erstens stimmig und glaubwürdig sind und zweitens auch geglaubt werden. Diese Biermarke tritt, so die Botschaft zwischen den Zeilen, auch für die Natur ein. Das wird durch spezielle Werbeaktionen (z.B. Spenden für Regenwaldprojekte) untermauert und passt zum Image. Das gleichzeitige Sponsoring von Motorsportveranstaltungen wird offensichtlich nicht als Widerspruch erlebt.

Offensichtlich werden Wahrnehmungssphären der Betrachtenden angesprochen, die sie veranlassen, das „gefühlte Bild" als Wirklichkeit anzusehen. Solange die Bildbotschaft

---

11 Talsperren sind gewissermaßen das Trauma des Naturschutzes. Eine der ersten großen Niederlagen des Naturschutzes hing mit der Aufstauung des Tuolumne Rivers im Hetch Hetchy Tal innerhalb des Yosemite National Parks in Kalifornien zusammen. John Muir, der Gründungsvater des amerikanischen Naturschutzes, kämpfte mit aller Anstrengung dagegen - und verlor. Er konnte damals - im ersten Jahrzehnt des 20. Jahrhunderts - eine sehr große Anzahl von Unterstützern gewinnen (vgl. CRONON 1996: 72).

die Erwartungen erfüllt, ist nicht nur die Werbewelt in Ordnung und das Produkt verkauft sich optimal.

Das einzig Wahre: Glaubwürdig sein

Als weiteres **Zwischenergebnis** kann festgehalten werden, dass Werbebotschaften glaubwürdig sein müssen. Es kommt nicht auf den tatsächlichen Wahrheitsgehalt der verschiedenen Text- oder Bildbotschaften an. Im Hinblick auf den Naturschutz sei hier vermutet - und für vertiefende Untersuchungen angeregt - dass Akzeptanzprobleme, denen Naturschützer immer wieder gegenüberstehen, ihre jeweilige Ursache gerade in Unstimmigkeiten der Botschaften haben (vgl. hierzu den sehr erhellenden Aufsatz von OTT 2002). Die Glaubwürdigkeit kann auf verschiedene Art beeinträchtigt sein:

- Argwohn gegenüber versteckten und verheimlichten Botschaften, die gespürt werden und im Widerspruch zur vordergründig propagierten Botschaft stehen (vgl. OTT 2002: 77 und 79);
- Vermittlung des Naturschutzanliegens über Arten, die bei manchen oder sogar vielen Menschen abstoßende Gefühle bis hin zum Ekel hervorrufen (Schlangen, Spinnen, Würmer, Ratten, Bakterien, Viren usw.);
- Vermittlung des Anliegens im Gegensatz zu tradierten Naturschutzkenntnissen (insbesondere Seltenheit) und Herausstellen von „Allerweltsarten" (z.B. Sperling), deren Schutzbedürftigkeit von einer Mehrheit nicht nachvollzogen werden kann;
- Dramatisierung des Anliegens bei gegenteiliger Lebenserfahrung.

Wenn Katastrophenbotschaften verbunden werden mit der Schutzbedürftigkeit von nicht bei allen Menschen als angenehm angesehenen Arten oder Allerweltsarten, dann dürfte wohl ein Kardinalfehler in der Kommunikation gemacht worden sein und fehlende Akzeptanz, die stets auch ein Fehlen von Glaubwürdigkeit ist, wäre die zwangsläufige Folge. Der frühere Geschäftsführer von Greenpeace International, Thilo Bode, stellte eine Diskrepanz zwischen gesandten Botschaften und den eigenen Wahrnehmungen der Empfänger fest: „Warum ist die Umweltbewegung tot? Es ist ihr Erfolg. Natürlich gibt es die Umweltverbände; diese haben sich aber mehr zu Umweltgewerkschaften entwickelt. Wale sind nicht mehr emotionalisierbar, weil die Gefährdung nicht mehr besteht" (BODE 2001).

REUSSWIG (2003: 30) untersuchte Naturschutzmotive bei aktiven Naturschützern und „allgemeiner" Bevölkerung. Danach gaben Naturschützer und Naturschützerinnen als Beweggründe für den Naturschutz überwiegend ökologische und ethisch-moralische Motive an. Diese spielen bei der Vergleichsgruppe jedoch die geringste Rolle. Für die „allgemeine" Bevölkerung stellen „Heimat" und „nachhaltige Nutzung" die Antriebskraft für den Naturschutz dar. Auch dadurch wird das oben Gesagte untermauert.

4.2 Powered by Emotion: Bühnenbilder des Erhabenen

Die Darstellung von Landschaften in der Werbung benutzt subtile Zeichensprachen. Grundsätzlich ist zwischen zwei verschiedenen landschaftlichen Präferenzen zu unterscheiden: Idylle und Erhabenheit. Mit beiden Begriffen wird auf kunsthistorische Zusammenhänge verwiesen, die an anderer Stelle bereits erläutert wurden (SPANIER 2003).

Bilder des Erhabenen (Sublimen) in der Werbung stellen die Natur groß und mächtig dar. In ihnen wird Weite, Großartigkeit überwältigend dargestellt, der Mensch dagegen erscheint klein und unbedeutend. Die Werbung bewegt sich mit dieser bildhaften Umsetzung des Erhabenen noch im Bereich der „Originale" des 19. Jahrhunderts. Landschaftserfahrungen im Gebirge und ihre Darstellung in Gedicht, Prosa und Gemälde waren stets auch Gotteserfahrungen, die dem (kleinen) Menschen die Großartigkeit von Gottes Schöpfung vermittelten. Sublimes ist ohne den Pantheismus, der im 19. Jahrhundert insbesondere durch die romantischen Dichter verbreitet wurde, nicht zu verstehen. Heutzutage wird die Gottessuche überlagert von der Suche nach dem Wesen der Natur, ihrem Geist, von der Suche nach dem Ursprünglichen und Wahren.[12]

Abb. 2: Werbung der Firma Gore-Tex aus dem Jahr 1993. Das Caspar David Friedrich Zitat ist augenfällig.

Oben ankommen und aussteigen? - Caspar David Friedrich in der Werbung

Zur Erzeugung von Erhabenheitsgefühlen greift die Werbung auf romantische Bildzitate zurück. Die Gemälde Caspar David Friedrichs scheinen dabei auf ei-

[12] Allerdings ist noch zu untersuchen, ob es sich dabei um Chiffren für das gleiche Phänomen handelt oder ob es tatsächlich eine qualitativ andere Suche ist.

Abb. 3: AUDI wirbt für sein Modell A6 mit einem eindrucksvollen Gebirgspanorama.

Abb. 4: In der Bildmontage mit Caspar David Friedrichs Gemälde „Wanderer überm Nebelmeer“ wird deutlich, dass sich auch AUDI auf den romantischen Maler bezieht.

ner imaginären Beliebtheitsskala oben zu rangieren. Die *Abbildungen 2* und *3* zeigen zwei Beispiele aus der Produktwerbung. Während das Beispiel Goretex (Abb. 2) unmittelbar als Zitat des berühmten „Wanderer überm Nebelmeer“[13] auffällt, ist der Sachverhalt bei der Werbung der Marke AUDI für das Spitzenmodell A6 (mit dem doppeldeutigen Slogan „Wer es an die Spitze geschafft hat, darf auch mal aussteigen“) (Abb. 3) subtiler angelegt. Montiert man Friedrichs Gemälde in die Werbung hinein, wird jedoch ersichtlich, dass Gemälde und Werbefotografie unmittelbar anschlussfähig sind (Abb. 4).

Auch der Naturschutz bedient sich in seiner „Werbung“ der Kraft des Erhabenen. In seinem Jahreskalender 2006 wirbt das Bundesministerium für Umwelt, Naturschutz und Reaktorsicherheit für das Jahr der Naturparke und für die

[13] Caspar David Friedrich, Der Wanderer über dem Nebelmeer, um 1818. Öl/Lwd., 74,.8 x 94,8 cm, Hamburger Kunsthalle.

Abb. 5: Das Februarbild des Jahreskalenders 2006, der das Jahr der Naturparke bewirbt und die Dachmarke „Nationale Naturlandschaften“ propagiert, zitiert Caspar David Friedrichs Gemälde „Das Eismeer“.

Dachmarke der Nationalen Naturlandschaften. Das Februarbild (Abb. 5) bildet vordergründig ein Motiv aus dem Naturpark Usedom ab. Tatsächlich wird ein Eismeer abgebildet, das in Aufbau und „Textur“ dem berühmten Gemälde von Caspar David Friedrich mit gleichem Namen ähnelt.[14] Es handelt sich um eine typische Darstellung des Erhabenen und die Betrachter assoziieren Erhabenheit mit dem Naturpark Usedom. Ziel ist es, überwältigende Naturgewalten zu zeigen, die den Menschen sich klein vorkommen lassen.

Friedrichs Gemälde vermitteln ein unmittelbares Gefühl von Erhabenheit und Einsamkeit und - besonders wichtig - des Eins-Seins mit der Landschaft.[15] Diese Art der Werbung greift den Mythos Natur (THEOBALD 2003) auf. Die Zitate werden geahnt, jedoch nicht in einen kunsthistorischen Kontext gestellt, denn das liefe den Intentionen der Werbung entgegen, die hier eindeutig unbewusste Sphären ansprechen will. Die Funktionsweise dieser Bildsprache ist raffiniert, weil sie ein von C. D. Friedrich ausgedrücktes Lebensgefühl anspricht, das wohl immer noch vorhanden und aktuell ist. Möglicherweise sind die Gefühle des „Allein-Seins“, des „Allein-mit-der-Natur-Seins“ und des „Allein-mit-Gott-Seins“ auch für die heutigen Betrachter wichtig. Vor allem Manager der oberen Klasse, die den beruflichen Stress hinter sich lassen wollen, fühlen sich angesprochen - und solche, die sich dafür halten. Transportiert wird dieser Eindruck über das Gefühl der Erhabenheit.

Der Geschmack von Freiheit und Abenteuer - Amerikanische Erhabenheit

Die Marke Marlboro hat es verstanden, durch eine sehr konsequente Werbung über Jahrzehnte hinweg ein auf die Landschaft, nämlich die für Wildnis gehaltene Landschaft des

14 Caspar David Friedrich, Das Eismeer, 1823/1824, Öl/Lwd, 96,7 x 126,9 cm, Hamburger Kunsthalle.

15 Es wird hier voller Bedacht von „Landschaft“ gesprochen. Isaiah Berlin hat darauf aufmerksam gemacht, dass der Begriff der Natur in der Romantik synonym mit „ Leben“ war und in ganz anderen Kontexten verwendet wurde als heute (BERLIN 2004: 58).

„Wilden Westens“, bezogenes Bild zu vermitteln. Bildsprache und Text („Come to where the flavour is“) harmonieren ausgezeichnet. Der Mythos der Marke wurde jedoch mit dem Slogan „Der Geschmack von Freiheit und Abenteuer“ begründet. Dieser Slogan erschien 1971 zum ersten Mal. Der derzeitige Slogan („Come to where...“) ist eine Wiederholung des gleichen Slogans aus dem Jahre 1965. Ein Hinweis auf ein gewisses Recycling in der Werbebranche, auf das bereits oben in Abschnitt 3 im Zusammenhang mit Werbezyklen hingewiesen wurde.

Beides ermöglicht Projektionen des Kunden, die schließlich vollkommen losgelöst sind vom Produkt. Die Identifikation ist perfekt gelungen und kann sogar auf Textbotschaften verzichten, weil der Kunde und die Kundin den Slogan in Gedanken ergänzen. Die Bildsprache rekurriert auf die Frontierthese in den Vereinigten Staaten, die in Europa genauso verstanden wird, als historiographisches Paradigma jedoch nicht allgemein bekannt ist. *Frontier* meint das Leben an der Grenze und zwar an der Grenze zwischen Zivilisation und Wildnis. Die Gefahren, denen die Siedler, die nach Westen zogen, ausgesetzt waren, ihre Mühsal und ihr Mut spielen in der amerikanischen Geschichtsschreibung eine große Rolle (vgl. CRONON 1996: 76ff.). Der amerikanische Historiker Frederick Jackson Turner hatte bereits Ende des 19. Jahrhunderts begonnen, die Bedeutung der *Frontier* für die nordamerikanische Geschichtsschreibung herauszuarbeiten (1920 veröffentlichte er mit „The Frontier in American History“ die zusammenhängende Darstellung dieser Geschichte). Auf diese Grenzerfahrungen (sowohl in geografischer als auch in sozialpsychologischer Hinsicht) gründet sich die amerikanische Gesellschaft und die Auseinandersetzung mit der Wildnis ist darin einer der bestimmenden Faktoren.[16] Das Leben an der Grenze wurde bereits sehr früh verherrlicht und schon die ersten Filme Hollywoods bedienten den Mythos *Frontier*. In Deutschland und Europa haben die Romane Karl Mays den gleichen Zweck erfüllt. Der große Erfolg dieser Romane und Reiseerzählungen dokumentiert, dass auch die deutsche Gesellschaft des späten 19. Jahrhunderts für die Frontierthese empfänglich war - angereichert um den Mythos vom „edlen Wilden“. Insbesondere die Spots der Marke Marlboro sind Miniatur-Wildwest-Filme (von noch nicht einmal 60 Sekunden Dauer), die alles enthalten, was ein solcher Film benötigt: Cowboys, Pferde, Lagerfeuer, Sonnenuntergang und natürlich keine Frauen. Die Marlboro Bilder haben im Hintergrund ebenfalls die Botschaft von Erhabenheit.

Der Fels in der Brandung: die Dosis Romantik in unserem Leben

Aus der Zwiespältigkeit des Erhabenen, nämlich Schönheit und Schrecken in einem zu sein, erwächst auch eine besondere Eignung für den Einsatz in der Werbung. Immer dann,

[16] Zur Kritik an dem in diesem Zusammenhang geprägten Wildnisbegriff, der auch für Europa prägend geworden ist und die Arbeit beispielsweise des WWF bestimmt, siehe SUCHANEK 2001: 38ff.

wenn Zielgruppen beworben werden sollen, die mit den emotionalisierten Aufladungen von Freiheit, Abenteuer, Unabhängigkeit, Kraft usw. ansprechbar sind, bietet sich eine Darstellung des Erhabenen an.

Das Erhabene ist ein typisch romantisches Lebensgefühl. Dieses ist auch heutzutage noch wach und prägend für weite Bereiche im Naturschutz (vgl. SPANIER 2003). KÜHNE (2002: 147) bezeichnet Caspar David Friedrich als Motivgeber auch für die diesbezügliche Werbefotografie. Werbestrategen müssen allerdings mit dem Widerspruch leben, dass sie sich als die Kreativen sehen, im Hinblick auf die Natur jedoch keine grundlegend neuen Bilder kreieren können (vgl. KÜHNE 2002: 218).

4.3 Träumst du noch oder lebst du schon? Reminiszenzen an den ewigen Traum

Je nach Produkt oder Zielgruppe werden in der Bildsprache mitunter auch nicht erhabene, sondern idyllische Landschaften inszeniert. Diese werden umgangssprachlich als romantisch angesprochen. Tatsächlich sind jedoch die im vorherigen Abschnitt behandelten sublimen Landschaften Ausdruck romantischen Lebensgefühls, da diese Art, Landschaft zu sehen, erst im 19. Jahrhundert „erfunden" wurde. Die Landschaften, um die es im folgenden Abschnitt geht, behandeln ein seit der Antike bekanntes und besungenes Gefühl, das sich bei lieblichen, lichtdurchfluteten Weidelandschaften einstellt.

Abb. 6: Die Firma Otto Kern greift im Hintergrund das arkadische Landschaftsmotiv auf. Paradies ist Kulturlandschaft.

Ich liebe es: Paradies und Goldenes Zeitalter in der Werbung

Die mit Paradiesvorstellungen kokettierende aktuelle Werbung der Marke Otto Kern („never undressed")

(Abb. 6) vermittelt ein solches Landschaftsbild. Hinter der Sündenfallszene, die ebenfalls ein kunsthistorisches Zitat ist, wird eine agrarische Kulturlandschaft sichtbar, die Ähnlichkeiten mit der Toskana aufweist, aber ebenso gut auch eine Abbildung einer deutschen Kulturlandschaft im Mittelgebirge sein kann. Bemerkenswert ist, dass die Assoziation von Paradies (Adam und Eva) und Landschaftsraum, der dazu gehört, eben nicht Wildnis ist, sondern agrarisch geprägte Kulturlandschaft.

Da weiß man, was man hat: Wildnis - Paradies - Kulturlandschaft

Bei der Sündenfall-Werbung für die Marke Otto Kern stellt sich die bereits oben diskutierte Frage der Glaubwürdigkeit aus anderer Perspektive. Offensichtlich ist es unerheblich, dass heutzutage unter „letzte Paradiese“ Wildnisgebiete apostrophiert werden. Wenn in der naturschützerischen Publizistik so argumentiert wird, wird unterstellt, dass das biblische Paradies selbst auch Wildnis war. Es wird aber übersehen, dass Paradeisos ein griechisches Lehnwort aus dem Persischen ist und nichts anderes als Garten meint. Der biblische „Garten Eden“ ist bereits von den biblischen Propheten als Synonym für Paradies verwendet worden und stets im Zusammenhang mit Garten konnotiert (Jesaja 51,3; Ezechiel 28,13; 31,9). Die Bildsprache der Otto-Kern-Werbung ist insofern korrekt, da sie das Paradies als Kulturlandschaft, sprich Garten im weiteren Sinne, darstellt. Die Verbindung von Landschaft und Paradies hat eine sehr lange Tradition und dürfte im kollektiven Gedächtnis der mitteleuropäischen Menschen tief verankert sein. Es schwingt aber stets auch etwas von Harmonie und Friedfertigkeit zwischen den wilden Tieren untereinander (als Metapher des Weltfriedens) und der Tiere mit den Menschen mit (s.u.).

Heute ein König: Arkadien als landschaftsästhetisches Leitbild - und mehr

Mit dem idyllischen Arkadien und dem (schaurig-schönem) Erhabenen, dem Sublimen, werden zwei Grundmuster des Mensch-Natur-Verhältnisses beschrieben, derer sich auch die Werbebranche bedient. Idyllen werden durch

- raumzeitlichen Stillstand,
- Kleinräumigkeit und
- Ausblendung der Wirklichkeit

gekennzeichnet.

Arkadische Landschaften sind Weidelandschaften, die in Malerei und Musik (Beethovens 6. Symphonie) immer wieder die Fantasie der Menschen beflügelt haben. Seit Theokrit und Vergil sind Hirtendichtungen (Bucolica) von besonderem Reiz. Nicolaus Poussins Gemälde „et in arcadia ego“ sowie Goethes „Italienische Reise“ mit dem Untertitel „Auch ich in Arkadien“ sollen als Hinweise genügen, die tiefe kulturelle Verwurzelung arkadischer Pastorallandschaften zu belegen. Im europäischen Naturschutz spielen

Pastorallandschaften eine herausragende Rolle. Immer dann, wenn Landschaft abgebildet werden soll, ist in der Mehrheit der Fälle eine Weidelandschaft zu sehen. Abbildungen von Heidelandschaften ohne Hirten und Schafe sind auch heute fast nicht vorstellbar.[17] Arkadien war auch immer der Traum vom sog. Goldenen Zeitalter. Nicht nur in Vergils Hirtendichtungen (insbesondere in der 4. Ekloge) wird die Fiktion eines Goldenen Zeitalters heraufbeschworen, denn „die den kargen Rahmen der Hirtenwelt übersteigende Landschaft nähert sich in einem weiteren Schritt der Fiktion eines paradiesischen Zustandes, *locus amoenus* und Naturbilder des Goldenen Zeitalters fließen ineinander" (EFFE & BINDER 2000: 69, im Original kursiv). Die Bildbotschaft der Otto-Kern-Werbung erinnert an diese Zusammenhänge. Adam und Eva geben das Thema Paradies vor und der Hintergrund wird mit der Kulturlandschaft als lieblichem Ort dargestellt.

Derartige Vorstellungen sind nach wie vor aktuell und möglicherweise archetypisch als Muster für die Bevölkerungen aus dem westlichen Kulturkreis prägend. Bezeichnend sind landschaftliche Darstellungen, die in Anlehnung an das antike Hirtenmotiv Landschaft, Mensch und Tiere zeigen. Die Natur wird kleinräumig und stets als Kulturlandschaft in einer warmen einheitlichen Farbigkeit dargestellt. Der Mensch gliedert sich in diese freundliche Landschaft ein und wird selbst zu einem Teil von ihr. „Diese Aspekte kennzeichnen die Idylle als visuelles Zeichensystem der Werbung, das eindeutig und kollektiv verstanden wird." (KÜHNE 2002: 217). An die Stelle von Hirtendarstellungen, die selbst heutzutage noch anzutreffen sind und als Chiffre besonderer Harmonie mit der Natur verstanden werden, treten Abbildungen, die Tiere auf Weiden zeigen oder als Symbol gesteigerten Einsseins mit der Natur das Picknick in einer (Gras-)Landschaft mit Bäumen.

Das von den beiden russischen Pop-Art Künstlern Vitaly Komar und Alexander Melamid durchgeführte Projekt „Painting by Numbers" (WYPIJEWSKI 1997) kommt aus kunstkritischer Sicht zu gleichen Antworten, nämlich der fast weltweit homologen Bevorzugung bestimmter Landschaftstypen. Ihre Intention war es, durch weltweit durchgeführte Meinungsumfragen herauszufinden, welche Bilder die Menschen der verschiedenen Völker bevorzugen und welche nicht. Erstaunlicherweise ähneln sich die bevorzugten Bilder fast überall. Es sind Landschaftsbilder in jeweils unterschiedlicher Stimmung, stets mit den Bestandteilen Berg, Wasser, Bäume. Mal eine Burg oder ein Monument dazu, mal ohne Landwirtschaft, mal ausdrücklich mit landwirtschaftlicher Betriebsamkeit. In der überwiegenden Zahl der Fälle entspricht der bevorzugte Landschaftstyp dem der Pastorallandschaft. Dieser Befund ist nicht überraschend. Er korrespondiert mit der Beobachtung, dass die individuelle Gartengestaltung privater Hausgärten nicht von ungefähr auf Miniaturisierung von Arkadien bzw. Savanne (Graslandschaft mit Bäumen) angelegt ist. Was auf die kleinen

[17] So zeigt beispielsweise das Augustbild des bereits oben erwähnten Jahreskalenders 2006 des BMU eine typische, weil pastorale Heideszene: blühendes Heidekraut, Schäfer und Schafherde.

Hausgärten zutrifft, hat sein Vorbild in den großen englischen Parkanlagen des 18. Jahrhunderts. Es handelt sich bei ihnen um ausdrücklich gestaltete Nachbildungen der auf den Gemälden von Lorrain, Poussin und anderen abgebildeten arkadischen Landschaften. Von Alexander Pope ist das diesen Sachverhalt treffend umschreibende Wort überliefert: „All gardening is landscape painting" (zit. nach SPENCE 1966, Bd. 1: 252). Sowohl in den Parkgestaltungen wie in den Gemälden sind Sagen und Mythen verewigt.

In der Werbung wird die arkadische Idylle benutzt, um (raue) Wirklichkeit auszublenden und die Produkte in einen harmonischen Zusammenhang zu stellen. Es sind aber jeweils gedankliche Konstruktionen. Die Landschaften, die wir sehen wollen, sind „Kopfgeburten", um einen berühmten Buchtitel zu paraphrasieren. Die landschaftlichen Idyllen sind Traum, aber ein Traum, in dem wir es uns behaglich einrichten. Die Werbung setzt genau an diesem Punkt an und verschafft das Wohlbehagen, bzw. die Folie von Landschaft, die wir aus der Romantik übernommen haben (KÜHNE 2002: 129).

Abb. 7: Der Outdoor-Ausrüster Jack Wolfskin zeigt in den Printmedien Werbung, die junge Menschen in durchaus erhabener Landschaft zeigen. Die Spots im Fernsehen hingegen setzen auf Geselligkeit und Spaß mit jungen Menschen.

4.4 Draußen zu Hause: Outdoor und Landschaft

Erstaunlicherweise ist die aktuelle Werbung der Firma Jack Wolfskin, die in Namen und Logo bereits Wildnis assoziieren lässt, nicht so wildnisbetont, wie man es erwarten würde. Der in Zeitschriften geschalteten Anzeige (Abb. 7) kann noch eine gewisse Neigung zur Erhabenheit unterstellt werden, vor allem mit dem Motiv der beiden Bergwanderer. In den Fernsehwerbespots wird jedoch ein ganz anderes Bild vermittelt (siehe TV-Spot Sommer 2006 und TV-Spot Winter 2005/06). Nicht der einsame Wanderer, der allein durch die Wildnis streift, ist die Zielgruppe, sondern die sog. Fun-Generation. Landschaft ist in dieser Bildsprache eher als Umraum zu verstehen, denn als Symbolraum. Die Fernsehspots zeigen fröhliche junge Menschen in Südtirol (Winterkollektion) und Irland (Sommerkollektion). Dabei sind diese jungen Menschen nicht in Kontemplation der landschaftlichen Schönheiten versunken, sondern werden bei Schnellballschlachten im Schnee bzw. Wasserspielen an einem Bach gezeigt. Einzig das schlechte irische Wetter lässt etwas von der Naturverbundenheit der Darsteller, sprich: Kunden, erahnen.

Die emotionale Aufladung der Spots besteht in der Identifikation mit Gruppen junger, unbeschwerter Menschen, die in Geselligkeit miteinander verbunden sind. Die Landschaft selbst wird nicht überhöht, sondern als der „Spielplatz" dieser Menschen dargestellt. Im Hinblick auf die Landschaftsdarstellung dominiert die Sport- und Nutzungsorientierung - der Umgang mit Landschaft ist unkompliziert und unprätentiös. Bei einem Outdoor-Ausrüster wäre leicht das Gegenteil zu erwarten.

5 Besser ankommen: Tendenzen in der Werbung, was steht uns bevor?

Die vorliegende Betrachtung kann kein einheitliches und auch kein abschließendes Bild der vielfältigen Beziehungen von Werbung und Naturkommunikation oder Naturschutz zeichnen. Einige Prinzipien der Bildsprache, mit der Landschaft thematisiert wird, wurden herausgearbeitet. Diese wiederkehrenden Grundtypen oder Landschaftsmuster sprechen Menschen an - womöglich sogar unbewusst. THEOBALD (2003) hat in seiner Habilitationsschrift abgeleitet, dass logische und ästhetische Erklärungsmuster für zahlreiche Phänomene menschlichen Verhaltens im Naturschutz versagen und er sieht Mythen als wesentlichen Bestandteil auch moderner Naturauffassungen an. Das Erbe der Romantik, die die Landschaft mit wesentlich mehr Inhalten be- und aufgeladen hatte, ist insofern lebendig (THEOBALD 2003: 65). Werbung mit Landschaft als Symbolraum ist erfolgreich, wenn sie an diese Mythen anschließen kann. Auch der Naturschutz bedient in seiner Öffentlichkeitsarbeit diese Mythen. Mit Blick auf die eigene Klientel hat man wohl auch keine andere Wahl, denn es werden - quasi von Berufs wegen - solche Bilder des Erhabenen und Idyllischen erwartet. Man ist in der Profession möglicherweise aber auch in den eigenen Mythen gefangen (vgl. MENTING & HARD 2000) und steht möglicherweise sich selbst und einer modernen, nicht-romantisierenden Landschaftsauffassung im Wege.[18]

[18] Die Mythos-Theorie wird allein schon durch die außerordentlich heftige Leserbriefresonanz, die auf MENTING & HARD 2000 folgte, gestützt. Ebenso heftige, überwiegend „getroffene" Reaktionen folgten in zahlreichen Leserbriefen in der Zeitschrift *Natur und Landschaft* auf die Veröffentlichung der Schrift „Naturschutzbegründungen" (KÖRNER, NAGEL & EISEL 2003). Das Ausleuchten des motivationalen Hintergrundes scheint auf - um im Bild zu bleiben - „lichtscheue" Mythen gestoßen zu sein und der so entstandene Reiz musste zwangsläufig abreagiert werden.

Professionelle Werbung kann für die Naturschutzkommunikation zumindest in handwerklicher Hinsicht Vorbild sein. Das ist jedoch nicht der Hintergrund der im Thema gestellten Frage. Man wird sich aber auch immer wieder, von Einzelfall zu Einzelfall, fragen müssen, ob jeder Trend mitgemacht werden muss. In den einleitenden Bemerkungen wurde auf Gefahren kritiklosen Übernehmens von Werbemaschen hingewiesen. Bei allem Tun und Lassen sind die Eigenschaften des „Produktes" bzw. der Botschaft in den Mittelpunkt zu stellen. Eine Öffentlichkeitsarbeit, die sich dem verpflichtet fühlt, ist insofern vielleicht weniger Aufmerksamkeit erregend, dafür aber auf Dauer glaubwürdiger. Die öffentlichen Hände haben bei der Bewerbung ihrer „Produkte" (und das ist eben nicht nur das Politikfeld Naturschutz, sondern mit grundsätzlich gleicher Berechtigung auch Verkehrs-, Arbeitsmarkt-, Verteidigungspolitik und alle anderen Politiken ebenso, die das Gemeinwohl betreffen, weil sie öffentlich-rechtlich normiert sind) mit vornehmer Zurückhaltung zu agieren. Bei einem Verlust der Balance drohen Negativimages, die zu revidieren große Anstrengungen erfordert. Das aus der Öffentlichkeitsarbeit der Exekutive abgeleitete Informationsgebot für die Bevölkerung beinhaltet logischerweise keine Erlaubnis zu emotional aufgeladener[19] Desinformation oder Manipulation. Sofern man von seinem „Produkt" bzw. seiner Botschaft überzeugt ist, dürfte der Ruf nach besserer Werbung weniger laut werden. Intensivere „Werbung" (gemeint ist stets Propaganda) wird im politischen Raum nicht selten genau dann beschworen, wenn Akzeptanzkrisen bemerkt werden und sich die offensichtliche Zustimmung zu einer bestimmten Politik verringert. Aus der Geschichte der Bundesrepublik Deutschland ist echten oder vermeintlichen Regierungskrisen zunächst mit der Forderung nach besserer Information (sprich: Werbung bzw. Propaganda) begegnet worden. Dabei ist dieser Reflex bei Regierungen aller politischen Farben auffällig gewesen. Insofern ist die Frage nach besserer Werbung für den Naturschutz und das Bedürfnis, von der Werbewirtschaft lernen zu wollen, selbst schon Ausdruck reduzierter Akzeptanz.

Ob und inwieweit das Übernehmen der Techniken der Werbung, und damit sind hier die Techniken gemeint, die den Zielgruppen durch suggestive Methoden ihren Willen aufdrängen, hilfreich ist, wird die weitere Entwicklung zeigen. Sprichwörtlich dünnes Eis wird betreten, wenn Werbung sich verselbständigt und die Inhalte vorgibt. Werbung hat dem Produkt zu dienen und nicht umgekehrt. Öffentlichkeitsarbeit kann im demokratischen Staat nicht die Inhalte der Politik dominieren, sie ist grundsätzlich nachlaufend und findet manchmal zeitgleich mit der Formulierung und Umsetzung von Politik statt. Vorlaufende Öffentlichkeitsarbeit ist Propaganda und im politischen Raum in der Parteienwerbung üblich und akzeptiert; sie sollte im öffentlich-rechtlichen Naturschutz jedoch aus den zuvor genannten Gründen nicht im Vordergrund stehen.

---

[19] Vgl. konträr dazu EMDE 2005, der auf S. 185f. die „emotionale Aufladbarkeit" der Natur zur Grundlage seines Konzeptes macht.

Die Werbebranche verfolgt derzeit mit der nicht unumstrittenen Neuroökonomie Wege, welche die Psychologie durch Verwendung neurowissenschaftlicher Erkenntnisse ergänzen (vgl. LINDNER 2005). Grob vereinfacht geht es darum, zu ergründen, wie Menschen Kosten und Nutzen verschiedener Handlungsoptionen gegeneinander abwägen und schließlich eine Entscheidung treffen und welche Hirnregionen dabei aktiv sind (HOLLRICHER 2005: 24). Auch hier gibt es nützliche und bedenkliche Perspektiven. Bedenklich sind selbstverständlich alle Entwicklungen und Techniken, die in der Hand von Despoten zur Abschaffung des freien Willens und der Entscheidungsfreiheit der Menschen eingesetzt werden könnten. Wenn Produktwerbung vom Grundsatz her genau das beabsichtigt, nämlich eine freie Kaufentscheidung zu steuern, dann kann Propaganda ähnlich agieren. Es ist keine angenehme Aussicht, wenn es Neuroökonomen eines Tages gelungen sein sollte, Menschen vom Innersten her manipulierbar zu machen. Und mit Blick auf den Naturschutz kann gesagt werden, dass, wenn es technisch und methodisch gelingt, zu Gunsten des Naturschutzes zu manipulieren, es dann auch umgekehrt gelingt.

Aus der Neurowissenschaft ist bekannt, dass das menschliche Gehirn über eine Art Belohnungssystem verfügt, das biochemisch gesteuert wird und „Learning by doing" bzw. - psychologisch ausgedrückt - Konditionierung ermöglicht. Man kommt daher allerdings auch zu der Erkenntnis, dass Gefühle mitunter eine größere Rolle spielen, als es die überaus rationalen Erklärungsmodelle der Wirtschaftswissenschaften (homo oeconomicus) wahr haben wollen (vgl. RÖTGER 2005). Die mit Landschaften verbundenen Gefühle oszillieren zwischen Arkadien und Erhabenheit. Beide Gefühle sind insofern angenehm und befriedigend. Die lieblich arkadische (Pastoral-)Landschaft wirkt unmittelbar aufgrund von Harmonien (ganz klassisch und wörtlich: „Das Erwachen heiterer Gefühle bei der Ankunft auf dem Lande" in Beethovens 6. Symphonie „Pastorale"). Das Gefühl der Erhabenheit entfaltet seine befriedigende Wirkung über den Umweg der überstandenen Gefahr. Bei einer Bergwanderung in einen tiefen Abgrund geschaut zu haben befriedigt ja vor allem durch das Nicht-Hineinstürzen. Jahrmärkte mit Achter- und Geisterbahnen funktionieren nach dem gleichen Schema.

Es gibt einen Bereich der Werbewirtschaft, der als Lehrstoff für die Politik geeignet ist. Werbung ist nämlich selbstkritisch genug, wenig erfolgreiche Strategien zu überdenken und ggf. sogar zu verwerfen. Die Indikatoren, den Erfolg von Werbung zu messen, sind so einfach wie genau: es sind die Umsatzzahlen. In der Werbewirtschaft spielt das Phänomen der Markentreue und Markenbindung eine bedeutende Rolle. Man versucht auch dieses mit neurowissenschaftlichen Methoden aufzuklären. Etablierte Marken sind stark und mächtig und es ist außerordentlich schwierig für neue Anbieter, Kunden zum Markenwechsel zu bewegen. Wenn Marken eine solche gewichtige Konstante sind, dann stellt sich diese Frage auch im Bereich der Propaganda und Öffentlichkeitsarbeit. EMDE (2005: 184 ff.) entwickelt ein auf Emotionalisierung setzendes Konzept für die Marke

„Natur". Im Gegensatz dazu wird hier die Auffassung vertreten, dass weder „Natur" noch „Naturschutz" spezifisch und homogen genug sind, um eine Markeneigenschaft mit dem Effekt der Markenbindung erzeugen zu können. „Natur" kann auch deshalb keine Marke sein, weil es an Alternativen fehlt, für die man sich entscheiden könnte. „Bier" ist eben auch keine Marke, sondern nur das Bier einer ganz bestimmten Brauerei besitzt Markencharakter. „Natur" als vermeintliche Marke ist überdies im Verständnis der Rezipienten zu allgegenwärtig und hat keine Merkmale, die Orte unterscheiden. Für den Reihenhausbesitzer ist der eigene Hausgarten und für den Landwirt der Acker ebenso „Natur", weil Natur einfach alles das ist, was draußen ist (um eine nicht selten vertretene Definition von Natur anzuführen). Auf die diesbezüglichen Austauschbarkeiten von originaler Natur nach dem Urteil der Fachleute und der von Laien für wahr gehaltenen Natur ist oben (Abschnitt 4.1) am Beispiel der Bierwerbung eingegangen worden. Ein „Marke-ting" für „Natur" in der allumfassenden Bedeutung ist nicht eindeutig genug. EMDEs enthusiastisches Konzept differenziert überdies nicht in Naturschutz in öffentlich-rechtlicher Verantwortung und privaten Naturschutz.

Die Marken des Naturschutzes sind innerhalb des Naturschutzes zu finden. Der Naturschutz zeichnet sich inzwischen durch ein besonders ausdifferenziertes Instrumentarium verschiedenster nationaler und internationaler Schutzkategorien aus - die eben auch mit gewisser Berechtigung als Naturschutz-"marken" bezeichnet werden können, denn über sie wird der „Kundenkontakt" hergestellt. Mit zusätzlichen, neuen Kategorien (Biosphärenreservat, Natura 2000-Gebiet, Weltnaturerbe, Nationales Naturerbe, Nationale Naturlandschaften) sind - werbetechnisch gesprochen - neue Marken eingeführt worden, die bei markentreuen Kunden grundsätzlich auf Reserviertheit stoßen können. Selbst wohlmeinende Journalisten können die Vielfalt der Kategorien mitunter nicht mehr auseinander halten. Immer wieder kommt es vor, dass selbst in Qualitätszeitungen Nationalparke und Naturparke verwechselt werden.[20] Die bekannten Marken im Naturschutz, so wie man es alltagssprachlich immer wieder von Laien hören kann, erschöpfen sich in zwei seit Generationen „gelernten" Aussagen: „Der, die oder das steht unter Naturschutz" (weil die angesprochene Tier- oder Pflanzenart selten und deshalb wertvoll ist) und „Das ist ein Naturschutzgebiet" (deshalb sei vorsichtig, bei dem, was du tust). Allenfalls kann die Kategorie „Naturpark" eine paradoxe Popularität aufweisen. Paradox deshalb, weil es die von Naturschützern am geringsten geschätzte Schutzkategorie ist, die jedoch einen

[20] Ähnliches ist mit der Ausdifferenzierung des Verursacherprinzips geschehen. Die Bevölkerung hatte mit dem so einfachen wie einsehbaren Prinzip keine Probleme, weil es an Alltagserfahrungen mühelos andocken konnte: Wer etwas beschädigt, haftet dafür. Das wurde mit der Eingriffsregelung im Naturschutz abgebildet. Mit den nach der Eingriffsregelung eingeführten „Marken" UVP, UVS, FFH-VP, SUP usw. ist die Bevölkerung gezwungen worden, ihre jeweilige Zustimmung auf mehrere „Marken" aufzuteilen, was die Gesamtzustimmung reduziert.

erstaunlich hohen Bekanntheitsgrad besitzt. Dieser dürfte allerdings weniger mit genauen Kenntnissen der Naturschutzkategorien zu tun haben, als damit, dass man sich mit diesem schönen Wort den Sachverhalt besonders einfach und eingängig selbst erklären kann.

Wenn man nach Auswegen aus dem Dilemma sucht, wird man sehr schnell von dem Realitätsprinzip eingeholt, das jeden Versuch, beispielsweise die Vielzahl von Schutzkategorien zu reduzieren, als politisch nicht durchsetzbar erkennen lässt. Zu stark sind auch die jeweils im Hintergrund verborgenen Interessen und ihre jeweiligen Vertreter. Man wird aber andererseits auch weiterhin unzufrieden bleiben, weil man immer wieder feststellen wird, dass die Bevölkerung ihre Schwierigkeiten hat, Naturschutzmaßnahmen zu akzeptieren. Eine der in diesem Essay diskutierten Erklärungen dafür ist die fehlende Möglichkeit der Identifikation, sprich der Markenbindung.

Naturschutz steht im öffentlichen Interesse - und stets dann, wenn es konkret wird, regt sich vor Ort Widerstand gegen Naturschutzmaßnahmen (OTT 2002: 75). Naturschutzkommunikation wird das Dilemma nur sehr bedingt auflösen können. Glaubwürdigkeit der offenen Botschaft und der versteckten Botschaften sind entscheidend für die Zukunft.

6 Come in and find out[21] - Nachweise

BERLIN, I. (2004): Die Wurzeln der Romantik. - Berlin (Berlin Verlag): 272 S.

BIBLIOGRAPHISCHES INSTITUT (1977): Meyers Enzyklopädisches Lexikon in 25 Bänden, Neunte, völlig neu bearbeitete Auflage zum 150-jährigen Bestehen des Verlages. - Mannheim, Wien, Zürich.

BODE, T. (2001): Statement in einer Podiumsdiskussion im Rahmen der Tagung „Wildnis begreifen - Formen und Funktionen von Naturkommunikation“ der Universität Mainz am 13. 12. 2001, zitiert nach eigenen Mitschriften.

BROCKHAUS (2006): Brockhaus Enzyklopädie in 30 Bänden, 21., völlig neu bearbeitete Auflage, Band 22 POT-RENS. - Leipzig, Mannheim.

BROCKHAUS (1999): Brockhaus Die Enzyklopädie in vierundzwanzig Bänden. Zwanzigste, überarbeitete und aktualisierte Auflage, Vierundzwanzigster Band WELI-ZZ. - Leipzig, Mannheim.

[22] Die Leserinnen und Leser werden bemerkt haben, dass alle Überschriften Zitate von Werbeslogans enthalten. Es soll damit darauf aufmerksam gemacht werden, dass unser Denken, Sprechen und Schreiben bereits stark von der Werbung bestimmt ist. Sollte die Leserschaft das Bedürfnis haben, mehr über die in den Überschriften verwendeten Slogans zu erfahren, wird auf die Website www.slogans.de verwiesen. Dort sind Werbesprüche aus einer Datenbank mit ca. 25.000 Slogans abrufbar.

BROCKHAUS MULTIMEDIAL (2005): DVD, Mannheim.

CRONON, W. (1996): The Trouble with Wilderness; or, Getting Back to the Wrong Nature. - In: CRONON, W. (ed): Uncommon Ground. Toward Reinventing Nature. - New York, London (W. W. Norton & Company): 69-90.

EFFE, B. & BINDER, G. (2000): Antike Hirtendichtung. Eine Einführung. - Düsseldorf, Zürich (Artemis und Winkler): 240 S.

EMDE, F. A. (2005): Marketing im Naturschutz. Konzeptionelle Überlegungen zur Entwicklung der „Dachmarke Natur". - In: ERDMANN, K.-H. & SCHELL, C. (Bearb.): Zukunftsfaktor Natur - Blickpunkt Naturnutzung. - Münster-Hiltrup (Landwirtschaftsverlag GmbH): 175-188.

ERDMANN, K.-H., SIMONS, D. & SPANIER, H. (2005): Täuschung, Kompensation und glückliche Erinnerung - „Natur" in der Werbung - eine Annäherung. - In: ERDMANN, K.-H. & SCHELL, C. (Bearb.): Zukunftsfaktor Natur - Blickpunkt Naturnutzung. - Münster-Hiltrup (Landwirtschaftsverlag GmbH): 153-174.

HESSE, H. A. (1995): Der Schutzstaat. Zur Charakterisierung aktueller Staatlichkeit. - Universitas 50 (3): 231-242.

HOLLRICHER, K. (2005): Die Marke macht's. - Bild der Wissenschaft (9): 24-29.

KÖRNER, S., NAGEL, A. & EISEL, U. (2003): Naturschutzbegründungen. - Münster-Hiltrup (Landwirtschaftsverlag GmbH): 174 S.

KÜHNE, B. (2002): Das Naturbild in der Werbung. Über Emotionalisierung eines kulturellen Musters. - Frankfurt (Anabas-Verlag): 239 S.

LEGE, J. (1999): Nochmals: Staatliche Warnungen - Zugleich Paradigmenwechsel in der Grundrechtsdogmatik und zur Abgrenzung von Regierung und Verwaltung. - DVBl. 114 (9): 569-578.

MENTING, G. & HARD, G. (2001): Vom Dodo lernen. Öko-Mythen um einen Symbolvogel des Naturschutzes. - Naturschutz und Landschaftsplanung 33 (1): 27-34.

MICROSOFT ENCARTA (2003): DVD: Enzyklopädie Standard 2003; Stichworte Werbung und Propaganda.

OTT, K. (2002): Akzeptanzdefizite im Naturschutz. - Schriftenreihe des Deutschen Rates für Landespflege (74): 75-81.

REUSSWIG, F. (2003): Naturorientierung und Lebensstile. Gesellschaftliche Naturbilder und Einstellungen zum Naturschutz. - LÖBF-Mitteilungen 28 (1): 27-34.

RÖTGER, A. (2005): Geben will gelernt sein. - Bild der Wissenschaft (9): 30-33.

SCHUCHANEK, N. (2001): Mythos Wildnis. - Stuttgart (Schmetterling Verlag): 135 S.

SPANIER, H. (2003): „Perle der Natur"? oder: Um einem Cézanne von innen bittend. Betrachtungen zur Natur und Gesellschaft. - In: ERDMANN, K.-H. & SCHELL, C. (Bearb.): Zukunftsfaktor Natur - Blickpunkt Mensch. - Münster-Hiltrup (Landwirtschaftsverlag GmbH): 53-86.

SPENCE, J. (1966): Anecdotes, Observations, and Characters of Books and Men. Collected from Observations of Mr. Pope, and other Eminent Persons of his Time, ed. James M. Osborne, 2 vols. - Oxford (Clarendon Press).

THEOBALD, W. (2003): Mythos Natur. Die geistigen Grundlagen der Umweltbewegung. - Darmstadt (Wissenschaftliche Buchgesellschaft): 167 S.

TV-SPOT SOMMER 2006 (http://www.jack-wolfskin.de/docs/eine_marginalie_drei_spaltig.asp?id=20513&domid=1027&sp=D&addlastid=&m1=18107&m2=18108&m3=18419&m4=20635&m5=20513 am 24. 08. 2006).

TV-SPOT WINTER 2005/06 (http://www.jack-wolfskin.de/docs/eine_marginalie_drei_spaltig.asp?id=20053&domid=1027&sp=D&addlastid=&m1=18107&m2=18108&m3=18419&m4=20633&m5=20053 am 24. 08. 2006).

WIKIPEDIA ARTIKEL *PROPAGANDA* (2006). - In: Wikipedia, Die freie Enzyklopädie. Bearbeitungsstand: 21. August 2006, 02:03 UTC. URL: http://de.wikipedia.org/w/index.php?title=Propaganda&oldid=20442632 (Abgerufen: 24. August 2006, 16:42 UTC).

WIKIPEDIA ARTIKEL *WERBUNG* (2006). - In: Wikipedia, Die freie Enzyklopädie. Bearbeitungsstand: 23. August 2006, 07:06 UTC. URL: http://de.wikipedia.org/w/index.php?title=Werbung&oldid=20531580 (Abgerufen: 24. August 2006, 16:44 UTC).

WYPIJEWSKI, JA. (ed) (1997): Painting by Numbers. Komar and Melamid's Scientific Guide to Art. - Berkeley, Los Angeles, London (University of California Press): 205 S.

Watt und Wale neu entdecken
Multimar Wattforum, Tönning

GERD MEURS

1 Ausgangssituation

Mit einer Fläche von ca. 440.000 ha und einer Küstenlänge von ca. 460 km ist der Nationalpark Schleswig-Holsteinisches Wattenmeer der mit Abstand größte Nationalpark Deutschlands. Zwei Landkreise und nicht weniger als 69 Gemeinden liegen im oder unmittelbar am Nationalpark. Zusammen den Nationalparken Niedersächsisches Wattenmeer und Hamburgisches Wattenmeer sowie mit Schutzgebieten in den Niederlanden und Dänemark bildet das Wattenmeer das größte zusammenhängende Schutzgebiet in Mitteleuropa. Nicht biologische Unterschiede in der naturräumlichen Ausstattung oder unterschiedliche Landschaftsausprägungen, sondern unterschiedliche Zuständigkeiten über Bundes- und Landesgrenzen hinweg, verhindern eine Zusammenführung der Schutzgebiete zu einem Nationalpark.

Um das westlich der Schleswig-Holsteinischen Nordseeküste liegende Wattenmeer zu erhalten und zu schützen, wurde 1985 der Nationalpark Schleswig-Holsteinisches Wattenmeer gegründet. Im Nationalparkgesetz werden Grundlagen und Ziele dieser Schutzbemühungen definiert (NATIONALPARKGESETZ - NPG 1999): „Der Nationalpark dient dem Schutz der natürlichen Entwicklung des schleswig-holsteinischen Wattenmeeres und der Bewahrung seiner besonderen Eigenart, Schönheit und Ursprünglichkeit. Es ist ein möglichst ungestörter Ablauf der Naturvorgänge zu gewährleisten. Der Nationalpark ist als Lebensstätte der dort natürlich vorkommenden Tier- und Pflanzenarten und der zwischen diesen Arten und den Lebensstätten bestehenden Lebensbeziehungen zu erhalten. Die Gesamtheit der Natur in ihrer natürlichen Entwicklung mit allen Pflanzen, Tieren und Ökosystemen besitzt einen zu schützenden Eigenwert.“ (§ 2 Abs. 1 Nationalparkgesetz Schleswig-Holsteinisches Wattenmeer). Nationalparke sollen den großräumigen Schutz natürlicher Lebensräume gewährleisten und dabei nicht im Bewahren verharren, sondern die Eigendynamik ökologischer Prozesse sicherstellen (GOLDMANN 1994). Diesem eindeutigen Schutzzweck zum Erhalt ungestörter Naturabläufe stehen Nutzungsinteressen gegenüber, die es abzuwägen und zu beachten gilt. „Unzumutbare Beeinträchtigungen der Interessen und herkömmlichen Nutzungen der einheimischen Bevölkerung sind zu vermeiden. Jegliche Nutzungsinteressen sind mit dem Schutzzweck im Allgemeinen und im Einzelfall gerecht abzuwägen.“ (§ 2 Abs. 3 Nationalparkgesetz Schleswig-Holsteinisches Wattenmeer).

Diese Abwägung kann aber nur sowohl mit den Bewohnern als auch mit den Touristen erfolgen. Anders als in anderen Zusammenhängen steht die Naturschutzkommunikation in

Großschutzgebieten im Spannungsfeld der Interessen: Traditionell wird sie von Einheimischen abgelehnt und von Touristen akzeptiert (NEIDLEIN & WALSER 2005).

2 Bildungskonzept im Nationalpark Schleswig-Holsteinisches Wattenmeer

Als herausragende touristische Destination wird das Wattenmeer intensiv von Menschen genutzt. Der hohe Besucherdruck führt auf der einen Seite zu Konflikten und macht eine funktionierende Besucherlenkung zwingend. Auf der anderen Seite bietet er die Möglichkeit ein breites Publikum anzusprechen, das im Urlaub den Kontakt zur Natur sucht (NATIONALPARK SCHLESWIG-HOLSTEINISCHES WATTENMEER 2006).

Bei der Entwicklung einer funktionierenden Bildungs- und Informationsarbeit in touristisch genutzten Großschutzgebieten sind nicht nur neue Tendenzen und Erkenntnisse in der Naturschutz-Kommunikation zu beachten. Naturschutz-Kommunikation muss sich zunehmend als unterhaltendes Freizeitangebot verstehen. In diesem Kontext wird Information zur Ware, Gäste werden zu Kunden und Kundenorientierung zur überlebensnotwendigen Firmenphilosophie (KIRCHHOFF et al. 1999). Auf diesem schmalen Grat zwischen reiner Unterhaltung und sachlicher Information gilt es einen Mittelweg zu gehen, der dem bildungspolitischen Anspruch ebenso gerecht wird wie der betriebswirtschaftlichen Notwendigkeit zur Finanzierung der eigenen Arbeit.

Umweltbildung im Nationalpark Schleswig-Holsteinisches Wattenmeer wurde zunächst aufgrund der Größe des Nationalparks und der Unzugänglichkeit insbesondere der Inseln und Halligen sowie dem Zeitgeist im Jahr der Nationalparkgründung 1985 folgend in dezentralen, kleinen Einheiten betrieben. Neben dem Nationalparkamt waren und sind Umweltverbände maßgeblich in die Arbeit eingebunden. In einer Arbeitsgruppe unter Leitung des Nationalparkamtes wurde ab 1986 ein Konzept zur Zusammenarbeit der Informationszentren in der Nationalpark-Region entwickelt, das aktuell fortgeschrieben wird (NATIONALPARK SCHLESWIG-HOLSTEINSCHES WATTENMEER 2003). Ein gemeinsames Leitbild bildet die Grundlage für die Zusammenarbeit.

Darüber hinaus ergriff das Nationalparkamt die Initiative zur Einrichtung eines Informationszentrums nach dem Vorbild des „Hans Eisenmann Hauses" im Nationalpark Bayerischer Wald. Unter der Federführung der Abteilung Bildungs- und Öffentlichkeitsarbeit des Nationalparkamtes nahm eine Arbeitsgruppe Aspekte des administrativen Naturschutzes und der Forschung auf (STOCK et al. 1996). Zu diesem Zeitpunkt befand sich der Nationalpark noch in der Aufbauphase und hatte mit erheblichen Akzeptanzproblemen zu kämpfen. Für das geplante Informationszentrum bedeutete dies eine ständige Verpflichtung zur Transparenz nach außen und die Notwendigkeit, eine möglichst breite Beteiligung in der Bevölkerung vor Ort zu finden. Exemplarisch für andere Bildungseinrichtungen in

Großschutzgebieten sollte mit dem Betrieb des Informationszentrums gezeigt werden, dass Naturschutz und der Marktwert einer Region nicht nur nebeneinander existieren können, sondern dass sich vielmehr aus der Kombination ein Alleinstellungsmerkmal für die Region gegenüber anderen Gebieten entwickeln lässt.

Als zentrales Informationszentrum für den Nationalpark Schleswig-Holsteinisches Wattenmeer hat das Multimar Wattforum eine komplexe Botschaft: Die Vielfalt, Eigenart und Schönheit einer einzigartigen Natur und Landschaft darzustellen, über Gefährdungen des Lebensraums Wattenmeer zu informieren und Möglichkeiten selbst bestimmten Handelns zum Schutz der Natur und Landschaft aufzuzeigen.

Neben der Zieldefinition müssen Aspekte betriebswirtschaftlichen Handelns beachtet werden. Durch eine attraktive, am Bedarf orientierte Gestaltung sollen möglichst viele Gäste angesprochen werden. Als Informationszentrum für den Nationalpark Schleswig-Holsteinisches Wattenmeer muss das Multimar Wattforum ein breit gefächertes Angebot bereithalten, um unterschiedliche Zielgruppen ansprechen zu können. Neben Angeboten formalen Lernens für Schulen, Universitäten und freie Bildungsträger werden während der Sommermonate vornehmlich Touristen und während des Winters Einheimische angesprochen. Urlaubsgäste stellen mit Abstand die größte Besuchergruppe dar. Analysen touristischer Rahmendaten zeigen, dass als klassische Nordseeurlauber neben Familien mit Kindern auch ältere Gäste anzusehen sind (ZIESEMER et al. 2004). Vorwissen und Erwartungen der Besucherinnen und Besucher des Multimar Wattforums sind höchst unterschiedlich. Dies setzt eine Vermittlung der Inhalte voraus, die sowohl vielfältige Zugangsmöglichkeiten als auch individuelle Vertiefung der Themen zulassen.

Der Anspruch des NationalparkZentrums Multimar Wattforum ist es, über die reine Wissensvermittlung hinaus zu gehen. Besucherinnen und Besucher werden eingeladen

- zum Entdecken und Erleben,
- zum Forschen und Spielen,
- zum Verweilen und Genießen.

Als Stätte der offenen Begegnung und der Diskussion stellt es ein Bindeglied zwischen Natur und Kultur, zwischen Schutz und Nutzung dar.

Ein generelles Ziel der Umweltbildungsarbeit im NationalparkZentrum Multimar Wattforum ist es, Naturverträglichkeit, wirtschaftliche Tragfähigkeit und soziale Gerechtigkeit im und am Wattenmeer dauerhaft in Einklang zu bringen. Das Nationalparkgesetz vom 17.12.1999 weist unter dem Schutzzweck (§ 2 Nationalparkgesetz Schleswig-Holsteinisches Wattenmeer) ausdrücklich auf den sozialen Aspekt einer nachhaltigen Entwicklung in der Region hin: „Der Erhalt der Natur durch den Nationalpark soll auch durch positive Rückwirkungen auf den Tourismus und das Ansehen der Region der nachhaltigen

Entwicklung zur Verbesserung der Lebens- und Arbeitsbedingungen der im Umfeld lebenden Menschen dienen."

Zudem werden im NationalparkZentrum Multimar Wattforum neben der Darstellung biologischer Zusammenhänge im Wattenmeer erstmalig auch Inhalte wissenschaftlicher Forschung in attraktiver Weise einer breiten Öffentlichkeit vorgestellt. Gerade im Erprobungs- und Entwicklungsvorhaben (E+E), der Realisierung des ersten Bauabschnitts, wird am Beispiel eines trilateralen wissenschaftlichen Forschungsprogramms (siehe auch 5.1) deutlich gemacht, wie durch dauerhafte Umweltbeobachtung zukünftige Entwicklungen abgeschätzt werden können und wie sich aus den Erkenntnissen vorsorgende Maßnahmen ableiten lassen.

3 Struktur des E+E-Vorhabens

Die Realisierung des ersten Bauabschnitts war als E+E-Vorhaben mit einer Laufzeit von mehr als 6 Jahren abgesichert. Dies bedeutete Einhaltung aufeinander aufbauender Arbeitsschritte und Einrichtung unterschiedlichster Arbeitsgruppen. Im Folgenden soll die administrative Abwicklung des E+E-Vorhabens kurz umschrieben werden. Nicht weiter eingegangen wird auf die Vorphase, in der erste Projektideen eruiert, ein Architekturkonzept entwickelt und bis zur Antragsreife ausgearbeitet wurden.

Die formale Abwicklung des Projektes erfolgte in enger Abstimmung mit dem Nationalparkamt durch die Stadt Tönning. Die inhaltliche Koordination des Projektes übernahm das Nationalparkamt. Nach Ablauf des E+E-Vorhabens wurde die Einrichtung in die gemeinnützige NationalparkService gGmbh überführt.

Von Seiten des Bundesamtes für Naturschutz (BfN) war zur naturschutzfachlichen und verwaltungsmäßigen Umsetzung des Projektes die Einrichtung einer projektbegleitenden Arbeitsgruppe (PAG) verbindlich vorgeschrieben. In dieser Arbeitsgruppe kamen mindestens einmal jährlich Experten aus dem Bereich Ausstellungsdidaktik, aus vergleichbaren Institutionen und Vertreter der finanzierenden Institutionen als beratendes Gremium zusammen. Die regelmäßigen Sitzungen dienten der Darstellung des Projektverlaufs und entwickelten sich zu Meilensteinen in der Umsetzung. Wichtige Impulse ergaben sich aus den vielfältigen Anregungen während der Sitzungen. Die PAG traf sich während des gesamten Projektverlaufes und wurde erst mit der Eröffnung des Multimar Wattforum im Jahr 1999 eingestellt.

Im Jahr 1996 wurde auf Anregung der PAG zunächst eine Kreativgruppe (KG) eingerichtet. Aufgabe der KG war es, die im Projektantrag formulierten Ideen und Konzepte auf ihre Machbarkeit hin zu prüfen und Ideen zur Umsetzung zu entwickeln. Ein konkreter Arbeitsauftrag war zu Beginn der Arbeit in der KG nicht formuliert, dieser ergab sich aber im

Verlauf der Arbeit. Die Kontinuität der Personen in der Kreativgruppe war Grundvoraussetzung für die zielgerichtete Zusammenarbeit.

Die Realisierung des zweiten Bauabschnittes wurde u.a. durch die Deutsche Bundesstiftung Umwelt (DBU) gefördert.

4 Konzeption der Ausstellung für das NationalparkZentrum Multimar Wattforum

Erste konkrete Überlegungen zur Einrichtung eines zentralen Informationszentrums wurden 1988 gemacht. Damals wurden breite Bevölkerungsschichten durch eine verheerend wirkende Seehundseuche sensibilisiert und zum Schutz der Natur motiviert. Es dauerte allerdings mehrere Jahre, ehe in einer vom Bundesamt für Naturschutz mit Mitteln des Bundesministeriums für Umwelt, Naturschutz und Reaktorsicherheit (BMU) finanzierten E+E-Vorphase von 1993 bis 1996 die Grundlagen zum Bau eines Zentrums als E+E-Vorhaben gelegt werden konnten. Es wurde ein Architekten-Wettbewerb durchgeführt und die Gesamtfinanzierung gesichert. Im April 1996 begann das E+E-Vorhaben „Bau eines Zentrums für Wattenmeer-Monitoring und -Information“. Neben der Europäischen Union, dem Land Schleswig Holstein, dem Kreis Nordfriesland und der Stadt Tönning waren die DBU in Osnabrück und das BfN mit Mitteln des BMU in Bonn maßgeblich an der Finanzierung beteiligt.

4.1 Standort

Schon mit der Wahl des Standortes sollte zum Ausdruck kommen, dass dieses Zentrum das gesamte Nationalparkgebiet mit seinen Kreisen und Gemeinden repräsentieren sollte. Ausgeprägtes „Kirchturmdenken“ in den Gemeinden und eine seit jeher gepflegte Rivalität zwischen den Landkreisen Dithmarschen und Nordfriesland erschwerten die Standortsuche.

Mit der Stadt Tönning konnte jedoch eine Partnerin für das Projekt gefunden werden, die in idealer Weise die notwendigen Voraussetzungen als zukünftigen Standort für das Zentrum mitbrachte. In unmittelbarer Nachbarschaft zum historischen Hafen und mit direkter Anbindung an die Stadt Tönning stand im Eidervorland eine ca. 10 ha große Fläche als Vorranggebiet zur Einrichtung einer touristischen Infrastruktur bereit. Das Grundstück grenzt nach Südwesten einerseits an den einzigartigen Lebensraum Eidervorland und andererseits über den Eiderdeich im Nordosten an die vorhandene Infrastruktur der Stadt mit Anbindung an den öffentlichen Personennahverkehr.

Gemäß den Vorgaben einiger Geldgeber sollte sich der Standort in unmittelbarer Nachbarschaft des darzustellenden Naturraumes befinden und verkehrstechnisch die Anforderungen an ein hohes Besucheraufkommen erfüllen. Tönning liegt an der Eider, die die Grenze zwischen den Landkreisen Dithmarschen und Nordfriesland bildet, in der Mitte der schleswig-holsteinischen Wattenmeerküste. Die Bundesstraße 5, die Hauptverkehrsader entlang der Küste, führt unmittelbar am Grundstück vorbei, so dass Autoreisende zur Insel- und Halligwelt im Wattenmeer auf das Gebäude aufmerksam werden. Neben der naturräumlichen Anbindung und der hervorragenden Infrastruktur ist auch das Nationalparkamt in Tönning angesiedelt, so dass es kurze Wege zwischen der Verwaltung und der Projektarbeit gab.

4.2 Architektur

Von Seiten der Geldgeber wurden klare Anforderungen an das Gebäude formuliert. Vor traditioneller Bauweise mit den für Norddeutschland typisch empfundenen Materialien Reeddacheindeckung und Klinkerfassade sollte eine repräsentative und innovative Architektur unter Verwendung ökologischer Baustoffe Vorrang erhalten. Neben der Gebäudeform sollte die Einbindung in die Landschaft Beachtung finden. Die Option einer modularen Erweiterung des Gebäudes wurde von den Projektträgern zusätzlich in das Lastenheft mit aufgenommen. Dies sollte zudem sicherstellen, dass zu Beginn des Projektes nicht am Bedarf vorbei zu groß gebaut wurde. Bei entsprechender Entwicklung der Besucherzahlen sollte eine Erweiterung der Ausstellungsfläche möglich sein. Auf diese Weise war bereits vor dem eigentlichen Baubeginn nicht nur ein entwicklungsfähiges Raumkonzept erstellt, sondern es war gleichzeitig eine Strategie zur Umsetzung von Maßnahmen im Sinne einer Reattraktivierung der Einrichtung in den ersten fünf bis zehn Betriebsjahren entwickelt worden. Drei Bauphasen wurden unter Zugrundelegung rein betriebswirtschaftlicher Rahmendaten und ohne Festlegung der Inhalte und der baulichen Ausgestaltung für die folgenden Bauabschnitte angedacht:

- Mit dem ersten Bauabschnitt sollte bei einer Ausstellungsfläche von ca. 1.500 qm eine Besucherzahl von ca. 150.000 pro Jahr erreicht werden. Dieser Abschnitt wurde am 9. September 1999 eröffnet. Lokal für die Westküste ist das Multimar Wattforum das größte Informationszentrum für den Nationalpark Schleswig-Holsteinisches Wattenmeer.
- Mit dem zweiten Bauabschnitt sollte bei einer Ausstellungsfläche von ca. 2.300 qm eine Besucherzahl von ca. 200.000 pro Jahr erreicht werden. Die Eröffnung des zweiten Bauabschnittes erfolgte am 10. Januar 2003. Regional für Schleswig-Holstein sollte das Nationalparkzentrum damit landesweit zu einem der großen Bildungs- und Freizeiteinrichtungen aufsteigen.
- Mit dem dritten Bauabschnitt soll bei einer Ausstellungsfläche von ca. 3.000 qm eine Besucherzahl von ca. 220.000 pro Jahr zugesichert werden. Mit der Umsetzung des dritten Bauabschnittes wurde im Dezember 2005 begonnen. Die Fertigstellung ist für den Winter 2008 geplant. Ziel ist es, die Einrichtung überregional im In- und

Ausland als Leuchtturm zur Darstellung der Leistungsfähigkeit des Landes Schleswig-Holstein zu etablieren.

Form und Gestalt des Gebäudes sowie die Lage hinter dem Deich bewirken eine Assoziation von Meer und Küste. Auf eine Verwendung traditioneller Baustoffe wie Klinker oder Reet wurde zugunsten einer markanten Erscheinung verzichtet. Drei klare geometrische Strukturelemente prägen die Architektur des Gebäudes: Riegel - Dreieck - Kubus (vgl. Abb. 1 und 2). Das dreieckige Dach, runde Fenster und die Brückenanbindung an den Deich erinnern an Segel, Schiffsbullaugen und Gangway. Transparente Glasflächen und die maritimen Gebäudefarben Blau und Weiß verstärken diesen Eindruck. Eine Wandverkleidung in blauen Wellenzementplatten mit einer Neigung von fünf Grad verstärkt den Eindruck. Der Innenbereich ermöglicht durch die großflächige Glasfassade im Ober- und Untergeschoss Blickbeziehungen nach außen ins weite Vorland der Eider. Außen und Innen, Ausstellung und Landschaft gehen fließend ineinander über (GROTH & STEINBLOCK 1994; GROTH & STEINBLOCK 1999).

Weite Bereiche der Haustechnik, die gesamte Aquarientechnik und die Verwaltung sind in einem rechteckigen Riegel über zwei Geschosse zusammengefasst. Entsprechend seiner Funktion wirkt der Riegel kompakt, wie die Bordwand eines großen Schiffes. Auf großflächige Verglasung wurde verzichtet. Der Riegel verläuft parallel zum Eiderdeich, so dass

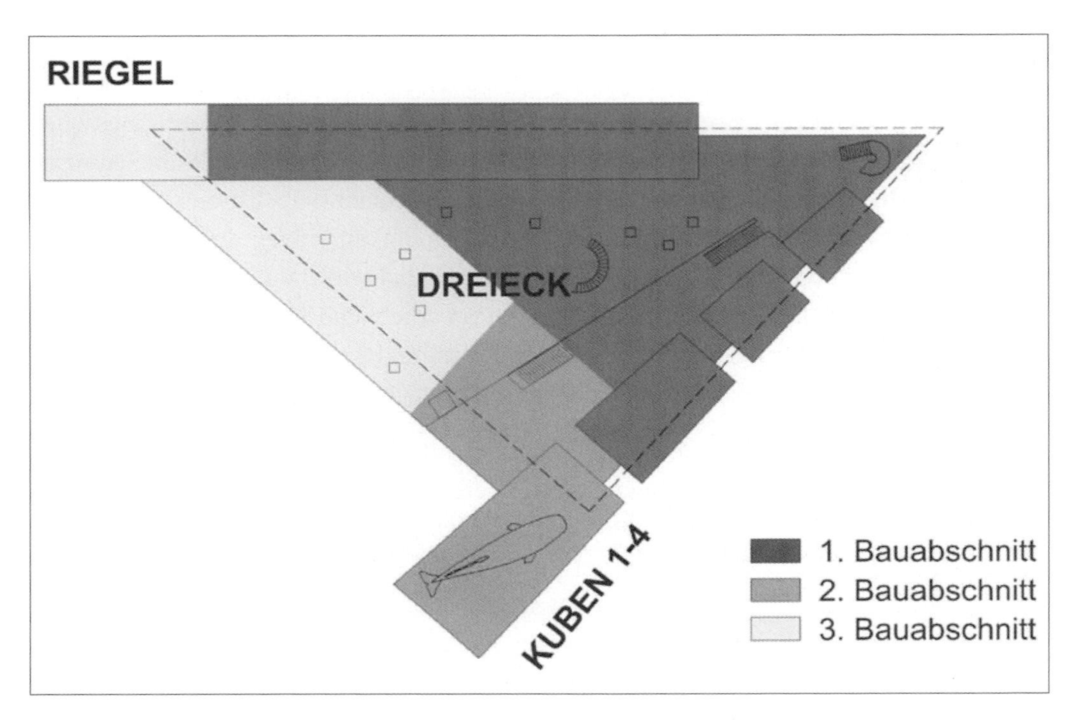

Abb. 1: Grundriss des Multimar Wattforums mit den Strukturelementen Riegel, Dreieck und Kubus und der Differenzierung in die drei Bauabschnitte.

sich auf dem Fußweg von der Stadt kommend ein Bild der Geschlossenheit bietet. Auf diese Weise wurde erreicht, dass ein einladender „spannender" Einstieg entsteht, obwohl sich das Gebäude für Besucherinnen und Besucher zunächst von der eigentlichen Betriebsseite erschließt.

Das zweite Strukturelement ist in der geometrischen Form eines Dreiecks gestaltet. Es beinhaltet den eigentlichen offenen Ausstellungsbereich mit Blick auf die Eider. Ein großzügiger Eingangsbereich wird über einen Steg vom Deich aus erschlossen. Die Deichkrone mit entsprechend geformtem Vorplatz ermöglicht den scheinbar ebenerdigen Zugang in das Obergeschoss. Der Riegel tritt im Eingangsbereich zurück und wird als solcher nicht mehr wahrgenommen. Die eigentliche Ausstellung befindet sich im Erdgeschoss. Die im Riegel im Erdgeschoss untergebrachten Aquarien öffnen sich in den Ausstellungsbereich im Dreieck, sie sind ohne erkennbare Abgrenzung in die eigentliche Ausstellung integriert. Im lichten Obergeschoss laden ein freundlich gestalteter Servicebereich mit Eingangstresen und Laden sowie eine weiträumige Gastronomie zum Verweilen ein.

Das dritte Strukturelement bilden vier unterschiedlich große, im Verhältnis der Größenzunahme aber aufeinander abgestimmte Kuben, die in das Dreieck integriert sind wie der Riegel an einer Längsseite. Die Kuben sind als Funktionsräume gegenüber der Ausstellung im Dreieck räumlich abgegrenzt. Für die Ausstellungsgestaltung bieten sie die Möglichkeit, thematische oder funktionale Abgrenzungen räumlich zu manifestieren.

Wesentlich am Konzept der modularen Erweiterbarkeit ist, dass jedes Strukturelement für sich die Möglichkeit zur Erweiterung bietet. Der Riegel kann an einer seiner Längsseiten beliebig verlängert, das Dreieck kann zur Südseite in Richtung Eider jeweils um Segmente von 6 Meter Breite erweitert und die Zahl der Kuben kann unter Beibehaltung der vorgegebenen Proportionen erhöht werden. Offenheit und Helligkeit prägen den ersten Bauabschnitt. Während diese Offenheit und Helligkeit einladend wirkt, stellt sie die Gestaltung der Ausstellung und die Einrichtung der Aquarien vor erhebliche Schwierigkeiten. Es wurde deutlich, dass es besser gewesen wäre die Aquarien- und Ausstellungsgestaltung früher in die Planung der Architektur mit einzubeziehen.

Der zweite Bauabschnitt bedeutete eine Erweiterung des Gebäudes durch einen weiteren Kubus mit einem Vorraum als Verbindung von Dreieck und Kubus. Der Kubus selbst wurde als bleibendes Bauwerk angelegt, der Vorraum ausdrücklich als Übergangslösung architektonisch abgesetzt. Anders als im ersten Bauabschnitt, bei dem sich die Ausstellungsgestaltung weitgehend an der Architektur anpassen musste, trägt im zweiten Bauabschnitt die Architektur dem Thema der Ausstellung „Wale, Watt und Weltmeere" Rechnung. Der zentrale Ausstellungsraum ist dem grundsätzlichen Charakter der Kuben entsprechend von der übrigen Ausstellung getrennt, dunkel gehalten und als Tauchgang in die blauen Tiefen der Meere inszeniert. Um diesen Eindruck zu verstärken wurde der Kubus durch ein

Abb. 2: Blick vom Deichweg auf das Multimar Wattforum mit Riegel, Dreieck und Kuben (Foto: JOHAENTJES).

Untergeschoss zweigeschossig gestaltet. Der zweite Bauabschnitt ist damit eindeutig durch das Thema und die Grundkonzeption zur Ausstellung geprägt und zeigt die Flexibilität des Architekturkonzeptes entsprechend der darzustellenden Ausstellungsinhalte.

Der in der Umsetzung befindliche dritte Bauabschnitt erweitert das zentrale Dreieck und den Riegel. Wiederum wird die Ausgestaltung auf Grundlage des architektonischen Grundkonzeptes von den Inhalten bestimmt. Während der zweite Bauabschnitt die Kubenzahl erhöhte rundet der dritte Bauabschnitt den Ausbau insofern ab, als mit seiner Fertigstellung die ursprünglichen Proportionen der drei Strukturelemente wieder hergestellt werden. Das Multimar Wattforum wird sich wieder in der ursprünglichen Form zeigen, nur wesentlich größer. Der im zweiten Bauabschnitt provisorisch erstellte Vorraum wird rückgebaut. Erstmals werden Bereiche dreigeschossig durch Unter-, Erd- und Obergeschoss erschlossen. Während das Obergeschoss die offene und lichte Bauweise des Dreiecks weitgehend aufnehmen wird, sind Erd- und Untergeschoss den Anforderungen der Ausstellung entsprechend dunkel gehalten. Zwei Ausstellungsräume sowie ein Großaquarium mit Besucherraum werden zweigeschossig angelegt.

Mit den hier beschriebenen drei Ausbaustufen ist das Konzept der modularen Erweiterung des NationalparkZentrums Multimar Wattforum abgeschlossen. Weitere bauliche Veränderungen auf dem insgesamt ca. 10 ha großen Gelände müssten als solitäre Lösung entstehen und deutlich vom eigentlichen Gebäude abgegrenzt sein.

Zusätzlich zu den drei Bauabschnitten wurde im Außengelände ein thematischer Spielplatz zu den Themen „Wasser“, „Küstenschutz“ und „Wale“ gestaltet. Aufgrund der starken Nachfrage von Schulklassen wurde die Ausstellung zudem um ein Schullabor erweitert.

4.3 Erscheinungsbild des NationalparkZentrums Multimar Wattforum

Die Überlegungen zur Schaffung eines eigenen Erscheinungsbildes waren von der Erkenntnis geprägt, dass aus werbetechnischen Gründen eine Selbstständigkeit im Sinne einer „Marke“ sinnvoll sei. Das visuelle Erscheinungsbild besteht aus einer Logotype (Wortzeichen) und einem Bildzeichen (offenes Zeichen). Dabei ist die Logotype eine festgelegte Konstante und das Bildzeichen (Dreieck) dient als Spielelement. Es kann als Anzeiger für Exponate in der Ausstellung, für ein Wegeleitsystem oder elektronische Medien verwendet werden. Das Gestaltungsmodul „Dreieck“ bezieht sich unter anderem auf die Gestaltungsform der Architektur, mit dem Dreieck als dem zentralen Ausstellungsraum. Es bietet vielfältige Assoziationen zu maritimen Themen. Die Farben sollen ebenso wie das Basismodul „Dreieck“ vielfältig verwendbar sein. Abgeleitet von den einfachen Grundfarben des Farbkreises dienen die Farben als Gliederungsinstrument für die Ausstellung und die Medien der Öffentlichkeitsarbeit. Als Grundfarbe wurde ein maritimes Blau gewählt. Die farbigen Dreiecke in den verschiedenen Grundfarben und das hellere Blau im Schrifttyp geben dem visuellen Erscheinungsbild ein fröhliches und frisches Äußeres. Es entsteht der Eindruck von Sonne, Strand und Meer. Der Schriftzug „Multimar“ erscheint ebenfalls in einer leuchtend blau-grünen Schrift. Das Wort „Wattforum“, in sandigem Gelb, bildet einen warmen Gegenpol dazu. Der Name, ein Konstrukt, weist ein Spannungsfeld zwischen Internationalität und regionaler Bezogenheit auf: „Multimar“ soll Touristen, Kinder und Jugendliche ansprechen, die eine Freizeitgestaltung suchen. Der zweite Begriff „Wattforum“ ist bodenständig und beschreibt den Gegenstand der Ausstellung, er soll mehr Einheimische, Wissbegierige oder Naturfreunde ansprechen. In der Praxis wurden die Vorüberlegungen weitgehend bestätigt: Während Urlaubsgäste vom „Multimar“ sprechen, nutzen Einheimische mehr den Begriff „Wattforum“. Die Überlegung, gegebenenfalls aus Gründen der Praktikabilität auf einen Teil des Namens zu verzichten, hat sich als nicht notwendig erwiesen. Nach der Eingliederung der Einrichtung in die NationalparkService gGmbH wurde der Name erweitert zu „NationalparkZentrum Multimar Wattforum“, um die Zugehörigkeit zum Nationalpark Schleswig-Holsteinisches Wattenmeer bereits im Namen zu verdeutlichen.

3.3 Konzeption der Ausstellung

Mit der Konzeption und Umsetzung der Ausstellung im NationalparkZentrum Multimar Wattforum sollten neue Wege in der Umweltbildung beschritten werden. Auf der Basis inhaltlicher Schwerpunkte - neben der Vorstellung des Lebensraumes Wattenmeer ist dies die

Darstellung der dauerhaften Umweltbeobachtung als einer wissenschaftlichen Untersuchungsmethode und deren Bedeutung für den Umwelt- und Naturschutz - sollte ein Ausstellungskonzept entwickelt werden, das den Ansprüchen an eine moderne Umweltbildungseinrichtung gerecht wird. Es sollte vor allem ein erlebnisorientierter Lernort im Sinne von informellem Lernen, auch mit Elementen schulischer Bildung (formelles Lernen) geschaffen werden. So sind Bildungsinhalte sowie Emotion, Kognition und Aktion gefragt. Abgesehen von einer interaktiven Erlebnisausstellung unter Einsatz moderner Informationstechnologie sollte dies durch eine Aquarienanlage zur Darstellung der Tier- und Pflanzenwelt des Wattenmeeres und der angrenzenden Meere realisiert werden. Dabei galt es, „Spaß und Information" in einer durch Touristen im Nationalpark stark frequentierten Einrichtung in einem ausgewogenen Verhältnis zueinander zu kombinieren (MEURS 2003).

Neben dem Schutz- und dem Bildungsauftrag gehört die dauerhafte Umweltbeobachtung zu den Kernaufgaben in Großschutzgebieten. Dauerhafte Umweltbeobachtung (Monitoring) dient dem Nachweis meist langfristiger und dadurch oft unauffälliger natürlicher sowie anthropogen bedingter Veränderungen der Umwelt. Sie stellt die Datengrundlage sicher und ist Basis für neue oder veränderte Umwelt- und Naturschutzmaßnahmen. Insbesondere erlaubt eine langfristige Umweltbeobachtung die Kontrolle der Effektivität dieser Maßnahmen. Sie ist damit ein wichtiger Bestandteil des Schutzes der natürlichen Lebensgrundlagen und des nachhaltigen Erhalts der wirtschaftlichen Basis der Westküste Schleswig-Holsteins. Die breite Öffentlichkeit steht ihr aber skeptisch gegenüber. Zwar sind Umweltprobleme und Nutzungskonflikte im Wattenmeer hinlänglich bekannt, Entscheidungen und Handlungsanweisungen, die sich aus der Umweltbeobachtung und aus interdisziplinärer wissenschaftlicher Forschung ergeben, werden aber meist nicht verstanden und Schutzmaßnahmen deshalb nicht akzeptiert. Da Ziele, wie langfristiger und vorausschauender Schutz des Wattenmeeres, nur über Änderungen im Verhalten des Menschen zu erreichen sind, sind die Einsicht und das Verständnis in wissenschaftlich begründete Entscheidungen und Handlungsvorgaben unerlässlich. Der Darstellung von Aufgaben, Arbeitsweisen und Ergebnissen der Umweltbeobachtung und der angewandten wissenschaftlichen Forschung kommt somit bei der langfristigen Realisierung von Konzepten des Natur- und Umweltschutzes eine Schlüsselrolle zu.

4.4.1 Zielgruppen - Präsentation für wen?

Bei der Konzeption der Ausstellung spielte die Betrachtung möglicher Zielgruppen eine untergeordnete Rolle, da die Definition von Zielgruppen den Ausschluss von Adressaten impliziert, die nicht einer Zielgruppe zuzuordnen sind. Als Informationszentrum in einem Nationalpark müssen Touristen, Tagesgäste, Einheimische, Gewerbetreibende aus dem Fremdenverkehrsbereich, spezielle Reisegruppen, Multiplikatoren, Schulklassen und Jugendgruppen als mögliche Zielgruppen berücksichtigt werden.

In Anbetracht der heterogenen Zusammensetzung muss das Angebot entsprechend breit gefächert sein und je nach Zielgruppe einen anderen Zugang ermöglichen:

- Touristen an der Westküste möchten in erster Linie das Bedürfnis nach Erlebnis befriedigen. Der Stellenwert der Unterhaltung ist hoch, was eine „leicht verdauliche" Darstellung der Inhalte erfordert. Botschaften statt Fakten treten in den Vordergrund. Im Idealfall leiten sich für die Urlauberinnen und Urlauber aus dem Besuch Impulse für Verhaltensänderungen auch nach dem Urlaub am Heimatort ab.
- Bei meist einheimischen Tagesgästen, Schülerinnen und Schülern sowie Multiplikatoren steht das Informationsangebot im Vordergrund.
- Familien, meist mit kleinen Kindern, soll durch ein besonderes Angebot die Möglichkeit zum „Familien-Lernen" geboten werden.
- Die heimische Wirtschaft schließlich verspricht sich von der Einrichtung eine zusätzliche touristische Attraktion und damit einen Wettbewerbsvorteil gegenüber anderen Regionen. Unter dem Aspekt der Steigerung von Akzeptanz des Nationalparks in der Region ist die heimische Wirtschaft eine wesentliche Zielgruppe.

4.4.2 Didaktische Leitlinien - Wie werden die Inhalte vermittelt?

Aus der Vielzahl unterschiedlicher Adressaten und den zum Teil sehr komplexen wissenschaftlichen Inhalten leiten sich besondere Anforderungen an die didaktische Aufbereitung ab. Die Ausstellung muss gleichermaßen für unterschiedliche Altersgruppen wie auch für Einzelpersonen, Familien oder Gruppen verfügbar gemacht werden. Dabei muss sichergestellt sein, dass auch unterschiedliche Bildungsniveaus berücksichtigt werden und Barrierefreiheit weitgehend gewährleistet ist. Im Rahmen der Konzepterstellung wurden didaktische Leitlinien aufgestellt, die auch im Projektantrag aufgeführt und während der Realisierung der Präsentation weitestgehend angewandt wurden (MEURS et al. 2005).

Leitlinie 1: Personale Vermittlung: Betreuung schafft Nähe und ermöglicht Dialoge.

Umweltbildung in erlebnisorientierten Einrichtungen lebt von den Personen, die sie vertreten. Geschultes Personal kann flankierend zu einer selbsterklärenden Ausstellung komplexe wissenschaftliche Zusammenhänge und Arbeitsweisen veranschaulichen und erklären. Durch die Möglichkeit der persönlichen Nachfrage wird die Distanz zum fremden Inhalt geringer. Der Erlebnischarakter der Einrichtung wird durch Geschichten und Anekdoten, etwa zu einzelnen Tierarten, erhöht.

Personale Vermittlung erfolgt im Multimar Wattforum durch dauernde Präsenz von Personal in der Ausstellung, durch kurze, meist 15-minütige Präsentationen zu einzelnen

Abb. 3: Personale Vermittlung an den Aquarien (Foto: Archiv MULTIMAR-WATTFORUM).

Themen („Wie lebt der Seestern“, „Dialekte an der Küste“, „Das Leben auf einer Miesmuschelbank“) während der regulären Öffnungszeiten, durch allgemeine Führungen und durch Spezialführungen (z.B. „Blick hinter die Kulissen“, „Die Aquarien bei Nacht“) (vgl. Abb. 3).

Personale Vermittlung ist ein wesentliches Element der Besucherorientierung. Durch die damit verbundenen hohen Kosten sind der Intensität der Betreuung jedoch Grenzen gesetzt. Im Multimar Wattforum wird die personale Vermittlung durch Mitarbeiter und Mitarbeiterinnen des Hauses, durch Ranger der NationalparkService gGmbH, durch Freiwillige aus der Region, durch Vertreter und Vertreterinnen von Umweltverbänden und einen Stab von Honorarkräften geleistet.

Leitlinie 2: Ausgehen von den Phänomenen: Erst schauen lassen, dann Erklärungen ermöglichen.

Gerade bei einer Ausstellung, die sich mit der Beschreibung eines komplexes Ökosystems und der Darstellung einer wissenschaftlichen Untersuchungsmethode beschäftigt, ist es notwendig, Besucherinnen und Besucher durch wissenschaftliche Fakten zu informieren und durch unmittelbares Erleben zu interessieren, denn Interesse wird durch das direkte Erleben von eigentlich Bekanntem und die Beschreibung von Phänomenen geweckt. Interesse ist der Ausgangspunkt für Verstehen und Triebfeder für späteres Handeln. Dabei ist der Erfolg, also das Wecken des Interesses, sowohl vom Phänomen selbst als auch von der Aufbereitung abhängig. Ein Beispiel soll dies verdeutlichen:

Kein anderes Phänomen prägt den Lebensraum Wattenmeer so stark wie die Gezeiten mit niedrigen Wasserständen während der Ebbe und hohen Wasserständen während der Flut. Die wissenschaftliche Erklärung für dieses Phänomen wird in seiner ganzen Komplexität in einer eigenen Computereinheit aufbereitet. Diese Darstellung ist aber wenig geeignet, Gäste für das Thema zu interessieren.

Im Multimar Wattforum erfolgt der Einstieg in das Phänomen Gezeiten durch ein großes Gezeitenbecken, an dem Besucherinnen und Besucher den Wechsel von Ebbe und Flut und zum Beispiel die Reaktion der Wattorganismen direkt miterleben können (vgl. Abb. 4). In einer weiteren Darstellung können Gäste mittels einer Pumpe das Bild eines Forschers, der mit einer Meßlatte im Watt steht, „unter Wasser setzen". Der Vorgang des Flutens dauert etwa eine Minute und am Ende steht der Forscher etwa ein Meter „unter Wasser". Die Botschaft ist eindeutig - im Wattenmeer beträgt der Tidehub etwa drei Meter und ist für einen

Abb. 4: Am Tidebecken wird das Phänomen Gezeiten hautnah erlebbar (Foto: MULTIMAR-WATTFORUM).

Menschen lebensgefährlich - und wird von allen Besucherinnen und Besuchern nachhaltig verinnerlicht. Telefonische Befragung der Gäste lange nach ihrem Besuch im Multimar Wattforum belegen dies.

Leitlinie 3: Eigenaktivität fördern: Aktiv erworbene Kenntnisse haben eine Chance, im Gedächtnis verankert, also gelernt zu werden.

Ein wesentliches Merkmal in Erlebnisausstellungen ist die aktive Einbindung der Gäste. Im Multimar Wattforum ist diese didaktische Leitlinie konsequent in allen Bereichen berücksichtigt worden. Allerdings ist bei der Darstellung in Aquarienanlagen eine solche Einbindung aufgrund der notwendigen Trennung durch Glasscheiben nur schwer möglich. Die Betrachtenden sind notgedrungen ausgeschlossen und ihr Zugang zum Thema auf den Sehsinn reduziert. Durch die Einrichtung offener Becken, der Installation einer Unterwasserkamera, mit der sich Besucher quasi aktiv durch das Becken bewegen können oder durch die Möglichkeit, in einem anderen Becken selbst mit einer Wellenmaschine Brandung zu erzeugen sind vielfältige Möglichkeiten geschaffen worden, selbst aktiv zu werden (vgl. Abb. 5). Befragungen nach dem Besuch belegen, dass dies wesentliche Elemente für eine positive Bewertung der Aquarienanlage und damit des eigenen Besuches sind.

Abb. 5: Mit Hilfe der Unterwasserkamera auf Spurensuche im Aquarium (Foto: JOHAENTGES).

Leitlinie 4: Inhaltliche Diversität bedenken: Inhalte sollen nicht nur wissenschaftlicher Natur sein, Zugänge zum Thema nicht nur rationaler Art.

Um möglichst allen Gästen ihren individuellen Zugang zur Ausstellung zu ermöglichen, sind neben dem rationalen Zugang über eine wissenschaftliche Darstellung auch Zugänge über die Kunst oder über spielerisches Erlernen enthalten. Den Künstlerinnen und Künstlern der Region wurde im Eingangsbereich des Multimar Wattforum eine Plattform zur Darstellung des eigenen Umgangs mit dem Lebensraum Wattenmeer durch Malerei, Bildhauerei, Fotografie oder auch Aktionskunst geboten. Dieses Angebot wird von den Künstlerinnen und Künstlern sehr intensiv genutzt - die Fläche ist bereits auf Jahre hin ausgebucht - und wurde von den Gästen begeistert aufgenommen. Auch das so genannte „Candlelight dinner" vor den Aquarien, das Besucherinnen und Besuchern außerhalb der regulären Öffnungszeiten einen kulinarischen Zugang zum Wattenmeer und regionalen Produkten bietet, erfreut sich zunehmender Beliebtheit. Themen wie Schadstoffe in Lebensmitteln, Hochwertigkeit des Lebensmittels Fisch oder Schutzbemühungen um durch Überfischung bedrohte Bestände liegen bei solchen Veranstaltungen auf der Hand.

Leitlinie 5: Inhaltliche und formale Diversität, aber einheitliches Design schaffen.

In allen Bereichen des Multimar Wattforums wurde Wert auf ein einheitliches Erscheinungsbild gelegt. Auf Gäste wirkt etwa eine im Design der Ausstellung gestaltete Beschilderung, der Druck der Faltblätter oder die Kleidung des Personals stimmig. Eine gängige Beschreibung für das Wattenmeer besagt: „Das einzig Beständige im Wattenmeer ist der Wandel". Dieser Beschreibung folgend wurde im Multimar Wattforum darauf verzichtet, festgelegte Wege durch die Ausstellung vorzugeben. Themen und Informationseinheiten sind in sich abgegrenzt und verständlich. Alle Gäste können sich einen individuellen Rundgang zusammenstellen. Dennoch lassen sich Grundmuster in der Darstellung unterscheiden, so dass niemand das Gefühl entwickelt, in der Fülle der Angebote verloren zu sein. Inhaltliche sowie formale Diversität wird so als attraktive Vielfalt und nicht als verwirrendes Chaos empfunden. Gerade an Tagen mit hoher Besucherzahl erweist sich dieses System als tragfähig: Gäste wählen weniger frequentierte Ausstellungselemente, bis andere Objekte oder Elemente frei und zugänglich sind, ohne dass die Verständlichkeit der Inhalte darunter leidet.

Leitlinie 6: Räume unkonventionell nutzen, Überraschungseffekte beachten: Das Entdecken und Finden von unerwarteten Themen, Objekten und Methoden führt zu Spannung und spricht die natürliche Neugierde an.

Sowohl in der Gesamtgestaltung des Gebäudes als auch in der Präsentation einzelner Inhalte treffen Gäste auf Überraschungen und werden zum „Nachforschen" angeregt. Funktionsräume, die sich klar vom zentralen Ausstellungsbereich abgrenzen, ermöglichen

Abb. 6: Das „Themenbuch" bietet als wesentliches Ausstellungselement unterschiedliche Zugänge zum Thema (Foto: JOHAENTGES).

Differenzierungen und eröffnen die Möglichkeit, sich nach Stimmung und Neigung einem Thema zu nähern. Besonders beliebt ist der „Kinderraum", der gerade für die Jüngeren einen spielerischen Zugang ermöglicht oder auch der Laborraum, in dem erste Einblicke durch Binokulare möglich sind. Themenbücher sind so gestaltet, dass sich eine klare Gliederung erkennen lässt: Einstimmung in das Thema im oberen Drittel, vertiefende Information mit Computeranwendungen im mittleren Bereich und Spielmöglichkeiten im unteren Bereich (vgl. Abb. 6).

Leitlinie 7: Darstellungen, Impulse, Texte differenzieren:
Ein Thema wird in verschiedenen Methoden und Schwierigkeitsgraden angeboten.

Bei der Auswahl der Darstellungsformen ist Wert darauf gelegt worden, ein und dasselbe Thema aus unterschiedlichen Blickwinkeln zu beschreiben. Erfahrungen zeigen, dass ein „spielerisches Entdecken" auch für Erwachsene geeignet und interessant sein kann. Neben einem Text kann ein Spiel den gleichen Inhalt aufgreifen und veranschaulichen.

Leitlinie 8: Überfrachtung verhindern: Freiräume bewahren.

Freiräume und Ruhe können helfen, Eindrücke zu verarbeiten und Konsequenzen für das eigene Handeln abzuleiten. Das Informationsangebot darf nicht durch Masse und Vielzahl abschrecken. Freiräume, inhaltliche sowie räumliche, ermöglichen eigene Zugänge und Interpretationen sowie Ruhepausen. Ein Strandkorb mit einer Audioinszenierung des plätschernden Regens oder eine meditative Inszenierung der Begegnung mit einem Pottwal sind Beispiele für Rückzugsmöglichkeiten zu sich selbst.

Leitlinie 9: Betroffenheit für die persönliche Lebensführung schaffen: Alltagsbezug herstellen.

Die Wiedererkennung vertrauter Verhaltensweisen kann dazu führen, dass alte Erfahrungen mit neuen Eindrücken verknüpft werden und so ein direkter Bezug zum eigenen Alltag und zum eigenen Verhalten hergestellt wird. Überfischung und seine Ursachen etwa werden auf das eigene Einkaufsverhalten bezogen.

Leitlinie 10: Vertrauen und Selbstsicherheit schaffen, Hilfen an die Hand geben: positive Impulse vermitteln.

Zur Schaffung von Wertmaßstäben wird das Ziel, die ungestörte Natur mit ihren Phänomenen (Schönheit, Wandel, Verborgenheit, Zerbrechlichkeit) darzustellen, berücksichtigt. Verhaltensmöglichkeiten für die eigene persönliche Umwelt werden angeboten und schaffen Identität. Ein so vermittelter und über positive Eindrücke emotional verknüpfter Wertmaßstab bietet eine Basis, auf der eigenes Handeln ausgerichtet werden kann.

4.4.3 Anwendung der didaktischen Leitlinien im Planungsprozess

Die Konzeption, Planung und Fertigstellung der Ausstellung und der Aquarienanlage waren ausgerichtet auf einen möglichen betriebswirtschaftlichen Erfolg durch hohe Attraktivität und hohe Besucherzahlen. Zudem wurde Wert auf eine hohe emotionale Wirkung auf die Gäste gelegt, die als Grundlage zum Verständnis und zur Akzeptanz für Naturschutzmaßnahmen unerlässlich ist. In allen Phasen des Projektes wurde auf eine konsequent kundenorientierte Umsetzung geachtet. Durch die Einrichtung der Kreativgruppe waren Fachwissenschaftler, Architekten, Didaktiker, Pädagogen, Designer und Nationalparkvertreter bereits früh eingebunden und sämtliche Schritte erfolgten abgestimmt. Flankiert wurde die Arbeit in einer späteren Phase durch empirische Sozialforscher und durch Marketingexperten. Die so zusammengesetzte Gruppe entwickelte zunächst auf der Basis der darzustellenden Inhalte einen Handlungsrahmen. In der zweiten Phase der Umsetzung war diese Gruppe auch für die Konkretisierung der Ideen zuständig und blieb bis zur Eröffnung der Einrichtung für die Umsetzung verantwortlich. Dabei übernahmen einzelne Mitglieder der Kreativgruppe als so genannte Paten die inhaltliche Verantwortung für einzelne Themen. Die Designerin entwickelte Vorschläge zur Präsentation. Entscheidungen zu den Inhalten und zur Präsentation wurden einvernehmlich in der Kreativgruppe getroffen, die sich regelmäßig, kurz vor der Eröffnung gar im Abstand von 14 Tagen, traf. Bei aktuellen Fragen und grundlegenden Entscheidungen sowie der Weiterentwicklung der Ausstellung wird die Kreativgruppe auch heute noch konsultiert. In regelmäßigen Abständen wurden die Förderer Deutsche Bundesstiftung Umwelt, Bundesamt für Naturschutz, Land Schleswig-Holstein und Kreis Nordfriesland über den Fortgang des Projektes unterrichtet.

Dieses im ersten Bauabschnitt entwickelte und erprobte Vorgehen kam auch im zweiten und dritten Bauabschnitt zur Anwendung.

5 Umsetzung der Ausstellung

Im E+E-Vorhaben (erster Bauabschnitt) ist mit dem Architekturkonzept, basierend auf der Möglichkeit eines modularen Ausbaus der Ausstellung, und mit dem Kommunikationskonzept, basierend auf den didaktischen Leitlinien, die Grundlage zur Umsetzung gelegt worden. Dabei stand im ersten Bauabschnitt die Umsetzung im Zeichen der konzeptionellen Grundidee, also in der Darstellung des Nationalparks Wattenmeer. Der zweite Bauabschnitt war anlassorientiert - die Erweiterung des Nationalparks um ein Walschutzgebiet und spektakuläre Strandungen von Pottwalen standen im Vordergrund. Im dritten Bauabschnitt schließlich richtet sich die Umsetzung weitgehend nach den Bedürfnissen der Besucherinnen und Besucher, so wurde auf der Grundlage von wirtschaftlichen Erfordernissen und den Erwartungen an die Ausstellung eine kundenorientierte Vorgehensweise gewählt. Zur besseren Übersicht erfolgt die Beschreibung der Ausstellungen zu den drei Bauabschnitten gesondert.

5.1 Nationalpark Wattenmeer (Bauabschnitt 1)

Ausgehend vom trilateralen (Niederlande, Deutschland, Dänemark) wissenschaftlichen Forschungsprogramm - Trilateral Monitoring and Assessment Programm (TMAP) - und dessen Parameterauswahl, war die „Vermittlung nach Wirkungsketten“ als Leitidee Diskussionsstand zur Zeit des Projektantrages. Wirkungsketten kennzeichnen die Vernetzung innerhalb des Ökosystems Wattenmeer, reichen aber auch weit darüber hinaus bis in die angrenzenden Ökosysteme. Die Auswahl der Parameter zur Umweltbeobachtung berücksichtigt die Verknüpfung verschiedener Messgrößen und zielt darauf ab, verschiedene Abhängigkeiten untereinander zu erfassen.

Für die Vermittlung sollten die Wirkungsketten an wenigen exemplarischen Indikatororganismen dargestellt werden. Es sollte ein umfassender Einblick in den Lebensraum Wattenmeer ermöglicht und die Vorgehensweise der dauerhaften Umweltbeobachtung und der Arbeit der Wissenschaft vermittelt werden. Folgende Indikatororganismen waren vorgesehen: Die Miesmuschel (*Mytilus edulis*), die Sandgarnele (*Crangon crangon*), die Flunder

(*Platichthys flesus*), die Aalmutter (*Zoarces viviparus*), der Austernfischer (*Haematopus ostralegus*) und die Fluss-Seeschwalbe (*Sterna hirundo*).

Bei der Konkretisierung der Ausstellungsthemen traten im Zusammenhang mit der Anwendung der „Didaktischen Leitlinien" Probleme auf, die sich anhand folgender Fragenkomplexe verdeutlichen lassen:

Phänomene mit physikalisch-chemischem Hintergrund, wie auch die Gezeiten, müssten bei korrekter Anwendung der Leitidee zunächst an den Indikatororganismen dargestellt werden. Bei Anwendung der didaktischen Leitlinie „vom Phänomen auszugehen" (vgl. 4.4.2.), die Menschen also dort „abzuholen", wo sie sich auskennen, kann aber das Phänomen des trockenfallenden Meeresbodens nicht durch Indikatororganismen beschrieben werden.

Ein wichtiger Teil der wissenschaftlichen Umweltbeobachtung bezieht sich auf Phänomene des Meeresspiegelanstiegs, der in erster Linie durch hydrographische und meteorologische Parameter erklärt werden kann. Auch hier sind „Indikatororganismen" zur Darstellung dieser Wirkungsketten wenig geeignet. Die offensichtlichen Phänomene, die eine Aufbereitung dieses Problemfeldes für die Gäste der Ausstellung anschaulich werden lassen, liegen in den Themen Sturmflut, Wetter und Klima oder - auf das direkte Erlebnisfeld des Menschen transformiert - in der Erkenntnis, in zunehmendem Maß Sonnenschutz mit höherem Lichtschutzfaktor benutzen zu müssen.

Das TMAP bedient sich bei der Parameterauswahl, bei der Festlegung der Beobachtungsintervalle und bei der Auswahl der Untersuchungsstationen geographischer und biologischer Erkenntnisse. Biologische Rhythmen lassen sich beispielsweise besser an anderen als den ausgewählten Indikatororganismen darstellen. Diese wiederum sind geeignet, Wirkungsketten im Wattenmeer zu veranschaulichen. Ein wesentliches Ziel im Naturschutz ist es, Prozesse und damit Veränderungen in einem Großschutzgebiet ungestört ablaufen zu lassen. Diese Ziele wiederum erscheinen abstrakt und bieten nur wenigen Gästen den Zugang zur Idee von Naturschutz in Großschutzgebieten oder Nationalparken. Die Idee lässt sich am besten an bekannten Nationalparken und deren Charakterarten veranschaulichen. So verbinden viele Menschen den Begriff Nationalpark mit der Serengeti und dem Elefanten als Leittier.

Der Nationalpark Schleswig-Holsteinisches Wattenmeer ist nur zum Teil wilde Naturlandschaft. Die Auseinandersetzung des Menschen mit der Natur prägt das landschaftliche Erscheinungsbild durch Deiche und andere Küstenschutzbauwerke. Die Gewichtung von Natur- und/oder Küstenschutz prägt die Diskussion um den Nationalpark ebenso wie die Einschränkungen und Chancen innerhalb des Schutzgebietes für den wirtschaftenden Menschen. Die Aufbereitung dieser Themen ist leichter zu verstehen, wenn diese als historische Entwicklung dargestellt werden. Das Thema „Wirtschaftender Mensch" ließe sich gut über die Wirkungsketten der Indikatororganismen Garnele und Miesmuschel aufarbeiten.

Die Nutzung von Indikatororganismen zur Darstellung von Wirkungsketten setzt voraus, dass die Biologie der Lebewesen veranschaulicht und bekannt gemacht wird. Gerade die Beschreibung der artspezifischen biologischen Besonderheiten wie Fortpflanzung, Ernährung oder Fortbewegung bieten einen direkten Zugang zu Wirkungsketten. Wesentliche Erkenntnisse in der dauerhaften Umweltbeobachtung leiten sich aus Daten zur Fortpflanzung, Fortbewegung und Ernährung ab. Diese Lebensäußerungen werden bei allen Tieren beobachtet. An den Lebensäußerungen werden Anpassungen an die maritimen Lebensräume deutlich.

Abb. 7: Blick entlang der Aquarien mit Themenbuch im Vordergrund (Foto: JOHAENTGES).

Die Diskussion um die Präsentation der Inhalte führte zu einer Erweiterung der Leitidee „Vermittlung an Wirkungsketten am Beispiel von Indikatororganismen“. Im Sinne der Weiterentwicklung des Ausstellungsprinzips des exemplarischen Lernens wurden die Ausstellungseinheiten nicht nach Arten kategorisiert, sondern nach den ihnen gemeinsamen Lebensäußerungen bzw. nach zu berücksichtigenden Einflussgrößen, die eine sinnvolle wissenschaftliche Beobachtung über lange Zeiträume erst ermöglichen. So wird die Beobachtung von Prozessen unter Berücksichtigung von Zeittakten wie Gezeiten, Mondphasen oder Jahreszeiten ermöglicht. Als Konsequenz aus der Erweiterung ergab sich eine Darstellung nach Themenfeldern. Die Indikatororganismen werden exemplarisch zur

Aufbereitung der Themenfelder „Fortpflanzung“, „Ernährung“ und „Fortbewegung“ genutzt. Parameter zur Beschreibung abiotischer Phänomene dienen zur Darstellung der Themenfelder „Gezeiten“ und „Wetter/Klima“. Biologische Rhythmen und räumliche Verbreitung werden in der Umweltbeobachtung durch eine Mischung aus biologischen und nicht biologischen Parametern erfasst. Diese Daten bilden die Grundlage des Themenfeldes „Zeit und Raum“. Die Themenfelder „Nationalpark“, „Landschaft“ und „der wirtschaftende Mensch“ werden außerhalb der Darstellung im Rahmen der Vorgaben aus dem TMAP gesondert abgehandelt. Sie finden ihren Ursprung in der Notwendigkeit, den Lebensraum Wattenmeer als Nationalpark auch unter dem Aspekt der Nutzung und des Schutzes zu erläutern.

5.1.1 Themenfelder

In der Gesamtschau lassen sich folgende Themenfelder unterscheiden, wobei sich in der endgültigen Ausgestaltung partiell geänderte Titel ergeben haben:

Gezeiten: Ebbe und Flut und die landschaftsprägende Gewalt von Sturmfluten sind nicht nur Voraussetzung für das Verständnis des Ökosystems, sondern ihre Ausprägung und Häufigkeit lassen Rückschlüsse auf die Klimaentwicklung zu.

Wetter und Klima: Das aktuelle Wetter als kurzzeitiges Phänomen und das Klima als langfristig wirkender Motor sind bestimmend für den Lebensraum. Langfristige Wetteraufzeichnungen ermöglichen einen Rückblick auf Klimaentwicklungen und möglicherweise eine Vorhersage.

Fortpflanzung und Entwicklung: Verschiedene Strategien ermöglichen den Fortbestand der Arten und die Anpassung an den Lebensraum: Von der Miesmuschel (massenhafte Abgabe der Geschlechtsprodukte) bis zur Seeschwalbe (zwei Eier, sorgsame Aufzucht von Jungen).

Fortbewegung und Verbreitung: Individuelle Fortbewegung, von Kriechen bis Fliegen, und passive Verbreitung ermöglichen sowohl schnelle Flucht als auch Besiedlung neuer Lebensräume.

Ernährung: Verschiedene Ernährungsweisen, von Filtrieren bis Beutegreifen, ermöglichen die Nutzung unterschiedlichster Nahrungsressourcen des Wattenmeeres sowohl für dauerhaft dort lebende Arten wie für zeitweilige Gäste.

Zeit und Raum: „Das einzig Beständige im Wattenmeer ist der Wandel“. Diese zutreffende Beschreibung des Wattenmeeres ist nur nachvollziehbar, wenn man die in der Umweltbeobachtung berücksichtigten natürlichen Rhythmen (z.B. Tag/Nacht, Gezeiten, Jahreslauf, Dekaden) aufzeigt.

Umweltbeobachtung: Methoden, die eine Beobachtung und Bewertung von Prozessen ermöglichen, werden am Beispiel des trilateralen Monitoring-Programms beschrieben.

Mensch: Der Mensch nutzt das Wattenmeer und hat es mitgestaltet. Die Berücksichtigung des anthropogenen Einflusses auf die Landschaft und umgekehrt ist zur Beurteilung von ökosystemaren Erkenntnissen sowie zum Verständnis von sozioökonomischen Wirkungsketten erforderlich.

Landschaft: Der Wechsel zwischen natürlicher Genese und Ausstattung der Landschaft als auch der menschliche Einfluss werden dargestellt.

Schutz und Nationalpark: Monitoring und Forschung sowie Gründe und Ziele des Naturschutzes und letztlich deren Umsetzung in der Praxis an der Westküste Schleswig-Holsteins werden vermittelt.

Handlungsmöglichkeiten: Ohne direkte praktische Tipps zu vermitteln soll hier das Nachdenken über die eigene Verantwortung, das Anstiften zum eigenen Handeln gefördert werden.

Die Themen der Stationen sind zwar namentlich getrennt, inhaltlich aber häufig nahe beieinander liegend. So ist etwa das Phänomen Sturmflut in den Themenfeldern „Gezeiten" und „Wetter und Klima" oder der Deichbau in den Themenfeldern „Mensch" und „Landschaft" dargestellt. Der inhaltlichen Nähe sollte auch die räumliche Nachbarschaft der Stationen entsprechen.

5.1.2 Zielgruppenspezifische Themenvermittlung

Die Zielgruppen des Multimar Wattforum umfassen Kinder und Alte, Touristen und Einheimische, Krabbenfischer und Wissenschaftler, Bauern und Segler, Reiseveranstalter und Ausflügler, Naturfreunde und Unterhaltungssuchende, kurz: alle Personen und Gruppen, die sich an der Westküste kurzzeitig oder dauerhaft aufhalten. Ziel der Ausstellungsgestaltung ist es, allen Menschen einen angenehmen, unterhaltsamen und lehrreichen Aufenthalt zu ermöglichen. Die Unterschiedlichkeit der Ansprüche und Bildungsniveaus setzt eine Differenzierung der Inhalte voraus, die einerseits für jeden Gast eine Zugangsmöglichkeit zu den Themen bietet und andererseits ein differenziertes Eindringen in die inhaltliche Tiefe ermöglicht.

Über die Anwendung der „Didaktischen Leitlinien" wird eine solche zielgruppenspezifische Differenzierung der Inhalte möglich. Über das Phänomen, das Offensichtliche, das Vertraute wird das Thema einer Station eingeleitet. So sind z.B. Kälte und Wärme, Regen und Wind die Phänomene des Wetters; Phänomene der Gezeiten sind das bekannte trocken gefallene Watt oder Hochwasser am Strand.

Der Zugang zum Thema erfolgt über so genannte Skulpturen. Dabei ist der Begriff deutlich weiter zu fassen als in der Kunst. Skulpturen in dieser Ausstellung sind dreidimensionale Darstellungen, in sich abgeschlossene Präsentationseinheiten, die den Einstieg in die jeweiligen Phänomene bilden. In den meisten Fällen müssen sie aktiv betätigt werden und ermöglichen den emotionalen, affektiven Zugang zum Thema. Die Skulpturen sollen auf inhaltliche Tiefe hinweisen und neugierig machen.

Beispielhaft seien folgende Skulpturen zum Thema Landschaft genannt: Zwei landschaftsprägende Phänomene, Wind und bewegtes Wasser, werden in zwei interaktiven Boxen erlebbar gemacht: In der Brandungsbox können durch Kippbewegungen Wellen erzeugt, in der Windbox kann mit zwei Luftdruckpistolen Sand zu einer „Düne" aufgehäuft werden.

In unmittelbarer räumlicher Nähe zu den Skulpturen befinden sich die Themenbücher als zentrale Ausstellungselemente einer jeden Station (vgl. Abb. 7). Sie bieten eine inhaltliche Vertiefung. Der Begriff Themenbücher lehnt sich an die Form der Darstellung an: Zwei rechteckige Hohlkörper von 2,50 Meter Höhe und 1 m Breite, die sich bei Annäherung eines Besuchers selbsttätig wie ein Buch öffnen. Sie bergen die Inhalte der jeweiligen Themen in unterschiedlich aufbereiteter Form. Die Aufteilung in die beiden Buchseiten bietet sich zur Zweiteilung der Inhalte an. Der Leserichtung in einem Buch folgend, wird auf der linken Seite der Themenbücher zunächst ein Einstieg in das Thema gegeben. Assoziationen zu der Beschriftung außen, auf dem Buchrücken, sollen induziert werden. So wird das Thema „Gezeiten" z.B. anhand der Beschreibung von Sturmfluten in der linken Buchseite und die Beschreibung von kosmischen Kräften mit dem Zusammenwirken von Sonne, Mond und Erde in der rechten Buchhälfte beschrieben.

Horizontal sind die einzelnen Seiten in drei gleich große Abschnitte unterteilt. Im oberen Drittel wird auf interaktive Elemente weitgehend verzichtet. Einführende Texte unter einer Überschrift, die Neugier wecken sollen und Erläuterungen geben, sind dort zu finden. Im Mittelteil, in durchschnittlicher Kopfhöhe gelegen, werden die einzelnen Themenfelder in ihrer inhaltlichen Darstellung am intensivsten behandelt. Hier sind neben kurzen Texten Aktionsmöglichkeiten untergebracht, die rechte Buchseite enthält auf dieser Ebene zusätzlich einen Computerbildschirm und eine Rollkugel zur interaktiven Bedienung der Computereinheiten. Diese Einheiten stellen eine Vertiefungsebene dar. Das untere Drittel ist vornehmlich für Kinder gestaltet, das heißt das Thema ist vor allem haptisch oder spielerisch erfahrbar. Erwachsene gehen in diesem Bereich „in die Knie".

Skulptur, Themenbuch und Computer ermöglichen den Zugang in inhaltlich abgestufter Form. Von der Skulptur ausgehend wird die didaktische Aufbereitung des Themas über das Themenbuch bis in die verschiedenen Ebenen des Computers zunehmend komplexer und differenzierter. Die Umsetzung der didaktischen Leitlinien „Eigenaktivität fördern", „formale Diversität schaffen" und „Darstellungen, Impulse, Texte differenzieren" spricht alle

Abb. 8: Informationsterminals lassen inhaltliche Vertiefungen zu (Foto: JOHAENTGES).

Zielgruppen an und ist eine inzwischen in der Praxis bewährte Form der Besucherorientierung. Als Fazit lässt sich festhalten:

- Skulpturen machen Phänomene erlebbar (vgl. Abb. 5)
- Themenbücher machen Zusammenhänge nachvollziehbar (vgl. Abb. 6)
- Informationsterminals lassen inhaltliche Vertiefungen zu (vgl. Abb. 8).

5.1.3 Räumliche Anordnung der Exponate

Die während der Konzeptionsphase geführte Diskussion über die Anordnung der Themen im Raum wurde von zwei Überlegungen bestimmt: Der vorhandene Raum mit seinem Licht, seinen Säulen, seinen Treppen und Flächen, aber auch den Aquarien, musste zur Erfüllung der voraussichtlichen Erwartungen, Bedürfnisse und Wünsche der Gäste optimal genutzt werden und auf einen Rundgang mit vorgegebener Streckenführung sollte verzichtet werden. Vergleichbare Einrichtungen zeigen Themenanordnungen von streng vorgegebener Reihenfolge (Neandertal-Museum, Mettmann) bis zu loser Streuung (Kattegatcentret,

Grenaa/Dänemark). Beide Systeme bieten Vor- und Nachteile. Eine vorgegebene Reihenfolge und damit ein fest vorgegebener Rundgang ermöglichen einen systematischen und damit kalkulierbaren Themenzugang. Aufeinander aufbauend können komplexe Inhalte zunächst vorbereitet und später vertieft werden, wobei es allerdings keine Möglichkeit der freien Auswahl gibt. Die lockere Verteilung der Themen im Raum ermöglicht dagegen die freie Wahl der Reihenfolge, eigenständig und selbst bestimmt können erst die attraktiven Exponate angesteuert, besetzte Exponate können später benutzt werden. Eine aufeinander aufbauende inhaltliche Aufbereitung der Themen ist jedoch nicht möglich.

Die Diskussion ergab eine Verteilung der Stationen im Raum mit einer logischen Abfolge der Themen, die voraussichtlich jedoch nicht zwingend eingehalten werden muss. Die voraussichtliche Bewegungsrichtung wurde anhand der Lage von Blickfängen angenommen, die bei bestimmter Stellung und Blickperspektive die Menschen als nächstes anziehen könnten. Weiter spielten die Lage der Aquarien und der Säulen im Raum eine große Rolle. Die Säulen, zunächst als Hindernis empfunden, konnten als tragende Elemente der Themenbücher mit in die Ausstellung integriert werden.

Von Aquarien geht eine ganz besondere Faszination aus. Attraktiv gestaltet und mit entsprechender Tier- und Pflanzenwelt ausgestattet, werden Aquarien zu besonderen Besuchermagneten. Sie gewähren Einblicke in einen Lebensraum, der sonst verschlossen bleibt. Aquarien sind in besonderem Maß geeignet, Emotionen zu wecken und Nähe zu schaffen. Im Multimar Wattforum bildet die Aquarienanlage einen eigenen Schwerpunkt. Die Aquarienanlage erfüllt dabei drei unterschiedliche Funktionen: Als Schauaquarium soll es in unterschiedlich gestalteten Nachbildungen von typischen Lebensräumen des Wattenmeeres und in der Nordsee die vielfältige Fauna und Flora beschreiben. Als Erlebnis- und Experimentieraquarium soll es zur eigenen Auseinandersetzung mit der Lebensgemeinschaft der Aquarien anregen. Als Modellökosystem schließlich soll es Einblicke in die Methoden und Notwendigkeiten einer dauerhaften Umweltbeobachtung geben, wie sie im Nationalpark Schleswig-Holsteinisches Wattenmeer an einer Reihe von Parametern im Rahmen des TMAP vorgenommen werden.

Entlang der Aquarien sind drei Themenfelder zur Beschreibung biologischer Lebensäußerungen angeordnet: „Fortpflanzung“, „Fortbewegung“ und „Ernährung“. Die räumliche Nähe zu den Aquarien ermöglicht den direkten Bezug zwischen Skulpturen, Beschreibungen in den Themenbüchern und Verhalten der lebenden Tiere. Die Reihenfolge der Themen entlang der Aquarien ergibt sich aus dem Platzbedarf der zu den Themenbüchern gehörenden Skulpturen. Die inhaltliche Verzahnung zwischen Ausstellung und den Aquarien gelang an dieser Stelle am besten.

Neben der Funktion als Schau-, Erlebnis- und Experimentieraquarien sollen die Aquarien als eine Art Modellökosystem einen Bezug zu den Methoden dauerhafter Umweltbeobachtung herstellen. Dies geschieht unter anderem in einer Computerpräsentation der Aquarienanlage, die neben biologischen Informationen zu den einzelnen Arten auch Informationen über die Funktionsweise der Aquarienanlage und über Methoden der Kontrolle und Reinigung bereithält. So sollen ein Transfer vom Modellökosystem auf das reale Wattenmeer und Verständnis für die Notwendigkeit einer dauerhaften Umweltbeobachtung geschaffen werden.

Bei der Diskussion um die Differenzierung der Zugänge zu den Inhalten wurde deutlich, dass für Kleinkinder und Kinder im Vorschulalter ein spezieller, auf die Bedürfnisse dieser Altersgruppe abgestimmter Raum geschaffen werden muss. Auch wenn diese Gruppe die Ausstellung nicht allein besucht, ist sie eine wesentliche Zielgruppe im Naturschutz. Kinder sind die Zukunft des Naturschutzes, wobei emotional positiv besetzte Erlebnisse im Zusammenhang mit Natur die Grundlage für ein späteres Interesse an der belebten Umwelt sind. Eine Vernachlässigung der Kinder würde zudem eine große, touristisch wichtige Zielgruppe des Multimar Wattforum, die junge Familie, nicht gebührend berücksichtigen. Während für die Gruppe der Kinder ab 5 Jahren die Ausstellungsthemen in den Skulpturen und Themenbüchern (unteres Drittel) didaktisch aufbereitet wurden, bietet ein Kinderraum auch für die Jüngeren Möglichkeiten der spielerischen Auseinandersetzung. Bällebad, Kuschelecke mit Schaumgummiwürfeln, Basteltisch in Krabbenform und ein Leuchtturm mit einfachen Computerspielen fordern zum Spielen, Erforschen und Toben auf. Der Raum ist mit Teppichboden ausgelegt, das Betreten ist nur ohne Schuhe erlaubt. Einzelne Bereiche sind nur kriechend zu erreichen. Alles Maßnahmen die dazu angetan sind, Erwachsene aus diesem Raum heraus zu halten.

Ein Laborraum bietet die Gelegenheit, selbst mit wissenschaftlichem Gerät zu experimentieren. Schalen mit kleinen maritimen Objekten, die ihre Faszination erst bei entsprechender Vergrößerung entfalten, können mit Stereolupen betrachtet werden. Lebende Tiere werden unter Anleitung von Betreuungspersonen zur Betrachtung angeboten. Neben der „wissenschaftlichen Arbeit“ am Mikroskop wird ein Arbeitsplatz zur Erfassung und Darstellung von geographischen Daten zur Nutzung bereitgestellt. Das geographische Informationssystem (GIS) ist eine wichtige Methode in der Umweltforschung. Mit einem Computerprogramm lassen sich die Schritte der Herstellung von thematischen Karten am Bildschirm nachvollziehen. Fertig gestellt ist die Produktion einer multimedialen Computereinheit, in der über die laufenden wissenschaftlichen Programme zur Umweltbeobachtung im Nationalpark Schleswig-Holsteinisches Wattenmeer informiert wird und sich Nutzer und Nutzerinnen selbst forschend betätigen können.

Vorträge und Filme, Lichtbildschauen und Theateraufführungen benötigen einen verdunkelbaren Raum mit Sitzplätzen für ca. 60-80 Personen. Ein solcher Vortragsraum wurde eingerichtet und kann für Sonderveranstaltungen genutzt werden. Diese können sowohl während als auch außerhalb der Öffnungszeiten angeboten werden. Während der

Öffnungszeiten laufen in regelmäßigen Abständen Lichtbild- und Filmvorführungen. Die Besucherinnen und Besucher können die Startzeiten außen am Vorführraum ablesen und sich während ihres Ausstellungsbesuches in den Vorführraum begeben.

Im Ausstellungskonzept wurde vorgesehen, umfangreiche Informationen zum Wattenmeer und zu Forschung und Monitoring im Wattenmeer in zeitgemäß individuell steuerbarer Informationstiefe bereitzustellen. Insbesondere der Bereich Forschung und Monitoring bedarf der Einbindung aktueller Daten und Ergebnisse. Gleichzeitig besteht wenig Stell- und Präsentationsfläche für die verschiedenen Themenbereiche, so dass schon in der Konzeption die Wahl auf rechnergesteuerte Ausstellungseinheiten als Medium für eine vertiefende Behandlung von Themen fiel. Ein Nebeneffekt des Prinzips der individuellen Informationstiefe ist die Möglichkeit, auf eine zwingende Chronologie des Ausstellungsbesuchs verzichten zu können. Diese Möglichkeit hat sich insbesondere in Phasen hohen Besucheraufkommens bewährt.

Die technischen Anforderungen an die Rechner müssen berücksichtigen, dass unterschiedliche Anwendungen lauffähig sein müssen, so dass neben einfachen Operationen komplexe Programme etwa für multimediale Darstellungen ausführbar sind. Dieses beinhaltet die Darstellung von Bildern, Filmen und Tondokumenten. Einbindung und Austausch aktueller Daten müssen möglich sein. Die Rechner müssen einfach zu bedienen sein und das Werkzeug, der Computer, darf für die Anwender möglichst nicht (vordergründig) erkennbar werden. Aus Gründen der Systemstabilität und Sicherheit sollten jeweils getrennte Einheiten auf gleichartigen Systemen eingerichtet werden, die unabhängig funktionieren und schnell ausgetauscht bzw. ersetzt werden können.

5.2 Walhaus (Bauabschnitt 2)

Auf der Grundlage aktueller Besucherzahlen und eingebettet in das modulare Entwicklungskonzept wurde das Nationalparkzentrum Multimar Wattforum im Jahr 2003 in einem zweiten Bauabschnitt erweitert. Es wurde die Ausstellung „Wale, Watt und Weltmeere“ entwickelt. Der Schweinswal (*Phocoena phocoena*) ist in der Nordsee heimisch und in Rinnen und Prielen dringt er regelmäßig bis ins Wattenmeer vor. Manchmal werden Schweinswale sogar im Binnenland gesichtet, wenn sie in Flüssen stromaufwärts schwimmen. Wissenschaftliche Beobachtungen in den frühen 1990er Jahren führten zu der Erkenntnis, dass westlich vor Sylt und Amrum Schweinswale noch vermehrt vorkommen, insbesondere so genannte Mutter-Kind-Gruppen, die auf ein Aufzuchtgebiet in dieser Region schließen lassen. Im Rahmen der Nationalparknovelle wurde im Sinne des vorbeugenden Naturschutzes 1999 dort ein 123.000 Hektar großes Walschutzgebiet dem Nationalpark zugeordnet. Schweinswale gehören zur Nationalparkfauna, seit der Einrichtung des Walschutzgebietes kommt dieser Art eine besondere Bedeutung zu.

Abb. 9: Die Nachbildung eines Pottwals im Zentrum der Ausstellung „Wale, Watt und Weltmeere“ (Foto: JOHAENTGES).

In der breiten Öffentlichkeit ist weder bekannt, dass es heimische Wale, noch dass es ein Walschutzgebiet im Nationalpark gibt. Ohne Wissen ist langfristiger Schutz jedoch nicht möglich. Eine Ausstellung speziell zu dem Thema „Schweinswal“ kann hier Abhilfe schaffen.

In den Jahren 1996 und 1997 strandeten 16 bzw. 13 Pottwale an der Küste der dänischen Wattenmeerinsel Römö. Ebenfalls 1997 strandeten 4 Pottwale am Strand der niederländischen Insel Ameland. Mitarbeiter der NationalparkService gGmbH konnten 1997 ein Skelett auf Römö für Ausstellungszwecke bergen (vgl. Abb. 9).

In den Folgejahren strandeten weitere Pottwale: 1999 waren es 3 Tiere vor Westerhever, 2000 wieder ein Pottwal vor Römö und 2002 insgesamt 3 Tiere vor Friedrichskoog.

Strandungen dieser großen Meeressäuger kommen seit Jahrhunderten an der Nordseeküste vor. Ihr eigentlicher Lebensraum liegt allerdings außerhalb der flachen Nordsee, so dass sich seit jeher bei den jeweiligen Strandungen die Frage nach den Ursachen für dieses spektakuläre Naturphänomen stellt. Fest steht, dass es sich bei den gestrandeten Tieren immer um junge Pottwalbullen handelt, die sich in den Wintermonaten normalerweise auf der Wanderung von der Küste Norwegens westlich um die britischen Inseln herum nach Süden in die wärmeren Gewässer des Atlantiks befinden. Dabei kommen sie vom Kurs ab und gelangen in die flache Nordsee. Bei jeder Strandung werden im Rahmen eines gewaltigen

Medienechos nicht nur die verschiedenen Theorien der Strandungsursachen sondern auch die immer noch nicht wissenschaftlich geklärten Phänomene der Kommunikation, der Echoortung, des Nahrungserwerbs und des Soziallebens dieser großen Zahnwale erörtert.

Wale ermöglichen einen emotionalen Zugang zum Natur- und Umweltschutz. Sie stehen als warmblütige Säugetiere den Menschen entwicklungsgeschichtlich relativ nahe. Viele von ihnen sind beeindruckend groß und ihr Leben in den Weiten der Meere ist noch immer geheimnisvoll und relativ unbekannt. Filmserien wie „Flipper“ oder der Kinoerfolg „Free Willy“, aber auch etliche Fernsehdokumentationen haben Wale als sehr lernfähige und sympathische Tiere beliebt gemacht. Die dadurch erzeugte emotionale Nähe zu diesen Säugern geht über die, durch das Kindchenschema ausgelösten Sympathien für Delfine weit hinaus.

In das Bewusstsein einer breiten Öffentlichkeit ist die Bedrohung der Wale seit den 1970er Jahren gerückt. Die spektakulären Aktionen von Greenpeace und anderen Umweltgruppen trugen wesentlich dazu bei, dass Wale als ganze Tiergruppe Symbolfiguren für den Raubbau an der Natur bzw. Sympathieträger für Aktivitäten zu ihrem Schutz wurden. Wale sind deshalb als Ausstellungsobjekte attraktiv und faszinierend!

5.2.1 Vermittlung durch Inszenierung

Das Konzept zur didaktischen Vermittlung des Themas Wale greift auf folgende didaktische Leitlinien der vorhandenen Ausstellung zurück:

- Reduktion auf einige wenige Walarten.
- Auswahl von exemplarischen Bestandteilen des Themas Wale.
- Vom Phänomen ausgehen bzw. die Gäste dort „abholen, wo sie sich auskennen“.
- Generalisierung auf die gemeinsamen, das Gesamtthema Wale umfassenden Themen.
- Differenzierung der Inhalte nach unterschiedlichen methodischen Zugängen.
- Angebote für Selbstbeschäftigung durch Möglichkeiten der individuellen Auswahl von Aktivitäten.

Neben diesen bewährten Leitlinien war die Zielsetzung bestimmt von weiteren Vorgaben:

- Die neue Ausstellung muss erkennbar anders sein und trotzdem zur bisherigen passen.
- Das Pottwalskelett dominiert den ganzen Raum.
- Der Schweinswal, der heimische Wal, ist klein und unscheinbar.
- Perspektiven für das eigene private Handeln sollen angeboten werden.

- Aus Nordfriesland kamen früher viele Walfänger.
- „Lieblinge“ wie Schwertwal (Orca) und Buckelwal sollten vorkommen.

Im Unterschied zur bisherigen Thematik gibt es bei den Gästen schon vor dem Besuch „emotionale Beziehungen“ zum Ausstellungsthema „Wale“.

Letztgenannte Vorgaben führten zu der konzeptionellen Entscheidung, das „didaktische“ Mittel der „Inszenierung“ in der neuen Ausstellung verstärkt zu nutzen. Inszenierungen sind Präsentationen, die „in Szene“ gesetzte Situationen aus dem Leben des Exponates, z.B. eines Tieres, zeigen oder präsentierte Anwendungen eines Gerätes, das, für sich allein gezeigt, nicht „für sich spricht“.

Im neu zu schaffenden Walhaus wurde das Mittel „Inszenierung“ konzeptionell bewusst eingesetzt, um eine neue, sich von der bisherigen unterscheidende Ausstellung zu präsentieren. Im Gegensatz zur Thematik „Wissenschaft für den Nationalpark“ lässt sich ein schon bestehender „emotionaler Zugang“ der Besucherinnen und Besucher zum Thema „Wale“ für Inszenierungen nutzen.

So wurden von der Planungsgruppe einige „Inszenierungs-“ Entscheidungen getroffen, die wesentliche Folgen auf die Gesamtausstellung, sogar im baulichen Bereich, hatten:

Die Gäste selbst sollen in die Welt der Wale „abtauchen“. Wale sollen in Lebensgröße den Menschen begegnen. Die Welt der Wale ist, im Gegensatz zur „lichten Offenheit des Watts“ im Erdgeschoss, dunkel und geheimnisvoll. Das bedeutet in der Umsetzung, dass die Ausstellung keine helle Beleuchtung haben darf. Wie aber sollen dann Texte gelesen und Bilder angeschaut werden können? Alle Themen, die sich um das Thema „Wale“ ranken, müssen demnach in separaten Räumen gezeigt werden. Diese können dann einerseits selbst Inszenierungen enthalten oder aber auch, voll ausgeleuchtet, Bild und Text breiteren Raum geben.

In den separaten Räumen, den sog. Themenkammern (analog zu den Themenbüchern), wurden einzelne kleine Inszenierungen vorgesehen.

So ist in der Themenkammer „Verbreitung“ die Decke mit einem hinterleuchteten Bild ziehender Wale, in der Perspektive von unten gegen die Wasseroberfläche, verkleidet. Der Besucher befindet sich in relativ dunkler Umgebung „unter Walen“. Die Wände sind blau.

In der Themenkammer „Von der Geburt bis zum Tod“ ist die Decke ebenfalls mit einem hinterleuchteten Bild verkleidet. In Lebensgröße wird darauf gerade ein Schweinswal geboren, Perspektive ebenfalls von unten gegen die Wasseroberfläche. In der selben Kammer wurde das komplette Skelett eines Schweinswales so inszeniert, dass den durch ein Fenster im Boden schauenden Besuchern und Besucherinnen der Eindruck suggeriert wird, sie blickten auf den Meeresboden, auf dem ein Wal gestorben ist. Die Wände sind dunkeltürkis wie Meerwasser.

In der Themenkammer „Echoortung“ werden nicht nur Objekte inszeniert, sondern auch die Besucherinnen und Besucher! Sie betreten einen nahezu dunklen Raum (die Wände sind überall tiefdunkelblau), in dem sie sich selbst durch Geräusche (Klatschen) orientieren können. Innerhalb der Kammer bewegen sie sich in immer „größere Tiefen des Meeres“. Die Echos ihrer Ortungslaute lassen sie die Umgebung erkennen. So bewegen sie sich vom flachen Wattenmeer bis in die Tiefsee. Unterwegs sehen sie zunächst Schollen, später Makrelen und Tintenfische. Ein großer Krake blickt sie von oben an, eine Staatsqualle leuchtet geheimnisvoll und zuletzt entdecken sie Tiefseefische und heiße Tiefseequellen.

Das „Neusehen“ wird bei der Inszenierung der Objekte in der abgedunkelten dunkelblauen Halle auch allein durch Präsentation von „Echt-Dimensionen“ erreicht. Neben dem Pott- und den Schweinswalexponaten wird auch eine Barte eines Grönlandwales als Modell in 4,50 Meter Größe gezeigt oder ein „Fühlmodell“ von Walhaut.

Durch verschiedene methodische Hilfsmittel werden die Inszenierungen in ihrer Wirkung unterstützt. Dazu gehören eine großformatige Filmprojektion von lebenden Walen im Eingangsbereich, blaue Beleuchtung der Walexponate, bewegte Wasserreflexe an der Decke der Walhalle, aber auch die Lage des Pottwalauges in Gesichtshöhe der Besucherinnen und Besucher oder die Körperhaltungen der Wale, die Schwimmbewegungen entsprechen. Alle Themenkammern sind farblich unterschiedlich gestaltet, um das jeweilige Thema „gesamtatmosphärisch“ zu unterstützen.

5.2.2 Gang durch die Ausstellung

Der Besucher oder die Besucherin erreicht die neue Ausstellung nur, wenn die bisherige Ausstellung des Multimars durchschritten wurde. Eine Voraussetzung für die Gestaltungsplanung der neuen Ausstellung war, dass die Gäste beim Eintritt in das Walhaus schon darauf eingestellt sind, selbst aktiv zu werden.

Am ebenerdigen Übergang zum Anbau sind zwei Eingänge zu sehen: Eine dunkle breite Türöffnung auf der selben Geschosshöhe, die nicht verrät was sich dahinter befindet, und ein Treppenabgang ins Kellergeschoss mit einem Bild eines springenden Pottwales und dem Titel der Ausstellung „Wale, Watt und Weltmeere“ auf einer Wandseite der Treppe.

Die dunkle breite Türöffnung führt auf die Empore der neuen Ausstellungshalle und ermöglicht einen Blick von oben auf den zentralen Raum. Dieser Raum ist relativ dunkel, die Augen müssen sich an die Lichtverhältnisse gewöhnen. Auf Höhe des Emporengeländers „schwimmen“ im Vordergrund Schweinswale in Originalgröße durch den Raum. Dahinter, die Ansicht dominierend, ist ein Pottwal in Lebensgröße zu sehen, der Kopf ist zur Empore gewandt, das Schwanzende ist in einiger Entfernung gerade noch zu erkennen (das Exponat ist 18,5 Meter lang). Zunächst ist nicht erkennbar, dass es sich um eine Halbschale handelt, hinter der sich ein Skelett verbirgt. Die Exponate sind schwach ausgeleuchtet, die Vorderköpfe des Pott- als auch des Schweinswals, der der Empore am nächsten ist, sind kleinräumig extra ausgeleuchtet, um die Nasenlöcher zu markieren, beim Schweinswal mittig auf dem Kopf, beim Pottwal einseitig links vorn am kastenförmigen Kopf.

Das Prinzip der Ausstellung ist aus dieser Perspektive gut zu erkennen. Vom zentralen Raum gehen Themen-Kammern in regelmäßigen Abständen ab. Die jeweiligen Themen sind als Schriftzüge an den Eingängen lesbar.

Diese Funktion des „Überblicks" über die Ausstellung von der Empore aus wurde auch inhaltlich verfolgt. Entlang der rückwärtigen Emporenwand wird durch vier Computerstationen ein thematischer Überblick ermöglicht. Über Wale hinaus wurden an dieser Stelle die Robben als zweite große Meeressäugergruppe thematisiert. Durch das Angebot von Sitzmöglichkeiten lässt sich die Fülle der Informationen entspannt abrufen.

Beim Verlassen der Empore fällt der Blick auf kleine Schiebetafeln an der Wand, die zum Emporenausgang führt. Bild und Text zu wissenswerten biologischen Besonderheiten verschiedener Walarten ermöglichen auch hier einen Überblick über das breite Spektrum an Inhalten zum Thema „Wale".

Neugierig geworden, streben Besucherinnen und Besucher zum Treppenabgang ins Kellergeschoss. Das Hinuntersteigen gleicht einem Abtauchen in die Welt der Wale. Das Großbild mit dem springenden Pottwal setzt sich ins Kellergeschoss als Unterwasserbild fort, in dem Schweinswale schwimmen. Im Kellergeschoss fällt der Blick auf eine große Projektionswand. Kurze Unterwasserfilme zeigen eindrucksvolle Ansichten von verschiedenen Walen, die gemächlich durch blaue Tiefen gleiten.

Zentral in der Mitte dieses Vorraumes zur eigentlichen Ausstellungshalle stimmen sich die Besucherinnen und Besucher auf andere Weise in die Welt der Wale ein. An Hörstationen können sie gesprochene Texte abrufen, die unterschiedliche Sagen und Mythen wiedergeben (Jona und der Wal, griechische Sagen, Münchhausen erzählt, ...). Während die Gäste den Kurzgeschichten lauschen, die auf Knopfdruck leise aus roten Lautsprecherkugeln dringen, blicken sie auf zueinander versetzte Stellwände, auf denen in regelmäßig ruhigem Zeitabstand Wal-Bilder aufleuchten. Hier werden alle 86 weltweit vorkommenden Walarten gezeigt, während in der Ausstellung nur wenige Arten thematisiert werden. Die versetzten Bildwände verhindern, dass die Besucherinnen und Besucher beim Betreten des Vorraumes sogleich den breiten Eingang zur Walhalle entdecken und in diese hineineilen.

Der große Pottwalkopf wird erst entdeckt, nachdem die versetzten Bildwände durchschritten wurden. Selbst wenn die Besucher und Besucherinnen den Pottwal schon von der

Empore aus gesehen haben, sind sie an dieser Stelle von der imposanten Größe beeindruckt. Hinzu kommt die geringe Helligkeit; wenn die Ausstellung nicht zu voll ist, lässt sich eine Absenkung der Lautstärke des Publikums feststellen. Das Ziel der Faszination durch Inszenierung wurde erreicht! Das Auge des Wals sieht den Menschen an, dieser wendet sich in den meisten Fällen nach rechts in die vorgesehene Richtung. Die Einhaltung dieser Reihenfolge ist allerdings für das Verständnis nicht erforderlich, es kann auch eine andere eigene Reihenfolge gewählt werden, da die Themen inhaltlich nicht aufeinander aufbauen.

Kammer 1: Verbreitung

Die Einladung zur ersten Kammer zum Thema „Verbreitung" wird nicht durch eine offene erleuchtete Türöffnung symbolisiert, sondern durch eine Neugierde weckende, mit dunkelblauen Stoffbahnen verhängte Tür. Innen ist es gedämpft erleuchtet, aber heller als die Halle selbst, die Wände sind dunkelblau, die Decke zeigt ziehende Wale aus der Unterwasserperspektive. Die Verbreitung von vier Walarten wird in Text und Bild vorgestellt. Zusätzlich ist als Blickfang gegenüber dem Kammereingang ein lebensgroßer Schweinswal als Halbkörperrelief senkrecht angebracht, mit einer Messlatte, die zum Größenvergleich auffordert. Die Verbreitung des Schweinswals wird links daneben ausführlicher behandelt. Im Gegensatz zu den drei anderen Arten Pott-, Buckel- und Schwertwal wird bei ihm die regionale Verbreitung unmittelbar in Küstennähe Schleswig-Holsteins thematisiert. Ein Karte und mehrere Bilder stellen den Schweinswal als heimischen, aber selten zu beobachtenden Kleinwal vor, der gerade in der Nähe unserer Küste vorkommt und unseres Schutzes bedarf. Die Auswahl der anderen Walarten war geprägt vom Bekanntheitsgrad und von ihrem globalen Verbreitungsmuster, das sich nur wenig überschneidet und dadurch auch kartographisch gut darstellbar ist. Ein drehbarer Groß-Globus an der Außenseite der Kammer zeigt diese Verbreitungsmuster.

Beim Verlassen der Kammer fällt der Blick wieder auf die Pottwalhalbschale und eine Beschriftung unterhalb des Pottwales auf einer Glasscheibe, die verhindert, dass Gäste unter dem Pottwal hindurch kriechen. Hier können Daten zum Wal wie Länge, Alter, Gewicht, usw. abgelesen werden.

Kammer 2: Fortbewegung und Luftatmung

An den Außenwänden der Kammern in Nähe des jeweiligen Einganges sollen die Themen schon angedeutet werden, als Einladung oder Lockmittel in die Kammer. So entdeckt man über dem Eingang zur zweiten Kammer ein Modell der Blaslöcher eines Buckelwales in Originalgröße, dies führt zu den Themen Luftatmung und Fortbewegung, dargestellt an Schweinswal und Pottwal. Fünf verschiedene Bildschirme zeigen fortlaufend Kurzfilme mit Szenen zu „Atmen“, „Flukenschlag“, „Wandern“ (Normalvorwärtsschwimmen), „Springen“ „Abtauchen“. Diese bewegten Bilder werden mit Kurztexten kommentiert. Links und rechts an den Wänden zu den Nachbarkammern und auch auf der Rückseite der Eingangswand sind Aktions- und Spielelemente zu finden: Einerseits mit der Hand zu drehende Schlitz-Trommelkinos (Prinzip „Daumenkino“) mit kurzen Bewegungsabläufen, andererseits aber auch Fühlboxen, bei denen die zwei Nasenlöcher der Bartenwale, ein Nasenloch eines Zahnwales, aber auch die zwei Nasenlöcher einer menschlichen Nase zu ertasten sind. Vier, je zwei Meter hohe Leuchtdiodensäulen lassen sich per Knopfdruck aktivieren, sie zeigen Tauchtiefen im Vergleich an: Während die Leuchtpunkte von Schweinswal, Seehund und Mensch schon stillstehen, laufen die Leuchtpunkte vom Pottwal in die Tiefe. Erst wenn diese den Fußboden erreichen werden die tiefsten Tauchtiefen aller vier „Taucher“ in Metern angegeben.

Kammer 3: Von der Geburt bis zum Tod

Am Eingang zur nächsten Kammer mit dem Thema „Von der Geburt bis zum Tod“ wird eine Delfingeburt filmisch dargestellt: Wale werden mit dem Schwanz voran geboren. Das Licht ist etwas gedämpft, an der Decke zeigt ein hinterleuchtetes Großbild die Geburt eines Schweinswales aus der Unterwasserperspektive. Ausschnitte der Lebensläufe von Pott- und Schweinswal werden in fortlaufenden Kurzfilmen auf verschiedenen Bildschirmen gezeigt, die exemplarisch Aussagen zur Lebensdauer, zum Sozialleben, zur Fortpflanzung usw. machen. Auch hier werden die Filme mit geschriebenem Text kommentiert. Links an der Wand zur Nachbarkammer zeigt ein durchgeschnittener Original-Pottwalzahn hinter Glas seine „Jahresringe“: Die Altersbestimmung an Zahnwalen wird erläutert. Im Fußboden liegt unter Glas bläulich angestrahlt ein Schweinwalskelett, so als sei das Tier hier eines natürlichen Todes gestorben (vgl. 5.2.1). Einzelne Besonderheiten im Zusammenhang mit dem Tod von Walen werden mit eindrucksvollen Bildern gezeigt und kommentiert, wie die „Margeritenformation“ bei der Pottwale mit der Fluke nach außen einen schützenden Ring um ein verletztes Tier bilden oder das „Bonanza-Phänomen“ in der Tiefsee. Dabei kommt es beim Tod und dem Absinken von Walen in der Tiefsee an einem Ort zu einem kurzzeitigen Überfluss an Nahrung. Auf einer Drehrolle wird das unglaubliche Alter von über 200 Jahren bei Grönlandwalen erläutert, das unter anderem durch steinerne Harpunenspitzen nachgewiesen werden konnte, die in der dicken Außenhaut (Blubberschicht) erlegter Tiere gefunden wurden.

Liegeinsel

Wieder in der Halle, lädt an dieser Stelle eine „Liegeinsel“ zur Entspannung ein (vgl. Abb. 10). Dabei wird der Kopf in einer gepolsterten Nische platziert. Leise Musik,

Abb. 10: Kontemplation auf der „Liegeinsel" (Foto: Archiv MULTIMAR WATTFORUM).

unterbrochen durch Walerzählungen, „berieselt" die liegenden Besucherinnen und Besucher, deren Blick nach oben schweift: Über ihnen erhebt sich die mächtige Fluke des Pottwales!

Kammer 4: Echoortung

Wenn die Besucher und Besucherinnen sich wieder erheben, fällt ihr Blick auf die Kammeraußenwand und den Eingang zur vierten Kammer mit dem Thema **„Echoortung"**. Dort fallen rote Lautsprecherkugeln einer Hörstation auf, die paarweise auf die eigene Kopfhöhe gezogen werden können. Interessiert lauschen sie den Erläuterungen zur Echolokation der Zahnwale. Am Eingang zur vierten Kammer gibt eine „Stopp and Go"-Ampel mit Tauchersymbolen den Weg frei in die Dunkelheit, die nur sehr schwach von blauen Schildern erhellt wird. Diese geben in Bodennähe die jeweilige Meerestiefe an, in der sich die Personen gerade virtuell bewegen. Die kurzen Bedienhinweise fordern auf zu klatschen (bzw. „Klicklaute" von sich zu geben) woraufhin ein Echo ertönt, mit dem Schollen am Boden erkannt werden können. Schwarze Filzvorhänge trennen diesen „Wattbereich" vom nächst tieferen, hier in der „Nordsee" leuchtet im Klatschecho ein Makrelenschwarm auf. In der nächsten Tiefe ist es ein Schwarm Tintenfische, dessen Halbreliefs in Deckenhöhe kurz angestrahlt wird. In der darauf folgenden Tiefenkammer von 1.500 Metern werden die „Tauchenden" von einer nahezu lebensgroßen (ca. 1,50 m Höhe) Krakenplastik fasziniert, die sie von schräg oben anstarrt, die Fangarme auf Kopfhöhe. In der nächsten Vorhangabteilung leuchtet im Schwarzlicht geheimnisvoll eine fluoreszierende Staatsqualle auf, wenn das Klatschecho ertönt. In der letzten Vorhangkammer befinden sich die Besucherinnen und Besucher bereits in der Tiefsee am Meeresboden, mit „rauchenden“ Tiefseequellen und bizarren Tiefseefischmodellen, die ebenfalls bei Schwarzlicht während des Echos zu erkennen sind.

Jugendliche Gäste sind so begeistert, wenn sie den Ausgang verlassen, dass dieser Tauchgang mit nachempfundener Echoortung gleich wiederholt wird! Diese Kammer hat einen Eingang und einen Ausgang, die Reihenfolge vom Flachen ins Tiefe kann aber theoretisch auch rückwärts ausprobiert werden. Die Praxis hat jedoch gezeigt, dass „Gegenverkehr“ zu ungewolltem Gedränge führt. Durch Klapptüren am Ausgang dieser Kammer wird verhindert, dass Gäste die Kammer gegenläufig benutzen.

Kammer 5: Walgesänge

Wenden sich die Besucherinnen und Besucher nach diesem Tauchgang nach rechts, dann erwartet sie an der Außenwand als Hinweis zur nächsten Themenkammer „Walgesänge“ ein Klickgeräusch, das schwach aus einem Kopfhörer dringt. Durch einen Drehknopf lässt sich die Frequenz der Klicklaute verändern. Der Text dazu weist daraufhin, dass bei einer bestimmten Frequenzhöhe Wale noch Einzeltöne unterscheiden können, während wir Menschen nur noch einen durchgehenden quietschenden Ton wahrnehmen.

Während Zahnwale sich klickend verständigen, kommunizieren Bartenwale melodiös und abwechslungsreich. Zurückgelehnt auf bequemen Polsterbänken, in der angenehmen Atmosphäre sonnengelber Wände, kann den Gesängen verschiedener Wale gelauscht werden, die zuvor per Knopfdruck ausgewählt wurden. Während des einminütigen Klangerlebnisses leuchtet an der Decke der Kammer das jeweilige Bild des Wales auf, dem gerade zugehört wird.

Kammer 6: Strandungen

Beim Verlassen der Kammer fällt der Blick wieder auf den Pottwal. Die Halbschale ist jetzt umrundet, die Besucherinnen und Besucher erblicken das Skelett von hinten. Die Thematik der folgenden Kammer konzentriert sich auf die Problematik der Strandungen. Außen an der entsprechenden Kammerwand befindet sich eine stilisierte Kartendarstellung des normalen Wanderweges der Pottwale. Von Norden kommend schwimmen sie an den britischen Inseln vorbei in Richtung Süden.

In der Themenkammer erwartet die Besucherin bzw. den Besucher ein großformatiges Schrägluftfoto, das von der Decke bis zum Boden reicht. Es zeigt mehrere Pottwale tot am Strand der dänischen Insel Römö. Der Text stellt die Frage nach den Ursachen für solche Tragödien. Eine Reliefkarte der Nordsee mit überhöhter Tiefendarstellung rechts vom Eingang ermöglicht per Knopfdruck eine Leuchtdiodenanzeige. Verschiedene Knopfdruckmöglichkeiten zeigen Pottwalstrandungen an der Nordseeküste in den vergangenen fünf Jahrhunderten. Es wird deutlich, dass selbst in Jahrhunderten, in denen es keine motorisierte Schifffahrt oder Industrienanlagen gab, Pottwale strandeten. Im Verlauf der Kammerdurchschreitung werden mit Bild und Text die verschiedenen Hypothesen zu den Ursachen erläutert. Keine der genannten Erklärungsversuche wird bewertet, die Besucher und Besucherinnen können selbst eine mögliche Ursache favorisieren. Am Ende der Kammer (auch diese Kammer hat zwei Türöffnungen) werden mit Hilfe einer Bildprojektion die industriellen Belastungen der Nordsee auf verschiedenen thematischen Karten gezeigt, die die Besucherinnen und Besucher selbst über Knopfdruck anwählen können.

Kammer 7: Ursprung des Skeletts im Walhaus

Beim Verlassen der Themenkammer fällt der Blick erneut auf das Pottwalskelett. Die Frage, wie das Skelett wohl ins Multimar gekommen sein mag, könnte sich den Besucherinnen und Besuchern hier stellen. Die Antwort wird in der nächsten Kammer gegeben, kleine kreisrunde, leuchtende Farbbilder in der Kammeraußenwand weisen darauf hin.

„Vom Watt ins Walhaus“ ist der Titel am Eingang. Innen wird durch eine Bildpräsentation mit gesprochenem Text die Reise des Skeletts von der Bergung am Strand über seinen Transport und seine Präparation bis zu seinem Aufbau in diesem Raum erzählt.

Kammer 8: Haut und Knochen

Die Besonderheiten eines Walskelettes und seiner Anpassung an den Lebensraum, die Besonderheiten der Haut, ihrer Farbe und von Parasiten sind die Themen der Kammer „Haut und Knochen“. Außen verlockt eine dunkle Fühlbox zum Tasten. Glatte Walhaut (aus fester Gummifolie) macht deutlich wie sich ein Wal anfühlt. Im Inneren der Kammer setzt sich der Blick in einem Blockschnittmodell in Originalgröße ins Hautinnere fort. Unter der Haut befindet sich eine fühlbare halbfeste Schicht, der Blubber, darunter nachgiebiges Muskelfleisch, durchzogen von angeschnittenen Adern, anschließend feste Knochen. Zu diesem Modell lassen sich Text/Bild-Rollen drehen, die Erklärungen, auch zu Haut-Parasiten, geben. Gegenüber vom Eingang befinden sich Originalpräparate der Armskelette von Pottwal, Vogel, Fledermaus und Mensch in erleuchteten Vitrinen. Die Homologie der Finger und Unterarmknochen ist erkennbar und wird erläutert. Ein Schweinswal-Skelett ist in einer Vitrine in der linken Wand zu sehen, darüber erläutert ein Text die Reduktion der Beckenknochen als Anpassung an das Wasserleben.

Kammer 9: Zähne und Barten

Außerhalb der Kammer wird durch einen echten Pottwalzahn hinter Glas und das Modell einer Barte eines Grönlandwales in Originalgröße (4,50 m Höhe) auf das Thema der nächsten Kammer verwiesen: „Zähne und Barten“.

Diese Kammer thematisiert nicht nur die Zähne und Barten, sondern es werden davon ausgehend die verschiedenen Ernährungsweisen der Zahn- und Bartenwale und die inneren Organe dargestellt. Die Kammer kann wieder durchschritten werden, sie hat zwei Zugänge. Zwei Bildschirme zeigen auf der dem Eingang gegenüber liegenden Wand Filme zum Jagdverhalten von Schwertwalen und zu Strategien der Nahrungsaufnahme der Bartenwale. Letztere Animation verdeutlicht den „Blasenvorhang“ der Buckelwale mit dem Aufnehmen großer Wassermengen in den gefurchten Kehlsack als Beispiel für die Furchenwale, sowie als Beispiel für die Glattwale das Schwimmen mit geöffnetem Maul durch Planktonwolken. Zusätzlich werden dieselben Themen in Drehscheiben-„Daumenkinos“ als vereinfachte bewegte Darstellung in Kinderhöhe angeboten. Beleuchtete Vitrinen mit Originalexponaten (Finnwalbarten, Tintenfischschnäbel), Bilder und Texte geben Auskunft zu speziellen Einzelaspekten der Nahrung bzw. der Nahrungsaufnahme. Auf der, der Halle zugewandten Seite zeigt ein Schaubild ein schematisiertes Pottwalskelett in der Haltung, wie es in der Halle hängt, zusätzlich mit inneren Organen. Das Spermacetiorgan des Pottwals wird, ein paar Schritte weiter, ebenfalls an dieser Wand erläutert. Die Erklärung zur Funktionsweise wird durch ein schematisches Bild unterstützt, das diese „Melone“ halbtransparent mit Nasengängen und Kieferknochen zeigt. Ein Bildschirm verdeutlicht den Einblick in das Innere des Kopfes mit einer fortlaufenden Animation der Computertomographie eines Pottwalschädels. Am Ende der Kammer wird die Aufmerksamkeit auf einen großen braunen Klumpen in einer beleuchteten Vitrine gelenkt, die durch die Wand bis in die Nachbarraum reicht und auch von dort betrachtet werden kann. Es handelt sich um einen echten Ambraklumpen aus dem Darm eines gestrandeten Pottwales. Der nebenstehende Text erläutert die Entstehung und die wirtschaftliche Bedeutung. Eine anatomische Besonderheit des Blutgefäßsystems, die so genannten „Wundernetze“, wird mit Schemabild und Text neben der „Ausgangstür“ dieser Kammer erklärt.

Kammer 10: Gefahren

Zwischen den Türen der eben besuchten und der neuen Themenkammer „Gefahren“ stehen zwei Leuchtdiodenleisten an der Außenwand der Kammern, die vom Fußboden bis in ca. drei Meter Höhe reichen . Das Licht der Dioden wandert in unterschiedlichen Schritten von oben nach unten. Zwei Tastaturen fordern dazu auf, Jahreszahlen von 1930 bis heute einzugeben. Bei der jeweiligen Jahreszahl wird die Zahl des Finnwal- oder Blauwalbestandes im südlichen Eismeer angezeigt. Der rapide Rückgang, aber auch die heutige zaghafte Erholung wird durch Laufstrecken der Leuchtdioden eindrucksvoll veranschaulicht.

Die Wände der letzten Kammer „Gefahren“ sind ganz in leuchtendem Rot gefärbt, während die Wandfarben der anderen Kammern überwiegend in verschiedenen Meerwasserfarben von Dunkelblau bis Türkis gehalten sind. Beginnend mit dem historischen Walfang werden historische Original-Walfang-Geräte, eine Handharpune und Handlanze, gezeigt.

Ihnen zugestellt sind drei Glasvitrinen, die aus Walprodukten wie Wal-Elfenbein, -Öl und Barten hergestellte Objekte enthalten.

Die wirtschaftliche Nutzung ist die Hauptaussage einer Kurzfassung eines historischen Walfang- und Verarbeitungsfilmes (Walfang im südlichen Eismeer). Der Text macht deutlich, dass Wale aus wirtschaftlichen Interessen gejagt wurden. Die Kammer verläuft um eine Ecke, so dass die Besucherinnen und Besucher frontal auf eine Wand zugehen. Hier wurden japanische Walfleischkonservendosen um eine wuchtige Originalelektroharpune drapiert, darüber in Augenhöhe lassen sich durch Gucklöcher heutige Fang- und Schlachtszenen der japanischen und norwegischen Walfänger auf Dias betrachten. Seitlich an diesem „Betrachtungskasten" sind Szenen von polaren Ureinwohnern zu sehen, die Walfang zum eigenen Lebensunterhalt betreiben. Sind die Gäste um die Ecke herum gebogen, werden die Themen historischer und moderner Walfang von der Darstellung der Schutzbemühungen abgelöst, kontrastiert von einer Vitrine mit heutigen japanischen „Wal-Delikatessen" und den dazugehörigen Essstäbchen eines Walfleischrestaurants. Kinder können an dieser Stelle von außen in die Kammer „einsteigen" indem sie durch ein „Schlupfloch" schlüpfen Und sich so spielerisch mit dem Fressverhalten von Bartenwalen auseinandersetzen.

Innen werden die „Schlupflöcher" der internationalen Schutzabkommen erklärt, eine Jalousie veranschaulicht was zwischen den Zeilen dieser Vertragswerke steht. Außen steht der Vertragstext, durch eine Drehung wird die Interpretation der Walfangnationen sichtbar. Eine Hörstation gibt die Positionen der deutschen, norwegischen und japanischen Vertreter auf einer Sitzung der IWC (International Whaling Commission) wieder. Eine Computeranwendung ermöglicht ein tieferes Eintauchen in die Thematik der internationalen Abkommen.

Die modernen Gefahren, die über den aktuellen Walfang hinausgehen, werden im weiteren Verlauf der Kammer thematisiert. Besucherinnen und Besucher durchschreiten ein Lärmtor, das auf Bewegungsmelder reagiert und gleichzeitig verschiedene Unterwasser-Lärmgeräusche abspielt. Ist das Tor durchschritten sind die Besucherinnen und Besucher in „Netzen gefangen": eine Licht-Projektion in Netzstruktur umgibt die Gäste, Texte dazu erklären die Stellnetzgefahr für die Schweinswale in Dänemark und England, aber auch die der Treibnetze für Großwale weltweit. Am Ende dieser Kammer können die Gäste den Weg von persistenten Chemikalien in der marinen Nahrungskette verfolgen. Leuchtende Styroporkügelchen wirbeln hinter mehreren transparenten Symbolen und veranschaulichen die Anreicherung im Fettgewebe von Walen.

Zwei weitere Hörstationen, die jeweils den Pottwal thematisieren, befinden sich an den Kammeraußenwänden. Während in einem der Texte biologische Fakten erläutert werden, sind in dem anderen Text Auszüge aus Hermann Melvilles „Moby Dick" zu hören.

Auf dem Weg zum Hallenausgang werden auf einem Großglobus die Strategien zum Walschutz verdeutlicht, die das Thema „Weltparke“ aufgreifen. Vor allem auf der Südhalbkugel wurden international Schutzzonen verabredet, deren Ausmaße auf einem Globus am besten deutlich werden.

Beim Verlassen der Halle durchschreiten die Gäste wieder den Vorraum, dessen Inhalte ihnen zum Teil schon vertraut sind. Jetzt rücken die Präsentationen in den Vordergrund, die auf dem Weg in die Halle weniger Beachtung fanden. Die Umweltverbände, die den Bau des Walhauses finanziell und inhaltlich unterstützt haben, präsentieren hier ihre Arbeit in Form von interaktiven Stationen. In einem Vitrinenschrank werden Utensilien von Umweltschützern gezeigt, deren Einsatz auf der Innenseite von Klapptüren erläutert wird. Multimediastationen erlauben das Abrufen von Filmen oder das „Surfen“ auf den Internetseiten der Verbände. Auf Hörstühlen können die Besucherinnen und Besucher Platz nehmen und sich aus der Arbeit einzelner Umweltschutz-Verbandsfunktionäre berichten lassen.

Bevor die Ausstellungsgäste aus der Ausstellung „auftauchen“ und die Treppe nach oben benutzen, können sie noch im Kino einen gerade laufenden Film ansehen. Fünf Filme mit einer Länge von jeweils etwa 10-15 Minuten werden hier im Wechsel vorgeführt.

5.3 Wasserland Schleswig Holstein (Bauabschnitt 3)

Besucherbefragungen belegen, dass die vorhandene Aquarienanlage eine Hauptattraktion der Einrichtung darstellt und mehrheitlich als Grund für einen Besuch genannt wird. Nach einem Besuch Befragte geben als Grund für ihre Zufriedenheit (mehr als 95 %) die große Zahl dargestellter Arten und die Gesamtgestaltung der Becken an. Besucherinnen und Besucher wollen Einblicke in die bunte Welt unter Wasser, interessieren sich für die Lebensweise und das Verhalten von Meeresbewohnern direkt und möglichst hautnah, wollen abtauchen in die unendliche Tiefe und Weite und wie Taucher die Schwerelosigkeit und Ruhe unter Wasser erleben. Bei einem Besuch in einem Aquarium müssen diese Wünsche, Träume, Visionen und Erwartungen in Szene gesetzt werden. Dabei sollen neben dem Spaß auch Informationen zu Hintergründen gegeben werden, soll neben der Schönheit auch die Gefahren beschrieben werden, die den Meeren gerade durch den Menschen drohen. Wie kein anderer Lebensraum inspiriert das Meer die Phantasie. Wasser bedeutet eine andere, unbekannte und den meisten Menschen unerschlossene Lebenswelt voller Rätsel. Sie ist verborgen und öffnet nur dem Taucher - oder dem Besucher im Aquarium - seine Geheimnisse. Gäste möchten mitgenommen werden auf eine Reise in die Geheimnisse unter Wasser. Sie erwarten emotional bewegende, eindrucksvolle Darstellungen, Objekte und Ausstellungsbestandteile:

- Einblick in die Lebenswelt unter Wasser (Artenbeschreibung),
- Durchblick beim Erkennen von Zusammenhängen (Ökosystemverständnis),

- Weitblick beim Umgang mit den begrenzten Ressourcen im Meer (Bedrohungen),
- Ausblick in zukünftige Entwicklungen (wie wird das Meer in Zukunft aussehen).

Die einzelnen Themenschwerpunkte der Erweiterung lassen sich unter dem Sammelbegriff „Wasserland Schleswig-Holstein" zusammenfassen und greifen unterschiedliche Aspekte rund um den Lebensraum Wasser auf. Sie sind bestimmt durch den Bildungsauftrag und die Funktion des Multimar Wattforums als Informationszentrum. Anders als beim zweiten Bauabschnitt, wo die Attraktivität der Maßnahme durch die Darstellung einer herausragenden Art (Pottwal) erfolgte, liegt die Attraktion im dritten Bauabschnitt in der inszenierten Darstellung und Integration in ein Raumkonzept über drei Ebenen. Nicht das einzelne Phänomen sondern die ineinander greifende Darstellung und räumliche Gestaltung vieler Themen wird den Reiz der Erweiterung ausmachen. Neben der Erweiterung der Aquarienanlage soll eine interaktive Ausstellung wirken. Wie bewährt, steht bei allen Darstellungen das zu beschreibende Phänomen (der vertraute Gegenstand) am Anfang. Dieses wird durch eine an die Bedürfnisse der Betrachter angepasste Präsentation erst im Zusammenspiel mit der inszenierten Darstellung anderer Phänomene zur echten Attraktion und so zum Garant für hohe Besucherzahlen.

Im Zentrum der Erweiterung steht das neue Großaquarium. Es hebt sich von Aquarien vergleichbarer Größe in anderen Einrichtungen ab, durch die einzigartige Kombination aus

- der Größe mit Großpanoramascheibe;
- dem Zugang über verschiedene Ebenen des Gebäudes (mehrere Einblicke);
- der Inszenierung eines Betrachtersaals als „Eintauchen in die unendliche Tiefe der Unterwasserwelt";
- der Artenzusammensetzung mit Schwärmen von Großfischen im Freiwasser und Bewohnern am Boden;
- dem Einsatz eines Tauchers im Becken als Besucherführer und Ansprechpartner über eine Gegensprechanlage;
- der Möglichkeit, selbst über Messgeräte in das Geschehen im Becken eingreifen zu können (z.B. „ROV" (remotely operated vehicle = ferngesteuertes Fahrzeug), ein kabelgeführtes, unbemanntes Unterwasserfahrzeug).

Wenn zu bestimmten Zeiten Taucher über eine Gegensprechanlage Erläuterungen zur Tierwelt im Becken geben oder wenn Gäste selbst mit einem Roboter zum „Wassertier werden", wird der kontemplative Raum zum „Unterwasserlabor" oder zur „Tauchstation".

Vergleichbar dem weltumspannenden Vogelzug, stellen Laichwanderungen von Fischen ein besonders beeindruckendes Naturschauspiel dar. In Aquarien, interaktiven

Ausstellungselementen und einer multimedialen Präsentationen sollen Ursachen, Hintergründe und Phänomene der Wanderungen von Stör, Lachs, Forelle, Aal und Stichling erlebbar werden. Dabei wird der mit Hautknochen gepanzerte Stör bei einer maximalen Größe von nachweislich bis zu fünf Metern, was einem Gewicht von bis zu 400 kg entspricht, und einem Alter von bis zu 100 Jahren im Zentrum stehen. Wenn sich die Pläne zur Wiedereinbürgerung des Störs umsetzen lassen, wird das Multimar Wattforum die einzige Einrichtung in Deutschland sein, in der die einheimische Art, der atlantische Stör (*Acipenser sturio*) nicht nur nachgezogen und ausgestellt wird, sondern in der auch umfangreiche Informationen zur Lebensweise, zur Gefährdung und zu Wiedereinbürgerungs-Bemühungen dargestellt werden. Sein Status als vom Aussterben bedrohte Art macht ihn zum Objekt besonders intensiver Schutzbemühungen. Als Produzent des Kaviars sind andere Störarten zudem wirtschaftlich von Bedeutung.

Eingebettet in eine Ausstellung zum Thema „Wasserrahmenrichtlinie" stellen im Erdgeschoss des Erweiterungsbaus mehrere Becken die Störe vor. Die interaktive Ausstellung dient gleichzeitig als Verbindung zwischen dem Großbecken und den Störbecken. Die Besucherinnen und Besucher werden in der Ausstellung mit dem Stör flussaufwärts „mitwandern". Einerseits wird der Urlaubsort an der Westküste als historischer Fangplatz für den noch vor wenigen Jahrzehnten heimischen Stör vorgestellt. Andererseits werden die Gäste in die Zukunft mitgenommen, in der der Stör, wiederangesiedelt, die saubere Eider hinauf in das Binnenland begleitet wird, wo er dank der Renaturierung der Flussoberläufe wieder ein Laichhabitat findet. Befragungen bei Besucherinnen und Besuchern lassen die Vermutung zu, dass der Stör bei entsprechender Darstellung zu einem ähnlich attraktiven „Leittier" für ein Thema „Schutz der Gewässer" werden kann, wie es der Pottwal für den Schutz bedrohter Wale ist.

Die Meerforelle und der Aal sind ebenfalls Fische, an denen sich sowohl das artspezifische Wanderverhalten als auch die Umsetzung der Wasserrahmenrichtlinie exemplarisch hervorragend darstellen lassen. Die meisten Gäste haben schon etwas vom Sargassomeer, dem Laichplatz des europäischen Aals, gehört, die wenigsten wissen aber vom Weidenblattstadium oder vom Glasaal, von dem Einheimische berichten, dass er in dichten Schwärmen die Eider hinauf schwamm. Das Leben der Aale mit all seinen Facetten ist eines der letzten unerforschten Geheimnisse unserer Zeit.

Der breiten Bevölkerung sind murmelnde Bäche, idyllische Seen mit Seerosen und Flüsse mit Eisvögeln bekannt. Wenn nicht aus persönlicher (Urlaubs-)Erfahrung, so sind ökologisch intakte Gewässer als ein Teil von Lebensqualität zumindest aus dem Fernsehen bekannt. Das Phänomen der Durchlässigkeit und Natürlichkeit von Gewässern, wie sie in der Wasserrahmenrichtlinie der EU gefordert werden, ist als Thema dagegen weitgehend unbekannt. Dabei ist gerade die Verbindung zwischen Seen, Flüssen und Meeren in besonderem Maß geeignet, die ökologische Vernetzung zu veranschaulichen und Prozessabläufe zu demonstrieren. In einer bedürfnisorientierten Ausstellung lässt sich dies in attraktiver Weise am Beispiel wandernder Arten erreichen.

6 Erkenntnisse aus dem Betrieb, Wirkung der Ausstellung

Eine Evaluation hinterfragte kritisch die Arbeit im Multimar Wattforum. Die vorgestellten Evaluationsergebnisse beruhen auf Erhebungen, die im Zusammenhang mit dem ersten Bauabschnitt durch die Arbeitsgruppe für empirische Bildungsforschung in Heidelberg (AfeB e.V.) in Zusammenarbeit mit den Mitarbeiterinnen und Mitarbeitern des Multimar Wattforums durchgeführt wurden. Bei der Einrichtung der Ausstellung „Wale, Watt und Weltmeere" wurden die Empfehlungen der Studie soweit möglich berücksichtigt.

Die Zielsetzung der Evaluation war:

- eine Prüfung der als innovativ angesehenen Elemente wie die offene und ökologische Bauweise des Gebäudes,
- die Integration von Natur und Technik als Instrumente der Natur-Erfahrung,
- die unterschiedlichen Funktionen des Informationszentrums für den Nationalpark Schleswig-Holsteinisches Wattenmeer von einer ökologischen Bildungseinrichtung, in der ein Austausch zwischen Wissenschaft und Öffentlichkeit stattfinden soll, bis hin zu einer Freizeiteinrichtung für Jung und Alt,
- eine Prüfung der Ausstellungskonzeption und der Wirkung auf das Umfeld und die Besucherinnen und Besucher.

Auf all diese Fragen sollte im Rahmen der Evaluation eine Antwort gefunden werden. Neben Befragungen anhand eines standardisierten Fragebogens wurden durch Interviews und Beobachtungen von Menschen in der Ausstellung quantitative und qualitative Ergebnisse gewonnen. Es wurden dazu folgende Untersuchungsmethoden angewandt:

a) Befragung im Multimar Wattforum anhand eines standardisierten Fragebogens.

b) Straßeninterviews in ausgewählten touristischen Orten an der Westküste.

c) Experten-Interviews mit Fremdenverkehrs-Verantwortlichen aus der Region.

d) Beobachtung der Nutzung einzelner Ausstellungsbereiche im Multimar Wattforum mit anschließendem Interview der beobachteten Personen (summative Evaluation I).

e) Beobachtung der Wege durch die Ausstellung ausgewählter Einzelpersonen (summative Evaluation II).

f) Telefonische Nachbefragung sieben bis neun Monate nach dem Besuch im Multimar Wattforum.

Entsprechend der Struktur der Fragestellungen werden die Ergebnisse des Evaluationsprojekts vier Schwerpunkten zugeordnet.

Schwerpunkt 1: Besucherinnen und Besucher

Das Bild vom Multimar Wattforum, das sich bei der Auswertung der Evaluationsergebnisse ergibt, ist insgesamt positiv. Dieser Befund wird dadurch unterstrichen, dass weit über 90 % der Besucherinnen und Besucher ihren Besuch mit „gut" oder „sehr gut" bewertet haben. Es galt, genauer zu erfahren, wodurch diese hohe Wertschätzung im Einzelnen begründet wird, welche Faktoren zum Besuch bewegen und welches Bild vom Multimar Wattforum insgesamt zugrunde liegt.

Das Multimar Wattforum hat erwartungsgemäß ein ausgesprochen touristisches Publikum. Auch außerhalb der Feriensaison dominieren Besucherinnen und Besucher, die von außerhalb Schleswig-Holsteins anreisen. Der Anteil von Personen aus weiter entfernten Bundesländern (NRW, Hessen, Mecklenburg - Vorpommern) ist recht groß. Einheimische und Gäste aus der (relativ dünn besiedelten) Region sind dagegen weniger vertreten.

Ein Erfolgsfaktor des Multimars ist es, den Bedürfnissen dieses vor allem touristischen Publikums (ein ausgeprägtes „Freizeitpublikum"!) gerecht zu werden (MEURS 2002). Eine entscheidende Rolle spielt dabei der hohe Freizeitwert des Hauses: Der Eindruck, viel gelernt zu haben (ohne ‚belehrt' worden zu sein), das abwechslungsreiche Arrangement der Ausstellung, die Lage des Hauses in der Natur, die Möglichkeit, große Aquarien anzuschauen und nicht zuletzt die „entspannte" Situation des Familienbesuchs.

Im Unterschied zu anderen Info-Zentren an der Küste hat das Multimar Wattforum die Qualität eines Ausflugsziels, so dass Feriengästen auch eine etwas längere Anfahrt sinnvoll erscheint. Hier spielen die Aquarien eine ganz zentrale Rolle: lebende Tiere sind ein wichtiges Argument für Familien und werden noch lange nach dem Besuch als besonders eindrucksvoll beschrieben. Damit sich der Ausflug tatsächlich lohnt ist außerdem eine gewisse Größe, Lage und Attraktivität wichtig. Diese Attraktivität ergibt sich unter anderem daraus, dass sich die Urlaubsbedürfnisse in den letzten Jahren merklich verändert haben. Strand und Meer allein reichen vielen Erholungssuchenden an der Westküste offenbar nicht mehr aus, gesucht werden Angebote, die stärkeren Erlebnischarakter haben und die dem oder der Einzelnen die Natur und Kultur des Feriengebietes näher bringen. Hinzu kommt, dass an der Westküste nach wie vor ein Mangel an attraktiven Schlechtwetterangeboten herrscht. Der Erfolg des Multimars scheint also auch darin begründet zu sein, dass es aktuellen Urlaubsbedürfnissen gut entspricht und dabei eine „Leerstelle" im touristischen Angebot besetzt.

Wer das Multimar besucht, bleibt relativ lange (meist ein bis zwei Stunden) und möchte auf jeden Fall wieder kommen. Die Argumente dafür sind unterschiedlich: Einerseits, weil noch nicht „alles gesehen“ wurde; andererseits, weil der Besuch im Multimar ein angenehmes Erlebnis war, das gerne wiederholt wird. (Es spricht einiges dafür, dass hinter diesen beiden Haltungen zwei unterschiedliche Typen stehen.)

In beiden Erhebungen, die im Oktober 1999 und im Juni 2000 im Abstand von neun Monaten durchgeführt wurden, war der Anteil der Wiederholungsbesuche verschwindend gering. Es ist davon auszugehen, dass in der Sommersaison mehr Personen das Multimar zum zweiten oder dritten Mal besuchen. Insgesamt dürfte das Multimar aber auch in Zukunft einen recht großen Anteil an Erstbesucherinnen und -besuchern haben. Dafür spricht allein schon, dass selbst in den unmittelbaren Nachbarorten an der Küste das Potential möglicher Interessenten und Interessentinnen bei weitem noch nicht ausgeschöpft ist.

Dies schafft für die Umsetzung von Umweltbildungszielen spezifische Bedingungen: Die wichtigsten Inhalte über das Wattenmeer und den Nationalpark müssen beim ersten Besuch in der durchschnittlichen Verweildauer von ein bis zwei Stunden vermittelt werden. Es ist nicht davon auszugehen, dass bei weiteren Besuchen die Einblicke in den Naturraum vertieft werden.

Wichtig für das Bild vom Multimar ist die spezifische Mischung von Bildungs- und Freizeitwert. Vorherrschend ist die Einschätzung, dass es sich beim Multimar um eine Bildungseinrichtung mit hohem Freizeitwert handelt (und keineswegs umgekehrt). Es wird auf jeden Fall Wert darauf gelegt, dass beim Besuch des Multimars kein reines Freizeitprogramm absolviert wurde. Es würde dem Anspruch der Besucherinnen und Besuchern sicher nicht entsprechen, dem Multimar noch stärker den Charakter einer Freizeiteinrichtung zu geben. Die Gäste wollen - auf unterhaltsame Weise! - über das Wattenmeer informiert werden, das steht an erster Stelle. Und sie verlassen das Haus in den meisten Fällen mit dem subjektiven Eindruck, viel über das Wattenmeer gelernt zu haben, das heißt, die Gäste verfügten zwar oft nicht über abfragbares Faktenwissen, hatten aber nachweisbar das Gefühl etwas gelernt zu haben. Das Ziel der Ausstellungskommunikation konnte somit erreicht werden.

Schwerpunkt 2: Ausstellung und Aquarien

Die meisten Besucherinnen und Besucher sind mit der Ausstellung und den Aquarien zufrieden: Den meisten hat das, was sie gesehen haben, gut gefallen. Dabei führt der Medienmix des Multimars - also die Mischung aus Aquarien, Multivision, hands-on-Elementen, witzigen Installationen, Spielen und vertiefenden Computerprogrammen - zu der positiven Bewertung.

Die Evaluation beschränkte sich jedoch nicht darauf, die subjektive Bewertung abzufragen, sondern schlüsselte auch die Art und Weise auf, wie die Gäste mit der Ausstellung umgehen. Dabei ergibt sich ein erheblich vielschichtigeres Bild:

Wichtiger Erfolgsfaktor für das Multimar sind die Aquarien und großen Becken. Dies macht sich auch im Verhalten der Gäste bemerkbar: Sie gehen zielstrebig nach Betreten der Ausstellung zum Tidenbecken, bleiben dort länger und führen dort intensive Gespräche. Der Besichtigungsweg geht dann häufig direkt weiter zu anderen Aquarien. Das Multimar profitiert also unübersehbar von der Attraktivität lebender Tiere gerade für Touristen. Dabei wissen viele Befragte durchaus zu schätzen, dass es sich um heimische Tierarten handelt und nicht um spektakuläre tropische Fische.

Allerdings wird die Gliederung der Aquarien nach Lebensräumen praktisch von niemandem nachvollzogen. Insgesamt ist die didaktische Seite bei den Aquarien bislang weniger befriedigend gelöst. Die Aquarien bleiben für einige Besucherinnen und Besucher letztlich doch mehr oder weniger spektakuläre Schaustücke. Viele Gäste profitieren von der personalen Betreuung an den Becken („Touchpool"), was sich unter anderem darin zeigte, dass Tiere entdeckt und genauer beobachtet wurden. Betreuung vor Ort oder Führungen sind nach wie vor die besten Mittel, um die Aquarien didaktisch zu erschließen.

Zweiter wichtiger Bestandteil des Multimars sind die zehn großen Themenbücher, die mit unterschiedlichen Vermittlungsformen (vom Text über Experimente und Spiele bis zum Computerprogramm) einzelne thematische Bereiche erschließen. Diese Themenbücher werden gern und meist problemlos genutzt, allerdings gibt es einige wichtige Unterschiede und Besonderheiten: Die Themenbücher werden nicht gleichmäßig in Anspruch genommen. Besonders große Aufmerksamkeit genießt das Themenbuch „Gezeiten" (direkt am Eingang). Viele Besucherinnen und Besuchern schauen und nutzen Themenbücher oft nur für wenige Sekunden; andere (sehr viel weniger) Besucherinnen und Besucher verbringen an einem Themenbuch zehn Minuten oder länger. Die durchschnittlichen Nutzungszeiten (drei Minuten und weniger) stehen in einem sehr ungünstigen Verhältnis zur Vielzahl abrufbarer Informationen. Weiterhin zeigt sich, dass auch der inhaltliche Aufbau der Themenbücher kaum nachvollzogen wird, sondern häufig Einzelnes heraus gegriffen wird. Insgesamt erweist sich die Nutzung daher oft als gering, gelegentlich auch als ziemlich sprunghaft. Darüber hinaus treten regelmäßig Probleme auf, wenn es in der Ausstellung voller ist. Diese, unter mehreren Aspekten unbefriedigende Situation bei der Nutzung der Themenbücher wirkt sich naturgemäß auch auf die Rezeption der vermittelten Inhalte aus.

An verschiedenen Stellen im Multimar sind Monitore angebracht (auch in den Themenbüchern) auf denen Programme unterschiedlicher Art abgerufen werden können (von stimmungsvollen Videos bis hin zum tief gestaffelten Informationsprogramm). Insgesamt macht knapp die Hälfte der Gäste von solchen Angeboten Gebrauch. Dabei zeigte sich, dass kurze Videos gern angeschaut werden, vertiefende Informationsangebote mit vielen thematischen Auswahlmöglichkeiten jedoch - wenn überhaupt - nur sehr sporadisch genutzt werden. An den Themenbüchern ist die Konkurrenz anderer Angebote groß (hands-on-Experimente entwickeln eine deutlich größere Attraktivität als Filme auf dem Monitor), außerdem erweist sich die Situation, sich länger im Stehen informieren zu müssen, als wenig ideal. Etwas anders sieht die Situation bei den Informationsprogrammen aus, die auf den Monitoren im Labor laufen. Hier ist die Atmosphäre weniger ablenkend, es bestehen Sitzmöglichkeiten und die Programme selbst sind besser geeignet für diejenigen Gäste, die sich vertiefend informieren wollen. Allerdings wird auch hier die Breite des Angebots wenig genutzt: Themen, die einige Bedeutung für das Multimar haben (wie: Umweltbeobachtung, Forschung, Schutzmaßnahmen) werden kaum angeklickt, lieber informieren sich die Besucherinnen und Besucher über die vorgestellten Tiere (z.B. Schweinswale) und ihre Lebensweise.

Gern und häufig genutzt wurden das Labor und die Mikroskope. An die Möglichkeit, selbst zu mikroskopieren, haben sich viele Multimar-Gäste auch nach über einem halben Jahr noch erinnert. Das Labor erwies sich als Zentrum, Ruhepunkt und Kommunikationsort in der Ausstellung. Es wurde vergleichsweise lange benutzt (zeitweise über 20 Minuten), der runde Mikroskoptisch mit den sechs Geräten war oft voll besetzt. Viele Besucher und Besucherinnen nutzten mehrere Präparate, allerdings traten recht häufig Probleme in der Bedienung der Geräte auf (Unschärfen etc.). Das Konzept des Multimars, das Labor als „Forschungswerkstatt“ zu installieren, hat eine gute Resonanz gefunden.

Über diese generalisierenden Befunde hinaus gibt es jedoch spezifische Unterschiede zwischen einzelnen Besuchergruppen. Mit einiger Vorsicht lassen sich zwei unterschiedliche Nutzungstypen unterscheiden: Es gibt eine Besuchergruppe, die sich höchstens an den Becken und einigen Aquarien länger aufhält, viele Experimente ausprobiert und auch die meisten Themenbücher aufsucht, aber sich nur wenig Zeit für Vertiefung nimmt. Man könnte diese Gäste unter dem Typ „Schlenderer“ zusammenfassen. Charakteristisch für diesen Typ ist, dass er sich die Ausstellung größer vorgestellt hatte und gern „noch mehr“ angeschaut hätte. Demgegenüber steht eine zweite Besuchergruppe, die sich spürbar anders verhält: An Exponaten verbringen sie von Fall zu Fall auch einmal längere Zeit, an den Aquarien werden auch die Texte und Bilder über die Fische angeschaut und Info-Programme an den Monitoren werden etwas länger abgefragt. Man könnte diese Gäste unter dem Typ „Forscher“ zusammenfassen. Charakteristisch für diesen Typ ist, dass er (oder sie) im Interview häufiger darüber klagt, auch nicht ansatzweise alles gelesen und gesehen zu haben, was ihn bzw. sie interessiert. Es wird sogar gelegentlich kritisiert, es gäbe mehr Informationen, als man bei einem Besuch verarbeiten könne. Daher wird häufig die Absicht geäußert, zur Vertiefung noch einmal ins Multimar zu kommen.

Schwerpunkt 3: Wirkung und Resonanz

Bei diesem Schwerpunkt ging es um die zentrale Frage, welche Art von Umweltbildung im Multimar (und anderen große Ausstellungszentren) angewandt wird. Die Ergebnisse sind zum Teil überraschend und lassen bisherige Überlegungen zu den umweltpädagogischen Zielen solcher Einrichtungen im neuen Licht erscheinen. Im Einzelnen:

Bei den Wirkungen liegt eine Stärke des Multimars vor allem in der Imagebildung für das Wattenmeer (und damit implizit auch für den Nationalpark). Diese Wirkung ist jedoch stärker ganzheitlich, also nicht einzelnen Exponaten des Multimars zuzuschreiben, sondern sie ergibt sich aus dem Gesamteindruck des Besuchs. Dies kommt unter anderem darin zum Ausdruck, dass nur relativ wenige Personen konkreten Kenntnisgewinn („etwas Neues gelernt") beschreiben können. Diese ganzheitliche Wirkung hat sich längerfristig (nach über einem halben Jahr) erhalten. Sie umfasst auch eine gewisse positive Grundstimmung (emotionaler Faktor), wobei die Wirkung anscheinend vor allem in der emotionalen Unterstützung derjenigen liegt, die bereits für das Wattenmeer und seinen Schutz offen sind und entsprechende Interessen zeigen (Verstärkungswirkung des Multimars).

Die direkte Kenntnisvermittlung über Phänomene und Zusammenhänge des Ökosystems Wattenmeer gelingt dagegen weniger gut. Die verschiedenen, zum Teil innovativen Medien zur Kenntnisvermittlung (vor allem die zehn Themenbücher) werden vom Publikum zwar gern genutzt, aber der erzielte Kenntnisgewinn bleibt erstens gering und zweitens bruchstückhaft. In den Interviews, die mit Besucherinnen und Besuchern unmittelbar nach Besichtigung eines Themenbuchs geführt wurden, konnten oft Basisinformationen (= zentrale Botschaften zum Verständnis des jeweiligen Themenbereichs) nicht mehr genannt werden. Ein halbes Jahr nach dem Ausstellungsbesuch waren bei ehemaligen Besucherinnen und Besuchern des Multimars praktisch keine Inhalte oder Themen mehr präsent, die durch Themenbücher oder andere Informationsmedien vermittelt wurden. Eine Ursache dafür liegt unter anderem im Verhalten des Publikums begründet: Informationsangebote werden nicht systematisch, sondern nur zeitlich kurz und relativ willkürlich in der Auswahl genutzt. Alle Überlegungen zum strukturellen Aufbau von Informationsvermittlung („Anordnung in Informationsebenen") verlieren dadurch erheblich an Bedeutung. Besser wäre es, im Konzept gleich diesen Verhaltensweisen von Menschen in einer Ausstellung Rechnung zu tragen. Dieses Defizit bei der Kenntnisvermittlung wird auch nicht durch computergestützte Programme am Bildschirm vermindert, im Gegenteil. Der Zugriff auf solche Informationsangebote ist nur sehr sprunghaft.

Sehr viel nachhaltiger ist dagegen die Wirkung der unterschiedlichen „Mitmach-Elemente" und anderer interaktiver Angebote (von der Brandungszone über die Spiele an den Themenbüchern bis hin zu den Mikroskopen). Beim Besuch wurde manches „Aha-Erlebnis" ermöglicht, das Monate danach noch in guter Erinnerung geblieben ist. Der lernpsychologische Sachverhalt, dass all das, was man tut, erheblich besser in Erinnerung bleibt als das, was man nur liest oder hört, findet in unseren Erhebungen nachdrücklich Bestätigung. Daran hat auch das Gesamtkonzept der Ausstellung Anteil: Die Vielfalt der Aktivitäts- und

Wahrnehmungsmöglichkeiten schärft die Aufmerksamkeit und sensibilisiert spürbar für solche interaktiven Erfahrungen. Oder kürzer: Das Multimar erweist sich insgesamt als anregende erlebnispädagogische Ausstellung.

Eine weitere Intensivierung dieser Wirkung wird durch kompetente personale Betreuung der interaktiven Elemente möglich. Viele Gäste brauchen beim Erproben und Entdecken Anleitung und Unterstützung. Insgesamt erweisen sich „Experimentieren" und „Erkunden" als die Schlüsselbegriffe, wobei die „Erkundung" durchaus auch am Bildschirm geschehen kann. Insgesamt zeichnet sich eine Stärke des Multimars als „experimentelle Umweltwerkstatt" ab, auch wenn dies räumlich bislang nur sehr unzureichend umgesetzt wurde.

Besondere Aufmerksamkeit galt der Wirkung des Multimar-Besuchs auf Familien. Hier zeigte sich, dass kaum davon auszugehen ist, im Multimar spezifische Formen familiären Umweltlernens anzutreffen. Dafür liegen die entsprechenden Voraussetzungen (u.a. gemeinsames Anschauen der Ausstellung, gemeinsame Aktivitäten, Austausch in der Familie über das Gesehene) viel zu selten vor. Die meisten Eltern und Kinder gehen ihre eigenen Wege, der Austausch beschränkt sich oft auf Erklärungen und Hilfen bei Spielen, neu erworbene Kenntnisse unterscheiden sich zwischen Eltern und Kindern meist erheblich. Die Ursachen könnten auch im betont handlungsorientierten Konzept des Multimars liegen: Die Vielzahl von „Mitmach-Angeboten" führt offenbar dazu, dass alle Familienmitglieder bestrebt sind, möglichst viele dieser Angebote zu nutzen und zu erproben. Für Kommunikation und Interaktion bleibt weniger Zeit. Die Stärke des Multimars bei Familien liegt daher eher darin, dass jeder „seiner Wege" gehen kann und ein individuelles Angebot findet. Von vielen Eltern wird dies durchaus als entlastend empfunden.

Die in den Befragungen von Familien zusammengestellten „individuellen Ausstellungen" verdeutlichen, wie groß die Aufmerksamkeit und das Interesse für die Aquarien und großen Becken ist. Dabei liegt die Wirkung der Aquarien weniger darin, dass dort neue Tiere entdeckt und erkundet wurden. Am häufigsten werden Tiere genannt (z.B. Schollen, Seesterne), die vorher schon bekannt waren und die hier - zum Teil mit großer „Wiederentdeckungsfreude" - beobachtet und sich auch gegenseitig gezeigt werden. Eine Anleitung zum Erkunden und Beobachten gelingt also in vielen Fällen besser an bekannten Phänomenen als bei Neuem und bisher Ungewohntem. Andererseits zeigen die „individuellen Ausstellungen" aber auch, dass es ein ausgeprägtes Interesse für größere, gelegentlich auch spektakuläre Ereignisse und Dinge gibt. Dazu gehören Walstrandungen, Windkraftanlagen, in ihren Dimensionen beeindruckende Sperrwerke, Katzenhaie und auch spannende wissenschaftliche Forschungsmethoden (Seevögel mit Sendern versehen, etc.). Mit solchen Dingen lassen sich besonders gut Lernanlässe verknüpfen. Es zeigte sich, dass den befragten Familien beide Seiten wichtig sind: Einerseits Vertrautes und Bekanntes zu entdecken, andererseits Ungewöhnliches oder Spektakuläres kennen zu lernen.

Schwerpunkt 4: Umfeld des Multimar Wattforums

Das Multimar ist auf vielfache Weise mit seinem Umfeld an der Westküste verbunden. Das Evaluationsprojekt hat sich mit drei Kooperationen näher beschäftigt: Kooperationen im touristischen Bereich, Zusammenarbeit mit Verbänden und anderen Naturschutzeinrichtungen und Zusammenarbeit mit Schulen der Umgebung.

Am Besten erweist sich die Kooperation mit dem touristischen Bereich. Ein Beleg dafür ist die zunehmende Anzahl an Besucherinnen und Besuchern, die über touristische Ansprachewege für das Multimar geworben werden. Hier zeigt sich, dass das Multimar von Anfang an sehr wirksam mit Multiplikatoren aus dem touristischen Bereich Kontakt gehalten hat und zudem auf der touristischen Seite erhebliches Interesse an diesen Kontakten besteht. Das Multimar ist nicht nur eine große Einrichtung des Naturschutzes. Es hat auch ganz erhebliche Bedeutung für die Entwicklung des Tourismus an der Westküste. Es füllt eine schon lange spürbare Lücke und hilft mit, negativen Trends in der Tourismusentwicklung entgegen zu steuern. Das Multimar ist in den Augen der touristischen Unternehmen eine Angebot „neuen Typs“, das dazu beiträgt, den Naturschutz nicht länger als Hemmschuh, sondern als Zukunftschance für die touristische Entwicklung der Region wahrzunehmen. Das Multimar ist damit für viele, oft auch traditionell eingestellte Vertreter und Vertreterinnen des Tourismus ein Beleg dafür, dass heute zwischen Naturschutz und Tourismus Interessenidentitäten existieren, denen gegenüber bisherige Einwände an Bedeutung verlieren.

Die Kooperation mit anderen Verbänden, Umweltzentren und wissenschaftlichen Einrichtungen ist meist gut und das Multimar wird von diesen in der Regel auch sehr positiv bewertet. Allerdings ist diese Kooperation kaum von einer produktiven Ergänzung geprägt, sondern eher von latenten Konkurrenzängsten oder häufiger von einem unverbindlichen „Nebeneinander“. Dem Multimar wird zwar zugestanden, dass es gute Arbeit leistet, bemängelt wird aber erstens, dass es dabei kaum zur Zusammenarbeit kommt (etwa bei der konzeptionellen Planung weiterer Ausbaustufen). Zweitens wird kritisiert, dass die Arbeit der Naturschutz-Verbände im Multimar keinen angemessenen Raum findet.

Für die Konzeption der Ausstellung „Wale, Watt und Weltmeere“ im zweiten Bauabschnitt wurden die Evaluationsergebnisse berücksichtigt. Besonders im Bereich der Bildung für nachhaltige Entwicklung (BNE) wurden ergänzende Maßnahmen im Bereich der schulischen Bildung umgesetzt. Ein voll ausgerüstetes Schullabor steht für experimentelle Kurse bereit. Das Labor kann sowohl allein, meist halbtags, oder auch im Verbund mit anderen Angeboten, dann ganz- oder mehrtägig, genutzt werden. Die entwickelten Angebote sind abgestimmt mit den Lernplänen und curricularen Vorgaben der unterschiedlichen Schulformen und -stufen im Land Schleswig-Holstein. Die schulpädagogischen Angebote im Multimar Wattforum sind daher nicht mehr nur Angebote für den „Schulwandertag“ (frei von Inhalten) sondern lassen sich in den Unterricht verschiedener Fächer einbinden. Erste positive Erfahrungen mit kooperierenden Schulen zeigen, dass der Ausbau der schulbiologischen Angebote intensiviert werden muss. Dabei darf nicht verkannt werden, dass der kooperativen Zusammenarbeit mit formalen Bildungsträgern die zum Teil desolaten Unterrichtsbedingungen an den Schulen entgegenstehen.

7 Fazit

Mit dem Erprobungs- und Entwicklungsvorhaben (E+E) „Zentrum für Wattenmeer-Monitoring und -Information" in Tönning sollte die Grundlage für den dauerhaften Betrieb einer Informationseinrichtung in einem Großschutzgebiet gelegt werden. Im ersten Bauabschnitt stand die „Realisierung des Vermittlungskonzeptes von Monitoring und Ökologischer Wissenschaft im Wattenmeer" im Mittelpunkt. Ziel war es, „Die Darstellung von Ergebnissen und Methoden ökologischer Dauerbeobachtung (Monitoring) an ausgewählten Organismen des Wattenmeeres unter Berücksichtigung anthropogener Einwirkungen als wissenschaftliche Grundlage für die zukünftige (dauerhaft-umweltgerechte) Entwicklung der Region" zu realisieren. Im Bundesnaturschutzgesetz (BNatSchG) liest sich diese Aufgabe wie folgt (§ 12 Abs. 2): „Zweck der Umweltbeobachtung ist, den Zustand des Naturhaushaltes und seine Veränderungen, die Folge solcher Veränderungen, die Einwirkungen auf den Naturhaushalt und die Wirkungen von Umweltschutzmaßnahmen auf den Zustand des Naturhaushaltes zu ermitteln, auszuwerten und zu bewerten." Der Schwerpunkt liegt dabei eindeutig auf der Darstellung der Ergebnisse.

Großschutzgebiete wie der Nationalpark Schleswig-Holsteinisches Wattenmeer sind ideale Plattformen zur Umsetzung eines solchen Ansatzes. Mit der in der Gesetzgebung verankerten Aufgabe, Umweltforschung und -monitoring zu betreiben, sind die administrativen Voraussetzungen zur Erhebung von Umweltdaten gelegt. So schreibt noch der Rat von Sachverständigen für Umweltfragen in seinem Sondergutachten „Für eine Stärkung und Neuorientierung des Naturschutzes" (SRU 2002: 147): „Ebenfalls werden naturschutzbezogene Daten zu Veränderungen in der genutzten Landschaft sowie darüber hinaus zu allgemeinen Veränderungen der Umwelt an wenigen ausgewählten Standorten, z.B. in Biosphärenreservaten, benötigt, die durch eine kontinuierliche ökosystemare Umweltbeobachtung gewonnen werden können." Dabei ist die dauerhafte Umweltbeobachtung gleichermaßen Aufgabe des Bundes und der Länder (BNatSchG § 12 Abs. 1). Dauerhafte Umweltbeobachtung in Großschutzgebieten ist nicht Selbstzweck zur Befriedigung wissenschaftlicher Neugierde, sondern steht als Instrument für einen an der Anwendung orientierten Umwelt- und Naturschutz im Rampenlicht öffentlicher Aufmerksamkeit. Erst aus der gleichrangigen Behandlung von Umweltforschung und Umweltbildung lassen sich Rückschlüsse und Ansatzpunkte für eine öffentliche Diskussion ableiten. Genau an dieser Nahtstelle zwischen wissenschaftlicher Forschung und öffentlicher

Behandlung setzt das vorliegende Vorhaben an und versucht Inhalte zu vermitteln und Ziele zu setzen.

In einem kritischen Vergleich der einzelnen Ausstellungen wird deutlich, dass die Wirkung wesentlich von der Sichtweise der Betrachtung und damit von der Art der Darstellung abhängt. Wird das Wattenmeer als einzigartiger Lebensraum mit seinen biotischen und abiotischen Besonderheiten dargestellt, verlieren sich daneben die Darstellungen des Nationalparks als Verwaltungsmaßnahme. Die Darstellungen der biologischen „Phänomene" erdrücken quasi die Beschreibungen und Bemühungen zu seinem administrativen Schutz. Mit anderen Worten ausgedrückt: bei soviel Einzigartigkeit in der Darstellung der Biologie gehen die Bemühungen zum Schutz unter; der Nationalpark und die Bedeutung dieser Schutzkategorie gehen vor lauter Wattenmeer verloren. Dieses Manko konnte erst mit einer in sich geschlossenen, emotionalen Darstellung der eigentlichen Ziele von Nationalparken gemildert werden.

Der modulare Aufbau mit einer an den aktuellen Bedürfnissen orientierten inhaltlichen Gestaltung der einzelnen Ausbaustufen hat sich sowohl aus betriebswirtschaftlicher Sicht, als auch aus Sicht der Naturschutzkommunikation als ideal erwiesen. Bei der Planung von Umweltausstellungen wird dieses Konzept empfohlen.

Die unterschiedlichen Funktionen des NationalparkZentrums Multimar Wattforum für verschiedene Themenfelder lassen sich wie folgt bündeln:

Das Multimar Wattforum ist:

- **für die Wissenschaft eine Plattform.**

In Anlehnung an das „Trilateral Monitoring and Assessment Programm" werden im Nationalpark Schleswig-Holsteinisches Wattenmeer von unterschiedlichen wissenschaftlichen Einrichtungen Daten zur dauerhaften Umweltbeobachtung ermittelt. Im Multimar Wattforum werden diese in unterschiedlichen Vertiefungsebenen und auf unterschiedliche didaktische Weise einem breiten Publikum verständlich dargestellt. Neben der Möglichkeit, selbst forschend tätig zu werden, sind die einzelnen Programme in einer interaktiven Computerpräsentation im Detail beschrieben.

- **für den Nationalpark ein Informationszentrum.**

Das Konzept zur Bildungs- und Öffentlichkeitsarbeit im Nationalpark Schleswig-Holsteinisches Wattenmeer sieht neben der existenten dezentralen Information von Besucherinnen und Besuchern in der Fläche durch Ranger, Besucher-Informationssystem und kleine Ausstellungen die Einrichtung eines zentralen Informationszentrums hoher Attraktivität vor. Mit dem Multimar Wattforum konnte dieses Zentrum geschaffen werden. Nach der Größe der Ausstellungsfläche, der Vollständigkeit der Darstellung und der Zugkraft für die Region ist es vergleichbar mit privaten Freizeitparks.

- **für den Naturschutz eine Bildungseinrichtung.**

Durch eine dauerhafte öffentliche Förderung von Seiten des Landes Schleswig-Holstein und die Eingliederung der Einrichtung in die gemeinnützige NationalparkService gGmbH sind die wesentlichen finanziellen und administrativen Voraussetzungen für eine Bildungseinrichtung geschaffen worden.

- **für Touristen ein Erlebnisraum.**

Durch die Konzeption der Ausstellung, die didaktische Aufbereitung der Inhalte und die Schaffung von zusätzlichen Angeboten wie Shop und Gastronomie konnte ein strikt kundenorientiertes Angebot für Besucherinnen und Besucher geschaffen werden, das den Ansprüchen einer modernen Freizeiteinrichtung gerecht wird.

- **für Einheimische ein Ausflugsziel.**

Gerade bei den Einheimischen ist die Akzeptanz für Maßnahmen des Natur- und Umweltschutzes gering. Nutzergruppen aus der Landwirtschaft, Fischerei oder Touristik stehen dem Nationalpark kritisch gegenüber. Bei Besuchen im Multimar Wattforum konnten viele der Vorbehalte angesprochen und durch die hohe Akzeptanz der Einrichtung ablehnende Haltungen relativiert oder ganz abgebaut werden.

- **für Schulen ein außerschulischer Lernort.**

Bereits im ersten Betriebsjahr wurde deutlich, dass die Einrichtung sowohl von Schulklassen aus Schleswig-Holstein als auch von Gruppen, die sich auf Klassenreise befinden, im Rahmen von Wandertagen oder von Projekten besucht wird. Durch eine Erweiterung des Angebotes um ein Schullabor konnte zusätzlich ein an die Bedürfnisse der Lehrpläne aller Schulformen in Schleswig-Holstein angepasstes Angebot geschaffen werden. Dadurch wurde es im „Land zwischen den Meeren“ möglich, Lerninhalte auch an marinen Beispielen zu bearbeiten.

- **für Konfliktparteien ein Kommunikationsort.**

Die hohe allgemeine Akzeptanz des Multimar Wattforum hat dazu beigetragen, dass Konfliktparteien in Auseinandersetzungen zu Fragen der Fortentwicklung des Nationalparks und der gesamten Westküste in zunehmendem Maße das Multimar Wattforum als Ort der konstruktiven Kommunikation nutzen.

8 Literatur

GOLDMANN, G. (1994): Nationalparke in Deutschland. Nationale Verpflichtung oder Homelands für die Natur. - Nationalpark 3: 4-5.

NATIONALPARKGESETZ - NPG (Gesetz zum Schutz des schleswig-holsteinischen Wattenmeeres) (1999). - Gesetz- und Verordnungsblatt für Schleswig-Holstein: 518-523.

GROTH, J. & STEINBLOCK, E. (1994): Realisierungswettbewerb Zentrum für Wattenmeer-Monitoring und -Information in Tönning. - Wettbewerbe aktuell 6: 67-72.

GROTH, J. & STEINBLOCK, E. (1999): Multimar-Wattforum Tönning. - Wettbewerbe aktuell 11: 4 S.

KIRCHHOFF, M., FEIGE, M. & HANSEN, T. (1999): Schritt für Schritt auf dem Weg zur kundenorientierten Tourist-Information. Handbuch. - Deutsches wirtschaftswissenschaftliches Institut für Fremdenverkehr e.V.

MEURS, G. (2002): Umweltausstellungen und ihre Wirkung - Ist Erfolg planbar? - In: BRICKWEDDE, F. & PETERS, U. (Hrsg.): Umweltkommunikation - vom Wissen zum Handeln. - Berlin (Erich Schmidt): 355-365.

MEURS, G. (2003): Multimar Wattforum. Wissen und Spaß im Nationalpark Schleswig-Holsteinsches Wattenmeer. - BRAUN, M.-L., PETERS, U. & PHYEL, T. (Hrsg.): Faszination Ausstellung. Praxisbuch für Umweltthemen. - Leipzig (Edition Leipzig): 197-210.

MEURS, G., BOCKWOLDT, E. & JANßEN, W. (2005): Nachhaltigkeitskommunikation im Nationalpark Schleswig-Holsteinisches Wattenmeer - das NationalparkZentrum Multimar Wattforum. - In: MICHELSEN, G. & GODEMANN, J. (Hrsg.): Handbuch Nachhaltigkeitskommunikation Grundlagen und Praxis. - München (Oekom Verlag): 450-458.

NATIONALPARK SCHLESWIG-HOLSTEINISCHES WATTENMEER (2003): Konzept zur Zusammenarbeit der Informationszentren in der Nationalpark-Region (Infozentrums-Konzept) (unveröffentlicht): 8 S.

NATIONALPARK SCHLESWIG-HOLSTEINISCHES WATTENMEER (2006): Rahmenkonzept für die Bildungsarbeit in der Nationalpark-Region. - Nationalpark Schleswig-Holsteinsches Wattenmeer (unveröffentlicht): 19 S.

NEIDLEIN, H.-C. & WALSER, M. (2005): Natur ist Mehr-Wert. Ökonomische Argumente zum Schutz der Natur. - BfN Skripten 154: 41 S.

SRU - SACHVERSTÄNDIGENRAT FÜR UMWELTFRAGEN (Hrsg.) (2002): Für eine Stärkung und Neuorientierung des Naturschutzes. Sondergutachten. - Bundestags-Drucksache 14/9852. - Stuttgart (Metzler-Poeschel): 211 S.

STOCK, M. et al. (1996): Ökosystemforschung Wattenmeer - Synthesebericht: Grundlagen für einen Nationalparkplan. - Schriftenreihe des Nationalparks Schleswig-Holsteinisches Wattenmeer (8): 377-396.

ZIESEMER, K., GÜNTHER, W. & LOHMANN, M. (2004): Evaluation Tourismuskonzept Nordfriesland. Institut für Tourismus- und Bäderforschung in Nordeuropa GmbH: 72 S.

„Emotional Branding“ als Strategie für Besucherzentren - das Nationalpark-Zentrum Königsstuhl

RALF RÖCHERT, PATRICIA MUNRO & STEFANIE SOMMER

Eine wirklich gute Idee erkennt man daran, dass ihre Verwirklichung von vornherein unmöglich erschien (Albert Einstein).

1. Einleitung

1.1 Der Anlass

Die Entstehungsgeschichte des Nationalpark-Zentrums Königsstuhl begann mit der Lösung eines Nutzungskonfliktes. Mitten im Nationalpark Jasmund, direkt am Königsstuhl und damit im Herzstück der berühmten Kreideküste Rügens, sollte eine verlassene militärische Liegenschaft zu einem Hotel umgebaut werden. Die Fläche war als „Sondergebiet für Freizeit und Erholung“ ausgewiesen, die Pläne fanden im Land Mecklenburg-Vorpommern große politische Unterstützung und waren zu Beginn des Jahres 1994 weit gediehen. Aus Naturschutzsicht machte ein Hotelkomplex mitten im kleinsten Nationalpark Deutschlands allerdings wenig Sinn. Um hierzu eine Alternative zu bieten, beauftragte der WWF deshalb eine Rahmenkonzeption für ein Besucherzentrum am gleichen Standort (RUMP 1996).

Das ursprünglich geplante Hotel wurde nicht realisiert, weil sich die Idee eines Besucherzentrums als politisch bessere Alternative durchsetzen konnte. Das Gelände ist mittlerweile renaturiert und das ehemalige Hauptgebäude zum Besucherzentrum um- und ausgebaut worden. Die erarbeitete Rahmenkonzeption wurde über Jahre zum Erprobungs- & Entwicklungs- (E+E)-Vorhaben „Jasmundhaus“ weiter entwickelt. Nach zehnjähriger Vorbereitungs-, Planungs- und Realisierungszeit hat das „Jasmundhaus“ im Frühjahr 2004 als Nationalpark-Zentrum Königsstuhl seine Tore geöffnet.

1.2 Die Vision

Das Nationalpark-Zentrum Königsstuhl wurde mit dem Auftrag gefördert, möglichst viele Besucherinnen und Besucher am Beispiel des Nationalparks Jasmund durch geeignete Methoden der Kommunikation davon zu überzeugen, dass Nationalparks wertvoll und vom Menschen weitgehend unbeeinflusste Naturlandschaften eine Bereicherung für uns alle sind. Dieser Auftrag ist Ausdruck einer Vision, die die gesamte Entwicklung des Nationalpark-Zentrums Königsstuhl begleitete: Der Vision, dass eine Übertragung erfolgreicher Kommunikationsstrategien der Werbung bzw. des sozialen Marketings auf den Naturschutz möglich ist. Konzeptionell orientierte sich das Projekt daher weitgehend an Erkenntnissen aus dem Bereich der Unternehmenskommunikation und an Ergebnissen der Werbewirkungsforschung (zur fachlichen Herleitung und zum theoretischen Hintergrund des Projektes vgl. den Beitrag von RÖCHERT an anderer Stelle in diesem Buch).

Werbung setzt nicht auf Wissensvermittlung, sie setzt auf Gefühl. Sie präsentiert keine fachlichen Zusammenhänge, sondern macht verführerische Angebote. Werbung nutzt und erzeugt Kultphänomene. Sie überzeugt immer dann, wenn sie es schafft, einfache Botschaften mit „inneren Bildern" zu koppeln, die dem Empfänger wertvoll und begehrenswert erscheinen. Ihre Wirkung ist bisweilen erstaunlich nachhaltig, denn Marken mit besonders erfolgreicher Werbestrategie stehen mitunter über mehr als eine Generation hinweg als Synonym für ganze Produktgruppen („Tempo" für Papiertaschentücher, „Pril" für Geschirrspülmittel, „tesa" für Klebefilm usw.). Und Werbung stellt niemals in Frage, dass sie ein strategisches Ziel verfolgt: das Ziel, möglichst viele Menschen von einem Produkt oder einer Idee zu überzeugen. Ihr Auftrag ist Persuasion (Überredung), nicht Aufklärung.

Auch der Naturschutz verfolgt strategische Ziele. Das Ziel, möglichst viele Menschen von der Idee zu überzeugen, dass Natur etwas Wertvolles und ihr Schutz ein Gewinn für uns alle ist. Ist es da nicht legitim, aktiv und bewusst für den Schutz der Natur zu *werben*? Ist es vor diesem Hintergrund sinnvoll, den Kommunikations- mit einem Bildungsauftrag gleichzusetzen, während Strategien persuasiver Kommunikation bzw. sozialen Marketings im deutschen Naturschutz weitestgehend unbeachtet bleiben oder in Diskussionen bisweilen sogar als verwerflich und mit dem Auftrag nachhaltiger Bildung unvereinbar angesehen werden?

Vielleicht klingen derartige Fragen heute rhetorischer als Anfang der 1990er Jahre, als die ersten konzeptionellen Überlegungen zum Nationalpark-Zentrum Königsstuhl entstanden. Polarisierend wirken sie bisweilen noch immer.

Wegweisend für die konzeptionelle Entwicklung des Jasmunder Besucherzentrums waren dabei folgende Beobachtungen: Schon seit der Nationalparkgründung lockte der Königsstuhl Jahr für Jahr mehrere hunderttausend Besucherinnen und Besucher an[1]. Diese Menschen kamen aus allen Regionen Deutschlands, ein kleiner Teil aus dem Ausland. Ihre Kernmotivation war nicht das Nationalparkerlebnis, sondern der Wunsch, in ihrer Freizeit eines der bekanntesten Ausflugsziele Norddeutschlands zu besuchen - die Kreideküste Rügens. Sie hielten sich in der Mehrzahl eine knappe halbe Stunde an einer der

---

[1] Zwischen 1999 und 2003 wurden jedes Jahr zwischen 450.000 und 480.000 Gäste registriert, die eine Eintrittskarte lösten, um den prominenten Felsen zu betreten. Die Gäste, die zwar die Kreideküste besuchten, den Besuch des entgeltpflichtigen Königsstuhls aber aussparten, sind in dieser Statistik nicht enthalten.

schönsten Küstenlandschaften Europas auf, wobei es für die meisten bei einem flüchtigen Blick von einem überlaufenen Felsen hinunter auf die Ostsee blieb. Eine Ahnung von der grandiosen Ausstrahlung der Kreideküste zu allen Tages- und Jahreszeiten oder von den vielen kleinen und großen Naturwundern um sie herum stellte sich dabei offensichtlich genauso wenig ein wie das Gefühl, dass ein Nationalpark ein erstrebenswertes Gut ist. Das Gros der Gäste nahm nicht einmal wahr, dass sie sich mitten in einem Nationalpark befanden.

Viele hunderttausend Besucherinnen und Besucher pro Jahr sind in einem kleinen Nationalpark nur schwer zu bewältigen. Durch die starke Konzentration am Königsstuhl ist der Andrang im Nationalpark Jasmund aber vergleichsweise gut zu managen. Gleichzeitig bietet ein so großes Publikum, aus allen Teilen der Republik kommend und über alle Alters- und Bildungsschichten verteilt, ein enormes Potential für ein strategisch ausgerichtetes Kommunikationsprojekt. Es gibt nicht viele Orte in der Bundesrepublik Deutschland, an denen der Naturschutz so viele und so unterschiedliche Menschen mit seinen Botschaften erreichen kann. Zu Beginn des Projektes stand deshalb die feste Überzeugung Pate, dass die eigene Faszination für die kleinen und großen Wunder der Natur an ein großes Publikum weitergegeben und gerade am Standort Königsstuhl überzeugend für die Idee des Nationalparks geworben werden kann.

Vor diesem Hintergrund wurde das Nationalpark-Zentrum Königsstuhl ausdrücklich *nicht* aus der Intention heraus entwickelt, eine Umweltbildungseinrichtung aufzubauen. In der konzeptionellen Lesart des Projektes ist das Nationalpark-Zentrum Königsstuhl *das* zentrale Element einer gezielten Markenkommunikation. Die Marke „Nationalpark“ soll Besucherinnen und Besuchern hier mit ihren spezifischen Stärken und Angeboten (auch dem ideellen Angebot etwas Kostbares zu bewahren) auf möglichst attraktive und zu der Marke passenden Art und Weise erlebbar gemacht werden. Vor allem soll sie *emotional* erlebbar gemacht werden, ein verbreitetes Werkzeug werbender Kommunikation, das man neudeutsch auch als „emotional branding“ bezeichnet. Auf eine einfache Formel gebracht: Am Königsstuhl sollte kein Haus des Wissens entstehen, sondern ein Haus der Botschaften, das in der Lage ist, den Wert von unberührter Natur zu vermitteln und mit geeigneten Instrumenten der Kommunikation Wertschätzung für das „Unternehmen Nationalpark“ zu erzeugen. Die Bildungsarbeit hat hierbei als spezifisches Angebot ihren festen und unverzichtbaren Platz, sie ist aus Sicht eines übergreifenden Konzeptes zur Marken- (das bedeutet in diesem Fall Besucher-)Kommunikation aber nur eines unter vielen anderen Instrumenten.

2 Ziele und Bausteine des Projekts

2.1 Die Ziele des Projektes

Als Kernziel verfolgt das Projekt ein strategisches Interesse (vgl. Abb. 1), wie es auch für die Werbung und andere Beispiele persuasiver Kommunikation typisch ist: Möglichst

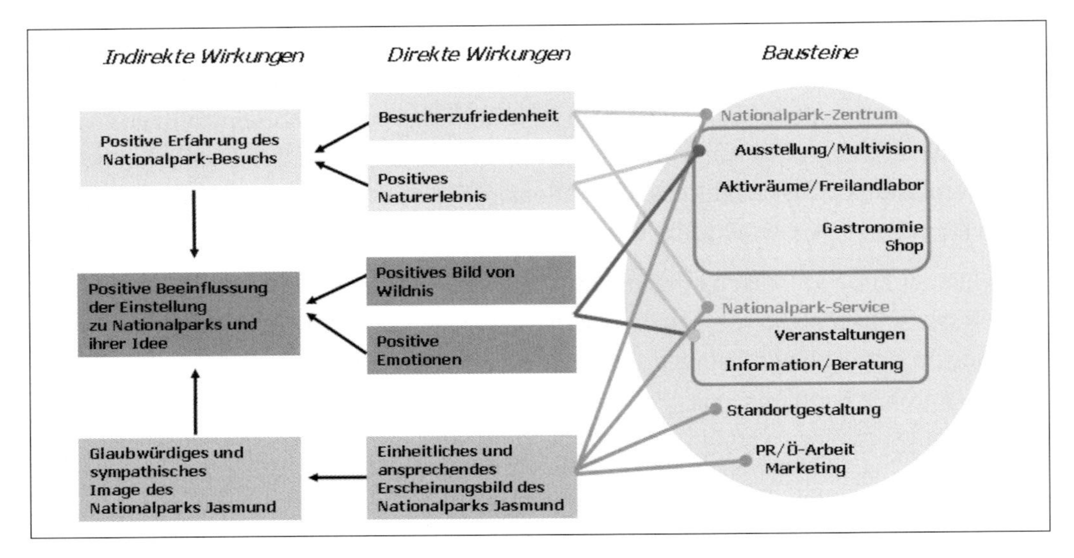

Abb. 1: Ziele und Bausteine des E+E-Vorhabens „Nationalpark-Zentrum Königsstuhl".

viele Empfänger kommunikativer Botschaften sollen in ihrer Einstellung[2] zu der präsentierten Idee oder dem beworbenen Produkt positiv beeinflusst werden. In diesem Fall in ihrer Einstellung zum „Produkt" Nationalpark und zu der den Nationalparken als Managementprinzip zu Grunde liegenden Idee „Wildnis"[3].

Um diese positive Beeinflussung erreichen zu können, wurden - quasi als Grundvoraussetzungen für die Erreichbarkeit des Kernzieles - zwei weitere Ziele formuliert. Erstens: Der Adressat, der vom Produkt und von der Idee „Nationalpark" überzeugt werden soll, muss seinen Besuch im Nationalpark als positive Erfahrung werten. Zweitens: Besucherinnen und Besucher sollten den Angeboten des Nationalparks bereits mit einer positiven Grundeinstellung begegnen, was langfristig vor allem durch ein glaubwürdiges und sympathisches Image von Nationalparks im Allgemeinen und vom Nationalpark Jasmund im Speziellen zu gewährleisten ist.

Diese drei genannten Ziele sind durch Projektaktivitäten unmittelbar jedoch *nicht* zu erreichen. Die einzige Möglichkeit, um beispielsweise ein bestimmtes Image zu erzielen,

---

2 Einstellung wird im Kontext dieses Projektes einschließlich der beiden Summativen Evaluationen als zweidimensionales Konstrukt aus Denken und Fühlen verstanden, welches die Verhaltenskomponente ausklammert. Der Schwerpunkt liegt dabei auf dem bewertenden Aspekt von *Einstellungen. Akzeptanz* und *Wertschätzung* werden als positive Ausprägungen einer Einstellung verstanden.

3 Wildnis bezeichnet im Verständnis dieses Projektes nicht Natur, die noch nie vom Menschen beeinflusst wurde, sondern Natur, die sich unbeeinflusst vom Menschen entwickelt und sich somit in einem Prozess der Verwilderung befindet. *Wildnis* und *sich selbst überlassene Natur* werden daher synonym verwendet. Natur sich selbst zu überlassen ist die Idee, welche den Nationalparken zugrunde liegt. Demzufolge werden die Ausdrücke *Prinzip „Wildnis", Wildnis-Idee* und *Nationalpark-Idee* ebenfalls synonym verwendet.

besteht darin, der anvisierten Zielgruppe mit einem klaren, widerspruchsfreien und ansprechenden Erscheinungsbild gegenüber zu treten. Das eigene Erscheinungsbild lässt sich vom Sender kommunikativer Botschaften gestalten. Das Image, also die Wirkung, die er letztlich damit erzielen will, entspringt allein der Wertung des Empfängers. Es sind daher die direkten Wirkungen bzw. Ziele, die durch eigene Aktivitäten beeinflussbar sind und maßgeblich für die im Rahmen des Projektes konzipierten Angebote des Nationalpark-Zentrums Königsstuhl waren (vgl. Abb. 1).

Im Kern steht das Projekt somit auf drei Säulen, die in unmittelbarem Zusammenhang zu den gewünschten Wirkungen stehen:

1. Eine starke **Serviceorientierung** soll positive Naturerlebnisse und eine hohe Besucherzufriedenheit gewährleisten, damit der Nationalparkbesuch für die Gäste des Zentrums zu einer rundherum angenehmen Erfahrung wird.
2. Ein **integriertes Kommunikationskonzept** soll für ein einheitliches, in sich stimmiges Erscheinungsbild und damit für ein glaubwürdiges und sympathisches Image bei den Gästen sorgen. Langfristig sollte es die Gesamtheit des Personals und der Angebote berücksichtigen, mit denen Gäste des Nationalparks Jasmund in Kontakt treten, da diese in der Gesamtbewertung nicht unterscheiden, wer - im Guten wie im Schlechten - für welche Erfahrungen verantwortlich war. Pointiert gesagt: Die Fahrt mit dem Pendelbus und die Qualität des Kaffees sind für das Image des gesamten Nationalparks letztlich genauso mitentscheidend wie der Außenauftritt der Schutzgebietsverwaltung oder die Ausstellung. Sie alle sind in der Wahrnehmung der Gäste Einzelbestandteile einer als Gesamtheit wahrgenommenen Nationalpark-Servicekette.
3. Eine **gefühlsbetonte Ansprache** soll positive Emotionen, ein positives Bild von Wildnis und damit eine hohe Wertschätzung für Nationalparks bewirken und darüber die Grundeinstellung von Menschen im gewünschten Sinne beeinflussen. Eine hohe Emotionalität war das strategische Leitbild für alle Angebote, die im Rahmen des E+E-Vorhabens für das Nationalpark-Zentrum Königsstuhl konzipiert wurden.

2.2 Die Bausteine des Projektes

Betreiberin des Nationalpark-Zentrums Königsstuhl ist eine GmbH, die mit einem Anteil von 70 % vom WWF und 30 % von der Stadt Saßnitz getragen wird.[4] Aufgaben und

---

4 Die Kosten für den Aufbau des Zentrums beliefen sich auf rund 10 Mio. €. Als E+E-Vorhaben wurde der Aufbau mit 3,04 Mio. € vom Bundesministerium für Umwelt, Naturschutz und Reaktorsicherheit (BMU) bzw. vom Bundesamt für Naturschutz (BfN) gefördert, die restlichen Mittel wurden durch den WWF, das Land Mecklenburg-Vorpommern, die Erträge aus der Bewirtschaftung des Königsstuhls, die Michael-Otto-Stiftung, die Norddeutsche Stiftung für Umwelt und Entwicklung sowie einige Sponsoren beigesteuert.

Funktionen des Nationalpark-Zentrums sind in einem Rahmenvertrag zwischen WWF, der Stadt Saßnitz und dem Land Mecklenburg-Vorpommern vereinbart. Eine institutionelle Förderung erhält es nicht.[5] Der Verantwortungsbereich erstreckt sich auf das Zentrum selbst und das unmittelbare Umfeld des Königsstuhls. Die Handlungsoptionen in der Nationalpark-Servicekette werden durch so genannte „Bausteine" verdeutlicht (vgl. Abb. 1).

Abb. 2: Das Nationalpark-Zentrum Königsstuhl kurz nach der Eröffnung. Das Gebäude liegt direkt am Königsstuhl. Es besteht aus einem renovierten Altbau und einem neuen, angebauten Gebäudeteil (Foto: WWF/NLP-ZENTRUM KÖNIGSSTUHL).

Diese Bausteine sind als Leistungen definiert, die das Zentrum tatsächlich anbietet bzw. anbieten kann, um seine Ziele zu erreichen. Bestimmte Bausteine erfüllen mehrere Funktionen und wirken auf die Erreichung mehrerer Ziele gleichzeitig hin.

2.2.1 Serviceorientierung

Um Erwartungen und Bedürfnisse von Nationalparkgästen mit den in diesem Projekt zur Verfügung stehenden Handlungsoptionen weitgehend erfüllen und die gesteckten Serviceziele erreichen zu können, wurde das Nationalpark-Zentrum Königsstuhl serviceorientiert konzipiert: Ausreichende Möglichkeiten der **Versorgung** und **Information,** als auch

[5] Das Land Mecklenburg-Vorpommern stellt allerdings bis zu vier Personalstellen der Nationalparkverwaltung zur Verfügung, die in den Betrieb des Zentrums integriert sind.

vielfältige Angebote zur **Unterhaltung** und zum **Naturerlebnis** wurden geschaffen und möglichst in einer „nationalparkgerechten" Form realisiert.

Die Versorgungseinrichtungen müssen angesichts des Standortes nicht nur für Zentrums-, sondern auch für Königsstuhlbesucher zur Verfügung stehen. Dazu gehören neben Toiletten, Garderoben etc. auch Sitz- und Ruheplätze im Umfeld des Zentrums, ein ganzjährig geöffnetes Restaurant mit großen Terrassenbereichen und ein Shop. Dem Informationsbedürfnis wird über einen Infotresen im Foyer des Hauses entsprochen, der durch Mitarbeiter der Nationalparkwacht besetzt ist. Telefonische Auskünfte erhalten Interessierte über eine zentrale Servicenummer. Bedürfnisse nach Unterhaltung und Naturerlebnis[6] werden durch die beiden Kernangebote Ausstellung und Multivision, ein weiträumiges Freigelände mit Abenteuerspielplatz, die Infrastruktur für Veranstaltungen im Innen- („Aktivräume": Multifunktionsraum für Gruppen und Experimentierraum) und Außenbereich („Freilandlabor"), sowie geführte Wanderungen im Nationalpark bedient.

Die Informations- und Veranstaltungsangebote im Nationalpark Jasmund sollen langfristig durch einen vom Nationalpark-Zentrum koordinierten, zentralen *Nationalpark-Service* realisiert werden, für den im Vorfeld der Zentrumseröffnung umfangreiche konzeptionelle Grundlagen erarbeitet wurden. Der Nationalpark-Service wurde deshalb auch als *gemeinsame* Einrichtung von Nationalpark*verwaltung* und Nationalpark-Zentrum Königsstuhl konzipiert, um in der Außenwahrnehmung als Einheit zu wirken, nicht als zwei getrennte Akteure im gleichen Gebiet.

2.2.2 Integrierte Kommunikation

Die Außenwahrnehmung wird sowohl vom physischen, als auch vom kommunikativen Erscheinungsbild des gesamten Nationalparks Jasmund bestimmt. Potentielle Kontaktstellen der Menschen mit dem Nationalpark Jasmund sind deshalb nicht nur das Gebäude und das Freigelände des Nationalpark-Zentrums Königsstuhl, sondern auch das Gelände im Umfeld des Königsstuhls (mit Busparkplatz, Gaststätte und Imbissbuden), andere Einrichtungen und Wege im Nationalpark, Beschilderung und Informationstafeln oder das Auftreten des Personals bzw. der Nationalpark-Wacht. Aber auch außerhalb der Nationalparkgrenzen kommen die Gäste mit dem Nationalpark Jasmund in Berührung: Die Eingangsbereiche, Parkplätze sowie Informations- und Werbematerialien prägen ebenfalls das Gesamtbild vom Nationalpark.

Die meisten dieser Kontaktstellen unterliegen nicht dem direkten Einflussbereich des Projektes, wobei es in der langfristigen Perspektive durchaus zur Zielsetzung gehört, sie durch

6 Diese Angebote dienen nicht nur der Unterhaltung und dem Naturerlebnis, sie erfüllen im Rahmen des Projektes natürlich auch zentrale Kommunikationsfunktionen.

enge Kooperationen mit den jeweils Verantwortlichen im Sinne eines stimmigen Gesamteindrucks mitzugestalten. Aber auch im unmittelbaren Einflussbereich des Nationalpark-Zentrums ergeben sich zahlreiche konzeptionelle Anforderungen, wenn ein widerspruchsfreies und ansprechendes Erscheinungsbild angestrebt wird.

So soll die Gastronomie trotz stoßweise hohem Andrang qualitativ hohen Ansprüchen genügen und weitgehend regionale Erzeugnisse aus biologischem Anbau anbieten. Diese Kriterien flossen bei der Auswahl des Pächters und in den Pachtvertrag ein. Ähnliche Ansprüche gelten für den (in Eigenregie betriebenen) Shop, dessen Produktsortiment zu einem Nationalpark passen und zusätzlich ethischen Kriterien, wie fairem Handel und Verzicht auf Kinderarbeit, genügen soll. Das Gebäude des Nationalpark-Zentrums Königsstuhl wurde nach ökologischen Gesichtspunkten gebaut bzw. renoviert (FSC-Holz, Wärmedämmung, Wärmerückgewinnung, Solarenergie, Pflanzenkläranlage, PVC-freie Leitungen, wasserfreier Toilettenbetrieb etc.). Zu den direkt vom Zentrum beeinflussbaren „Nationalparkerfahrungen" der Menschen gehören zudem Materialien und Aktivitäten, die im Rahmen des kommerziellen Marketings oder in der Presse- und Öffentlichkeitsarbeit ein- bzw. umgesetzt werden.

2.2.3 Gefühlsbetonte Ansprache

Das Nationalpark-Zentrum Königsstuhl nutzt für die Vermittlung seiner Botschaften verschiedene Kommunikationsinstrumente. Kommunikation am Königsstuhl ist Massenkommunikation und muss sich schon im Ansatz auf ein großes, breit gefächertes Zielpublikum einstellen. Angesichts des starken Andrangs am Königsstuhl sind Ausstellung und Multivision *die* zentralen Bausteine des Projekts (vgl. Kap. 3). Die Gesamtfläche der Ausstellung (incl. Multivision) beträgt rund 2.000 qm.

Im Fall des Nationalparks Jasmund sind derzeit keine größeren Nutzungskonflikte vorhanden. Daher ist es möglich, sich in der Zielgruppendefinition auf die Nationalpark-Gäste zu konzentrieren, ohne dabei wichtige Kommunikationsaufgaben zu vernachlässigen (der Begriff „Nationalpark-Gäste" beinhaltet dabei auch Gäste aus der Region). Auseinandersetzungen mit rivalisierenden Interessengruppen, insbesondere mit Vertretern von Nutzungsinteressen, mussten in der konzeptionellen Ausarbeitung einer Kommunikationsstrategie nicht berücksichtigt werden. Solch eine Verständigung mit Menschen, die in erster Linie ein Freizeitprogramm absolvieren, vollzieht sich gegenüber einer Kommunikation mit Konfliktpartnern unter grundsätzlich anderen Rahmenbedingungen.

Wenn sich das Projekt zum Ziel setzt, die Wertschätzung gegenüber Nationalparks und ihrer zugrunde liegenden Idee zu erhöhen, stellt es sich der Aufgabe, Einstellungen nachhaltig zu beeinflussen. Im Vordergrund steht dabei definitiv nicht, das *Wissen* zu vermehren und möglichst viele Informationen zu vermitteln. Ebenso wenig ist der Fokus auf

*Verhaltens*änderungen gerichtet, da das in ähnlichen Projekten häufig formulierte Ziel, Verhalten allein durch den Besuch einer Ausstellung oder einer Umweltbildungsveranstaltung direkt und unmittelbar zu beeinflussen, unrealistisch ist. Das tatsächliche Verhalten einer Person hängt von vielen Variablen ab, die nur zu einem kleinen Teil durch Kommunikationsprozesse veränderbar sind. *Eine* steuernde Variable des Verhaltens einer Person aber sind ihre Einstellungen, von denen mehrere wiederum häufig miteinander konkurrieren. Aus Sicht der Autorinnen und des Autors sollten sich strategische Kommunikationskonzepte angesichts der Komplexität von Verhaltensursachen in ihren Zielsetzungen daher allenfalls auf die Beeinflussung von Einstellungen ausrichten.

Ist es also möglich, die Wertschätzung von Nationalparken zu erhöhen und beim unvoreingenommenen Publikum ein positives Bild von „Wildnis" zu erzeugen, wenn in einem Kommunikationsprozess bewusst und konsequent vor allem Gefühle und nicht so sehr das Wissen um ökologische Zusammenhänge transportiert werden? Diese Frage stand im Zentrum des Projektes. Ihr soll nun am Beispiel der beiden zentralen Bausteine des Nationalpark-Zentrums Königsstuhl - Multivision und Ausstellung - nachgegangen werden.

3 Die Ausstellung im Nationalpark-Zentrum Königsstuhl

3.1 Kernbotschaften und Grundsätze der Planung

In der Vergangenheit wurden Ausstellungen im deutschen Naturschutz überwiegend aus einer lehrenden Perspektive heraus entwickelt: Menschen sollten „aufgeklärt" und weitergebildet werden. Ein Ausstellungskonzept, das sich konsequent an einer persuasiven und gefühlsbetonten Ansprache und damit an Kommunikationsprinzipien der Werbung orientiert, ist neu. Die Ausstellungskonzeption für das Nationalpark-Zentrum Königsstuhl hatte daher keine Vorbilder. Sie wurde im Rahmen des E+E-Vorhabens vollständig neu entwickelt und federführend von der fachlichen Aufbauleitung des Nationalpark-Zentrums, der Erlanger Agentur „Impuls" und der Autorin Monika Bach erarbeitet. Die konzeptionelle Arbeit an der Ausstellung begann im Oktober 1999, die Realisierung wurde mit der Eröffnung des Zentrums im März 2004 abgeschlossen.

Da die Vision und die Ziele für das Nationalpark-Zentrum Königsstuhl bereits ausformuliert waren, bestand die Aufgabe in der Planung vor allem darin, sie zielorientiert, professionell und in einem gemeinsamen Prozess umzusetzen. Hierzu war es von zentraler Bedeutung, geeignete *Partner* für die Umsetzung zu finden, Fachleute also, die einerseits das nötige Know-how mitbrachten, andererseits aber auch an die Idee des Projektes glaubten und diese Idee ähnlich wie die fachliche Aufbauleitung verstanden. Das Projekt erforderte eine hohe Teamfähigkeit und deshalb Persönlichkeiten, die bereit waren, den Auftrag als *gemeinsamen* kreativen Prozess zu gestalten. Das Ausstellungsteam wurde deshalb bewusst nicht über Wettbewerbe zusammengestellt, sondern über einen gezielten Auswahlprozess („Ausscheidung"), innerhalb öffentlicher Ausschreibungsbestimmungen.

Das Prinzip der Teamarbeit galt übrigens nicht nur für die Ausstellung. Es gehört wahrscheinlich zu den häufigsten Fehlern in Ausstellungsprojekten, dass zunächst ein Architekt die bauliche Hülle realisiert und dann ein Ausstellungsteam versuchen muss, sich technisch und gestalterisch an diese Hülle anzupassen. Das Nationalpark-Zentrum Königsstuhl wurde von der Architektur über die Haustechnik bis zur Freilandgestaltung integriert geplant, das heißt alle Neu- und Umbauplanungen erfolgten parallel und miteinander verzahnt. Und es bedeutete auch, dass die Ausstellungsplanung in vielen Fällen die Vorgaben für Architektur und Haustechnik lieferte, nicht umgekehrt. Dieser Prozess mag für einzelne Planer manchmal gegen das eigene Selbstverständnis gerichtet und anfangs vielleicht auch abstimmungsintensiver gewesen sein als normalerweise üblich. Für das Gesamtprojekt hat er sich bewährt.

Der Vision und den inhaltlichen Zielen entsprechend wurden bereits vor Beginn der Planung drei zentrale Botschaften formuliert, die wegweisend für die thematische Auswahl und die daraus abgeleitete Gestaltung der einzelnen themenbezogenen Ausstellungsräume waren:

1. Natur braucht Zeit - Wildnis ist das Ergebnis von Tagen, Jahren, Jahrzehnten, Jahrtausenden und Jahrmillionen.
2. Natur ist faszinierend - Wildnis steckt voller Wunder, wenn sie sich in ihrer ganzen Pracht entfalten kann.
3. Natur ist wertvoll - Nationalparke sind Teil in einem Netzwerk des Lebens, sie machen uns und die Erde reicher.

Diese drei Botschaften waren auch die Grundlage für die im Laufe des Planungsprozesses erfolgte Konkretisierung von Zielen und Botschaften für jeden einzelnen Ausstellungsraum (vgl. KUTSCH & RÖCHERT 2002). So konnte einerseits erreicht werden, dass die präsentierten Themen eine vielfältige und unterhaltsame Mischung ergeben, andererseits aber auch sichergestellt werden, dass die Themenauswahl nicht „beliebig" erfolgte und die drei Kernbotschaften die einzelnen Darstellungen in der Ausstellung in variierter Form durchziehen (Prinzip der Wiederholung von Kernbotschaften). Dem Prinzip der emotionalen Ansprache folgend wurden neben inhaltlichen auch affektive Ziele (was soll das Publikum fühlen) für jeden Raum formuliert.

3.2 Die konzeptionellen Grundlagen der Ausstellung

Das Publikum am Königsstuhl lässt sich in zwei große Gruppen unterteilen: Individualtouristen und Busreisegruppen. Speziell die Reisegruppen sind für Ausstellungen ein schwer zu bedienendes Publikum, da sie - zumindest gegenwärtig - in ein enges Zeitkorsett gezwängt sind (die Aufenthaltszeit im Nationalpark beträgt in der Regel etwa eine halbe Stunde) und durch die vom Reiseleiter definierten Programmpunkte kaum Möglichkeiten zur individuellen Gestaltung ihres Aufenthaltes an der Kreideküste haben. Zusätzlich zur Hauptausstellung wurde deshalb eine ca. 14-minütige Multivisionsschau konzipiert, um auch die zahlreichen Kurzzeitgäste durch ein attraktives Angebot erreichen zu können. Die Multivision kann getrennt von der Hauptausstellung besucht und durch einen separaten Eingang betreten werden. Besucherinnen und Besucher mit höherem Zeitbudget wiederum können vor oder nach dem Besuch der Hauptausstellung zusätzlich auch das Angebot der Multivision wahrnehmen. Die räumliche Trennung beider Angebote ermöglicht die Bedienung der unterschiedlichen Gruppen, ohne dass es zur grundsätzlichen Vermeidung des Zentrums unter zeitlich stark eingeschränkten Teilnehmern einer Busreise oder zu Störungen von Besucherinnen und Besuchern der Hauptausstellung durch eilig durchrauschende Reisegruppen kommen muss.

Um dem Publikum die sich selbst überlassene Natur eines Nationalparks in einer Massenkommunikationssituation auf emotionale Weise nahe zu bringen kamen die „zehn methodischen Grundprinzipien für die Ausstellungskonzeption“ zur Anwendung (vgl. S. 18 im Beitrag von RÖCHERT in diesem Buch). Konzept prägend waren dabei nicht nur generelle Erfahrungen aus der Ausstellungsgestaltung, sondern auch die Ausdrucksformen der Filmindustrie, deren emotionale Kraft Andy Warhol einmal zu der Bemerkung veranlasste, dass Gefühle ihre wahre Intensität heutzutage nicht mehr im wirklichen Leben entfalten, sondern im Kino.

Das Konzept der Ausstellung orientiert sich daher an der Grundidee eines „begehbaren“ Films. Ausdrucksformen des Films werden in den Raum übertragen, etwa großformatige, qualitativ hochwertige, stehende und bewegte Bilder, authentische Geräusche, eigens komponierte Musik, Lichtstimmungen, Rauminszenierungen und von Schauspielern gesprochene Texte (darunter die deutschen Synchronstimmen von Julia Roberts, Brad Pitt, Tom Selleck oder Kevin Costner). Sie erzeugen in der gesamten Ausstellung eine emotional intensivierte Grundstimmung, wobei Tenor und Atmosphäre der Präsentation die positiven und faszinierenden Seiten der Natur, natürlicher Prozesse und der Nationalparke betonen. Die Atmosphäre in der Ausstellung ist fast durchgängig ruhig und beruhigend gehalten, um einen bewussten Gegenpol zu den hektischen Alltagserfahrungen vieler Menschen zu setzen.

Zum Aufbau eines Spannungsbogens entspricht die Raumabfolge (Kap. 3.3) - analog den Akten in einem Theaterstück - einer Dramaturgie. Die Publikumsführung ist an dieser Dramaturgie orientiert, die Menschen bewegen sich also nicht beliebig durch die Ausstellung, sondern entlang einer vorherbestimmten Abfolge von Räumen. Sie werden wie in der Handlung eines Theaterstücks „eng“ geführt.

Diese Führungs-Funktion übernimmt ein halboffenes Audio-Guide-System. Besucherinnen und Besucher können zu Beginn eine von vier Interpretationen („Reisen") wählen:

1. Schönheit (romantische Wahrnehmung von Natur),
2. Neugier (erkundende Wahrnehmung von Natur),
3. Abenteuer (an der Kraft der Elemente orientierte Wahrnehmung von Natur) und eine
4. Kinderreise (orientiert an der Erlebniswelt von Klein- und jüngeren Schulkindern).

Um eine spezifische emotionale Stimmung aufbauen und halten zu können, ist ein spontanes Wechseln der Reisen mitten in der Ausstellung, also das „Zappen" zwischen verschiedenen Naturinterpretationen, nicht möglich.

Die in der Ausstellung angebotenen „Reisen" sind das Ergebnis eines längeren Entwicklungsprozesses. Sehr frühzeitig war die Entscheidung für das Angebot unterschiedlicher Interpretationen getroffen worden, soweit technisch und finanziell realisierbar. Hintergrund war unter anderem das Bestreben, zielgruppenspezifische Angebote machen zu können. Häufig werden Zielgruppen soziodemographisch definiert (Alter, Bildung etc.). Da die Ansprache im Fall des Nationalpark-Zentrums Königsstuhl jedoch vor allen Dingen emotional erfolgen sollte, erschien es notwendig, Zielgruppen auch aufgrund „emotionaler" Merkmale zu differenzieren und nicht aufgrund eher statistischer Parameter, die wenig über spezifische Affinitäten von Menschen zur Natur aussagen.

Relativ zeitgleich zu den ersten konzeptionellen Überlegungen des Ausstellungs-Teams wurde im Auftrag des Bundesamtes für Naturschutz das Projekt „Lebensstile und Naturschutz - Zur Bedeutung sozialer Typenbildung für eine bessere Verankerung von Ideen und Projekten des Naturschutzes in der Bevölkerung" durchgeführt, mit dem Ziel, Befunde und Konzepte der Lebensstilforschung auf den Bereich der Naturschutz-Kommunikation zu übertragen. Lebensstilkonzepte sind im kommerziellen wie im sozialen Marketing für zielgruppenspezifische Gestaltung strategischer Kommunikationskonzepte weit verbreitet. Anders als rein soziodemographische Typisierungen beziehen Lebensstilkonzepte Faktoren wie Wertvorstellungen, Lebensziele, Alltagsästhetik etc. in ihr Analyseraster ein und differenzieren soziale Milieus damit auch über „innere Welten", das heißt sie beziehen emotionale Aspekte ein. Im empirischen Teil des Lebensstil-Projektes wurden im gemeinsamen Interesse dieser beiden von BMU/BfN geförderten Vorhaben auch Besucherinnen und Besucher des Nationalparks Jasmund in die Befragungen miteinbezogen, um für den spezifischen Kontext „Nationalpark" bzw. „unberührte Natur" Erkenntnisse zur Differenzierbarkeit der deutschen Bevölkerung in Bezug auf Wertstrukturen, naturästhetische Präferenzen etc. zu gewinnen (vgl. LANTERMANN et al. 2003).

Für die weitere Konzeption der Ausstellung im Nationalpark-Zentrum Königsstuhl wurden von der fachlichen Aufbauleitung im Wesentlichen drei Schlussfolgerungen aus den Ergebnissen des Lebensstil-Projektes gezogen:

1. Die empirischen Ergebnisse der Untersuchung legten nahe, dass es in der deutschen Bevölkerung unterscheidbare Lebensstilcluster mit unterschiedlichen emotionalen Zugängen zur Natur gibt.

2. Die Studie gab zu dem Zeitpunkt zwar wertvolle erste Hinweise für eine unmittelbare Umsetzung in strategische Kommunikationskonzepte, ihre Aussagekraft blieb ohne weitere vertiefende Analysen aber noch zu allgemein.

3. Eine Orientierung am Konzept der Lebensstile machte für die erforderliche Zielgruppendifferenzierung im Rahmen der weiteren Ausstellungsentwicklung zwar Sinn, die Zielgruppendefinition musste angesichts der bis dahin noch unzureichenden Datenlage aber stärker auf allgemeines Erfahrungswissen zurückgreifen, als auf empirisch abgesicherte Erkenntnisse.

So begab sich das Ausstellungs-Team letztlich selbst auf eine längere konzeptionelle „Reise“, an deren Ende die vier Interpretationsangebote („Schönheit“, „Neugier“, „Abenteuer“, „Kinderreise“) und ihre spezifischen Umsetzungen standen.

Umgesetzt werden die vier Reisen über ein technisch hochwertiges Audio-Guide-System (vgl. Abb. 6). Es übermittelt die zu den Räumen und Exponaten produzierten, je nach Reise unterschiedlichen Hörsequenzen in Stereoqualität und entspricht mit ihrer Kombination aus Geräuschen, Musik und gesprochenem Text einer komplex aufbereiteten Tonspur im Kinofilm. Akustik und visuelle Eindrücke sind synchronisiert und werden als Gesamtinszenierung erlebt, wobei die präsentierten Inhalte - dem konzeptionellen Ansatz entsprechend - bewusst emotionalisiert wurden. An „Einzelstationen“ im Raum enthält die Ausstellung ein vielfältiges Angebot an interaktiven Exponaten, Film- und Hörbeiträgen, Animationen, Diaprojektionen, Ruhepunkten, Exponaten aus der Natur oder lebenden Tieren in Aquarien und Terrarien.

Um dem Publikum die sich selbst überlassene Natur und die Idee „Nationalpark“ auf emotionale und faszinierende Weise nahe zu bringen, wird die Natur des Nationalparks Jasmund aus ungewohnten und alltäglich nicht zugänglichen Perspektiven präsentiert. Die Menschen unternehmen Zeitreisen in die vergangene Meeresunterwasserwelt zur Kreidezeit, betreten die nicht zugänglichen Welten der Ostsee und des Erdreichs, wohnen einem Jahreslauf an zwei Nationalpark-Standorten im gefilmten Zeitraffer bei oder können die Kreideküste in einem vier Stockwerke hohen Raum aus der Perspektive der Romantiker und anderer berühmter Besucherinnen und Besucher mitverfolgen. Makroaufnahmen in Großprojektion ermöglichen es, das Leben im Kleinen aus der Nähe und in

Bäume sind Gedichte, die die Erde in den Himmel schreibt!

(Kahlil Gibran)

Bäume sind Heiligtümer. Sie predigen das Urgesetz des Lebens.

(Hermann Hesse)

Weißt du, dass Bäume reden? Und sie sprechen zu dir, wenn du zuhörst.

(Tatanga Mani, Indianer)

Die Bäume werden dich Dinge lehren, die dir kein Mensch sagen wird.

(Bernhard von Clairvaux)

Der klarste Weg ins Universum führt durch die Wildnis eines Waldes.

(John Muir)

Abb. 3a: Ausgewählte Zitate zum Thema „Alte Bäume" aus dem Raum „Buche".

ästhetischen Details zu beobachten, die mit dem menschlichen Auge nicht wahrnehmbar sind (vgl. Kap. 3.3).

Texte werden im Wesentlichen nicht auf Texttafeln sondern akustisch über das Audio-Guide-System präsentiert, häufig kombiniert mit Naturgeräuschen und Musik. Lesbare Texte wurden in der Regel nur zur Orientierung eingesetzt oder in Form von kurzen Wandzitaten, die das Thema des Ausstellungsraumes in poetischer oder philosophischer Form untermalen (vgl. Abb. 3a). Die inhaltliche Auswahl orientierte sich dabei nicht an dem Bemühen, komplexe ökologische Zusammenhänge oder eine repräsentative Auswahl wissenschaftlicher Fakten zu präsentieren, sondern bewusst an der Eignung von Themen, die drei zentralen Botschaften vermitteln und emotional aufbereiten zu können. So werden etwa biologische Kreisläufe im Wald nicht faktisch nüchtern und neutral dargestellt, vielmehr wird das Phänomen abgestorbener Bäume über ästhetische Fotos, positiv besetzte Begriffe wie „urwüchsige Baumriesen" oder „Märchenwald" und die Botschaft kommuniziert, dass Vergehen und Tod im Wald Voraussetzungen für die Entstehung von neuem Leben sind (vgl. Abb. 3b).

3.3 Ein „Rundgang" durch die Ausstellung

3.3.1 Die Multivision

Die Multivision ist, getrennt von der Ausstellung, vom Foyer des Nationalpark-Zentrums aus zu erreichen. Der Raum ist kreisrund, enthält rund 70 Sitzplätze und ist mit Surround-Akustik ausgestattet. Die Präsentation erfolgt mit individuell ansteuerbaren Beamern auf vier nebeneinander angeordneten Leinwänden von circa 2,4 m x 3,2 m Größe (vgl. Abb. 4). Die Gesamtbreite der Präsentation beträgt bei gleichzeitiger Nutzung aller vier Leinwände fast 13 Meter. In der Multivision wird ein rund 14 Minuten langer Film über die Natur im Nationalpark Jasmund gezeigt. Der Großteil des Bildmaterials wurde neu gedreht bzw. fotografiert, die Musik speziell für die Schau komponiert und mit Naturgeräuschen unterlegt. Neben umfangreichen Naturbildern enthält der Film kleine Spielszenen mit Rügener Kindern. Auch in der Multivision wird der Text gesprochen und nur sparsam zur Untermalung

Aus der Reise „Schönheit", gesprochen von den deutschen Synchronstimmen von Julia Roberts (grau) und Brad Pitt (kursiv):

Am Eingang in den Raum:

Gedanken von Kurt Tucholsky zu alten Bäumen:

„Ein alter Baum ist ein Stück Leben. Er beruhigt. Er erinnert. Er setzt das sinnlos heraufgeschraubte Tempo herab. Und diese Alten sollen dahingehen, sie, die nicht von heute auf morgen nachwachsen?"

Verweilen Sie unter unserer Buche bei einigen Gedanken über Jasmunds Buchen und den Buchenwald der Stubnitz.

Auf der „Buchenbank":

Die ältesten Buchen im Nationalpark Jasmund sind 300 Jahre alt. Sie stehen auf dem Schlossberg. Lassen Sie sich einmal diesen Waldabschnitt zeigen. ***Markante Baumindividuen stehen dort neben gestürzten Riesen, auf denen Moose und Farne wachsen.*** Ein Märchenwald...

Käthe Kropp, geboren 1900, Frau eines Tierarztes auf Rügen, schwärmt vom Buchenwald auf Jasmund:

„Ist das kein Paradies, wenn in der Stubnitz, fast noch vor dem ersten Frühlingsgrün der Buchen, ein Teppich aus Anemonen sich über den Waldboden breitet, dessen Weiß erst dort endet, wo sich die nicht minder weißen Kreidefelsen vom steilen Ufer hochtürmen? Und im Herbst, wenn das Laub der Buchen die Kreidefelsen überflammt! Grün, Rot, Rost und Gold."

Ein Paradies, dessen Facettenreichtum sich erst im Wechsel der Jahreszeiten und im Verlauf vieler Jahre voll entfaltet. Noch gibt es in den Buchenwäldern Jasmunds Spuren menschlichen Eingreifens. ***Doch am schönsten ist ein Wald, wenn die Natur allein ihn geprägt hat. Nicht eingreifen - das ist die Vision von Nationalparks.*** Vielleicht werden schon unsere Kinder auf Jasmund solch märchenhafte Wälder erleben können.

Allerdings gibt es jetzt schon viel in den Buchenwäldern Jasmunds zu entdecken: Bei einer Wanderung im Nationalpark - ***und in den nächsten Räumen der Ausstellung.***

Übergang zum nächsten Raum:

Dem Buchenwald der Stubnitz wird im Nationalpark Jasmund die Zeit gelassen, wieder zu einem Märchenwald zu werden. ***Vielfältig, unberührt und verwunschen.***

Abb. 3b: Textbeispiel aus dem Waldbereich der Ausstellung (Autorinnen: Monika Bach, Annette Bässler, Ina Jackson, Kristine Kretschmer). Die Texte sind mit eigens komponierten, musikalischen Akzenten unterlegt und werden über das Audio-Guide-System empfangen. Der Haupttext wird auf einer Bank sitzend gehört, die kreisförmig um einen mächtigen alten Buchenstamm herum gebaut ist. Die äußere Begrenzung des Raumes wird von Raum hohen Fotos alter Bäume gebildet.

der emotionalen Wirkung eingesetzt. Um angesichts der Leinwandgröße und trotz des Einsatzes von Fernsehformaten die gewünschte hohe Auflösung und optische Brillanz zu erreichen, wurden die Bilddaten digital nachbearbeitet. Das Drehbuch orientierte sich an den gleichen konzeptionellen Grundlagen wie die Hauptausstellung.

3.3.2 Die Hauptausstellung

Funktionsweise der Reisen und des Audio-Guide-Systems

Der Eintritt in die Hauptausstellung erfolgt durch die raumhohe Nachbildung eines Feuersteintores, da Feuersteine für die Kreideküste einen hohen Symbolwert haben. Das

Abb. 4: Die vier Leinwände der Multivision zeigen eine der Spielszenen, die mit Rügener Kindern gedreht wurden (Foto: IMPULS).

Publikum betritt den ersten Raum gruppenweise (maximal 25 Personen), in dem über eine Diaprojektion vier unterschiedliche Reisen durch die Ausstellung vorgestellt werden. Die Präsentationen der einzelnen Reisen unterscheiden sich durch den bildlichen Ausdruck der ausgewählten Fotos aus dem Nationalpark Jasmund, die (nicht personifizierten) Sprecherstimmen (ein abenteuerlicher „James Bond-Duktus“ im Unterschied zur „schmachtenden“ Julia Roberts) und das musikalische Thema, das die einzelnen Reisen charakterisiert. In der Kinderreise stellen sich die beiden gezeichneten Begleiter Mimi (eine Maus) und Krax (ein Rabe) über eine Bildergeschichte vor (sie lernen sich kennen und beschließen, zusammen durch den Nationalpark Jasmund zu reisen).

Abb. 5: Die beiden Hauptakteure der Kinderreise. Die Maus „Mimi“ und der Rabe „Krax“ reisen durch den Nationalpark Jasmund (Zeichnung: K.-M. GREBE).

Nachdem die Besucherinnen und Besucher ihre Reise individuell ausgewählt haben, stellt das Service-Personal die gewünschte Reise ein, händigt das Audio-Guide-System (Abspielgerät und Kopfhörer, Abb. 6) aus, gibt eine kurze Einführung in die Funktionsweise des Gerätes und schaltet es ein. Alle weiteren Informationen werden nun über das Audio-Guide-System gesteuert und über den Kopfhörer wiedergegeben. Die Besucherinnen und Besucher werden durch die halboffenen Kopfhörer nicht hermetisch von der Außenwelt abgeschnitten, sondern können beim Rundgang durch die Ausstellung miteinander kommunizieren. Ein für das Gesamterlebnis wichtiger Effekt der Kopfhörer ist auch die dadurch erreichte akustische Intimität, die ein ganz persönliches Erleben der Ausstellung ohne Störgeräusche von außen erlaubt. Die Abspielgeräte verfügen über einen Lautstärkeregler, eine Stopp- und eine Wiederholungstaste, die individuell betätigt werden können. Generell gilt der Grundsatz, dass die Gäste, während sie sich frei im Raum bewegen, bestimmte Zonen passieren, in denen der Audio-Guide automatisch, in einigen Fällen jedoch durch Knopfdruck, aktiviert wird und eine zu dieser Zone gehörende Information abspielt. Dabei gibt es drei Varianten, durch die Informationen ausgelöst und abgespielt werden.

1. Es gibt bestimmte Bereiche in der Ausstellung, die von allen Gästen betreten werden, vor allem Durchgänge in einen neuen Raum. Diese Bereiche werden genutzt, um eine atmosphärische Einstimmung für den Raum und das darin präsentierte Thema zu geben. Es handelt sich in der Regel um kurze, häufig musikalisch untermalte Sequenzen von etwa 30 Sekunden Länge. An einigen Stellen kann es sich um etwas längere, hörspielartige Beiträge handeln, z.B. bei der Zeitreise am Beginn der Ausstellung (s.u.). Diese Bereiche haben eine zentrale dramaturgische Funktion und bilden gewissermaßen das inhaltliche „Skelett" der Ausstellung. Selbst wenn die Besucherinnen und Besucher keines der übrigen Ausstellungsangebote wahrnehmen würden, die akustischen Sequenzen dieser Zonen können sie nicht verpassen.
2. In der gesamten Ausstellung sind große rote Punkte auf dem Boden verteilt. Sie befinden sich in der Nähe von Exponaten oder Projektionen und markieren Zonen, in denen Audio-Guide-Einspielungen zu den jeweils präsentierten Ausstellungsangeboten

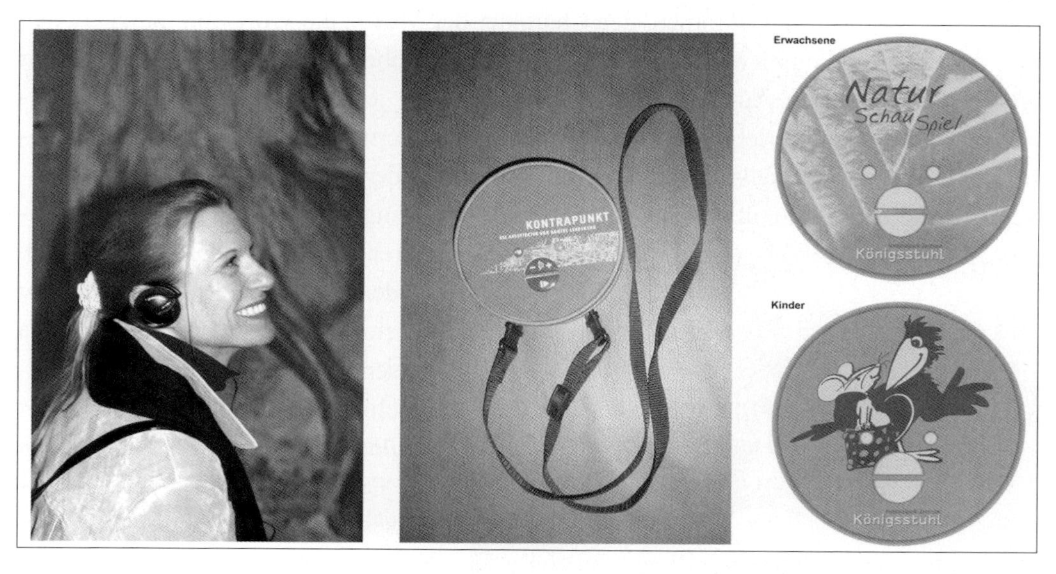

Abb. 6: Das Audio-Guide-System besteht aus einem halboffenen Kopfhörer und einem kleinen, tragbaren Abspielgerät mit den Bedienungselementen „Start/Stopp", „Lautstärkeregler" und „Wiederholung". Rechts die beiden im Nationalpark-Zentrum angebotenen Designvarianten (Erwachsene und Kinder) (Foto: IMPULS).

empfangen werden können. Wer an einem bestimmten Angebot interessiert ist, bewegt sich darauf zu und erhält in der Nähe des roten Punktes die zugehörige Einspielung. Beim Entfernen wird die Einspielung ausgeblendet. Dieses Prinzip ermöglicht eine flexible individuelle Auswahl von Angebot und Verweildauer, das steuernde Element ist einzig und allein das sich durch den Raum bewegende Individuum auf seinem Streifzug durch die Rauminszenierungen der Ausstellung. Auch Filme und Großprojektionen sind dabei bildsynchron vertont, wobei über die gleichen Bilder in jeder Reise unterschiedliche „Geschichten" erzählt werden können (für Kinder anders als für Erwachsene, für Erwachsene mal abenteuerlicher, mal romantischer, mal mit mehr Sachinformationen). Durch das Kopfhörersystem ist gewährleistet, dass sich jedes Individuum vollständig auf das gerade Gehörte konzentrieren kann, ohne von anderen Geräuschquellen im Raum abgelenkt oder gestört zu werden (Erzeugung von akustischer Intimität).

3. Die dritte Auslöseform ist technisch nichts anderes als die Variante eines „normalen" Tastendrucks, allerdings gefälliger und „spielerischer" umgesetzt. Zum Beispiel erzählen Steine ihre Geschichte, wenn man eine Hand auf sie legt und das Exponat dabei leicht nach unten drückt. Nur durch diese aktive Bewegung (also nur bei vorhandenem Interesse) beginnen Steine, die man am Fuß des realen Kreidekliffs finden kann, „ihre" Geschichte zu erzählen.

Das dramaturgische Prinzip der Reisen besteht im Aufbau und Halten einer spezifischen Stimmung durch die gesamte Ausstellung. Dabei unterscheiden sie sich im Wesentlichen durch den Ausdruck der Stimmen, den Charakter der Musik, die Wortwahl in den Texten und zum Teil auch durch die ausgewählten Inhalte, die über den Audio-Guide präsentiert werden. Die gleichen Ausstellungsräume ermöglichen je nach gewählter Reise unterschiedlich nuancierte Erlebnisse. Die drei Reisen für das erwachsene und jugendliche Publikum folgen einem jeweils gleichen Ablauf. Für die Kinderreise gibt es in jedem Raum einen zusätzlichen (!), nur über einen auf die Kinderreise eingestellten Audio-Guide zu aktivierenden Anlaufpunkt (Sitzhocker), an dem ein gezeichnetes Bildmotiv gezeigt und ein zu dem Raumthema passendes Erlebnis (kleine Hörspielgeschichte) von Mimi und Krax geschildert werden (Mimi und Krax in der Eiszeit, Mimi und Krax in der Ostsee, Mimi und Krax unter der Erde usw.). Sie bekommen zudem an jeder anderen Station kindgerecht aufbereitete Einspielungen (stimmlich präsentiert von Jugendlichen).

Abb. 7: Die „Zeitmaschine" im Nationalpark-Zentrum Königsstuhl (Foto: IMPULS).

Die Räume der Hauptausstellung

Die „Reisenden" werden per Audio-Guide von ihrer „persönlichen" Begleitung über Kopfhörer begrüßt, nochmals kurz in die Funktionsweise des Audio-Guides eingeführt und ermuntert, die Funktionen an verschiedenen Testexponaten auszuprobieren, um sich mit den drei verschiedenen Aktivierungsmechanismen (s.o.) vertraut machen zu können. Die „persönliche" Begleitung (jeweils ein Mann und eine Frau) wurde bewusst nicht künstlich personifiziert, sondern wirkt nur über den Charakter ihrer Stimme.

Nachdem alle Mitglieder der eingelassenen Gruppe die Gelegenheit hatten, die Audio-Guides kurz zu testen, aktiviert das Service-Personal die Schau. Musik ertönt. „Sind Sie startklar?", fragt z.B. die deutsche Synchron-Stimme von Kevin Costner (in der Abenteuerreise). Die Besucherinnen und Besucher werden gebeten, sich auf eine Zeitreise einzustellen. Eine Tür öffnet sich, ein geheimnisvoll beleuchteter, ovaler Raum mit Sternenhimmel und einer großen, beweglichen Sanduhr in der Mitte wird sichtbar (vgl. Abb. 7). Die tiefe Synchron-Stimme von Whoopi Goldberg fordert auf: „Steigen Sie ein!" Und die männliche Stimme ergänzt: „In nicht einmal zwei Minuten bringen wir Sie in eine Zeit, in der die Natur den Menschen noch nicht erfunden hat." Die Besucherinnen und Besucher betreten den neuen Raum, teils forsch, teils zögernd. Jemand dreht die Sanduhr. Während der Sand zu rieseln beginnt, schließt sich die Tür. Das kleine Hörspiel entwickelt sich zu einer kurzen Reflektion über die Zeitdimensionen der Natur. Die Musik wird

Abb. 8: Ausschnitt aus den Wandillustrationen im Raum „Kreidemeer" (Foto: IMPULS).

- unterschwellig - gegen Ende dramatischer und strebt nach etwa zwei Minuten einem spürbaren Höhepunkt zu. Nach dem Hinweis, dass die Zeitreise zwar gerade erst begonnen habe, sie aber bereits 70 Millionen Jahre zurückgelegt hätten, öffnet sich wie von Zauberhand eine Tür und gibt den Blick frei auf die Unterwasserwelt des längst vergangenen Kreidemeers, dem Ursprung der Kreidefelsen von Jasmund (vgl. Abb. 8).

Tatsächlich ist der Einführungsraum ein großer inszenierter Fahrstuhl, der nur ein Stockwerk tiefer fährt, dessen Fahrbewegung aber durch Hydraulik und extrem langsame Sinkgeschwindigkeit allenfalls für Insider spürbar ist, die die Abläufe genau kennen. Für die Besucherinnen und Besucher überwiegt der Überraschungseffekt, dass der Einführungsraum, in dem sie eben noch standen, urplötzlich in die Unterwasserwelt eines Meeres aus der Zeit der Dinosaurier abgetaucht ist. Durch das Hörspiel auf der Zeitreise wird das Publikum für eine der Kernbotschaften sensibilisiert: Natur „vollzieht" sich in anderen Zeitdimensionen als in denen eines menschlichen Lebens (vgl. Kap. 3.1).

Der Raum „Kreidemeer", in den die Besucherinnen und Besucher nun eingetreten sind, ist rundherum mit einerseits künstlerisch, andererseits aber auch naturgetreu illustrierten Bewohnern des Kreidemeeres bemalt (vgl. Abb. 10). An einer „Wasserwand" rieselt etwas herunter, bei näherem Hinsehen kann man durch eine Lupe Bilder von Foraminiferen und Coccolithen entdecken, und der Audio-Guide erklärt, was diese Kleinstlebewesen mit der Kreideküste zu tun haben. Auf einer anderen Wand zeigt ein animierter Film in Großprojektion schwimmende Belemniten, Ammoniten, Plesiosaurier und den Ginsu-Hai, alles Bewohner des damaligen subtropischen Kreidemeers. Dabei war es nicht Ziel, die einzelnen Organismen erlernbar „auszustellen", sondern eine Illusion und ein Gefühl für diese

Abb. 9: „Spuren im Eis" - der Eisberg im Raum „Eiszeit" (Foto: IMPULS).

völlig fremde Welt zu erzeugen, die zwar mit den Dinosauriern untergegangen ist, der Gegenwart aber das Grundmaterial für die uns heute so faszinierende Kreideküste hinterließ: Stein gewordenes Leben - und doch nichts anderes als einer der vielfältigen Zyklen der Natur.

Hinter dem Kreidemeer „wartet" die Eiszeit. Gletscherknacken. Die Wände sind gesäumt von Großfotos aus dem ewigen Eis. Kaltes Licht. Die Reisebegleitung im Audio-Guide weist auf die enormen Kräfte der bis zu 3.000(!) Meter mächtigen Eisdecke über dem heutigen Ostseeraum hin. Ein raumhoher „Eisberg" aus echtem Eis bestimmt optisch den Raum. Man kann ihn anfassen, seine Hand in die Handabdrücke früherer Ausstellungsbesucherinnen und -besucher legen (vgl. Abb. 9). Wären die damaligen Gletscher so hoch wie der Eisberg der Ausstellung, dann wäre ein Mensch im Vergleich nicht größer als eine Laus und die heute so eindrucksvolle Kreideküste nicht höher als eine Bordsteinkante. So lässt sich nachempfinden, wie die Gletscher der Eiszeit mit ihrer Macht und Gewalt den ehemaligen Meeresboden zu einer Steilwand aufstauchen und Tonnen schwere Findlinge von Skandinavien bis zur heutigen Insel Rügen schleifen konnten. Einmal stark sein wie ein Gletscher? Unter einem von der Decke baumelnden, etwa zwei Tonnen schweren Findling liegend, kann der Steinkoloss zum Schwingen gebracht werden. Auf Findlingen sitzend lässt sich in diesem Raum auch ein Film über die Entstehungsgeschichte der Insel Rügen verfolgen. Die Geschichte der Kinderreise erzählt, wie die Maus Mimi den eingefrorenen Raben Krax aus dem ewigen Eis befreit.

Ein rundes Tor führt aus der Eiszeit heraus, das Publikum „taucht" auf in die Jetztzeit. Ein „Spaziergang" in der heutigen Ostsee beginnt. Der Raum ist durch dämmriges Licht und dumpf gefilterte Geräusche geprägt. In eine Kreidekulisse sind Aquarien mit typischen Ostseebewohnern eingebaut, auf einer Großprojektion laufen über Musik geschnittene Filmaufnahmen, die von BfN-Mitarbeitern bei einem Tauchgang vor der Kreideküste gedreht wurden. Verschiedene interaktive Exponate erlauben eine spielerische Auseinandersetzung mit faszinierenden (Warum ist die Flunder platt?) oder ästhetischen (Kleinstlebewesen in Makroaufnahmen) Phänomenen aus dem Brackwassermeer „Ostsee", das erdgeschichtlich noch jung ist und gemessen am Alter der Nordsee gewissermaßen noch in den Kinderschuhen seiner Entwicklung steckt.

Über den Flachwasser- und Strandbereich (präsentiert wird unter anderem eine musikalisch untermalte Diaprojektion mit stimmungsvollen Bildern einer fotografischen Spurensuche am Strand) gelangt das Publikum in einen Raum, der sich nach oben über drei Stockwerke hinweg bis zum Dach des Hauses öffnet. Es steht am Fuß einer gemalten Kreidewand und kann über eine grob-gezimmerte, den Treppen des Hochuferweges im Nationalpark nachgeahmte Holztreppe bis zum Obergeschoss des Hauses steigen. Unten erzählen Steine ihre Geschichte, weiter oben zeigen kleine Glasvitrinen ausgewählte Fossilien, die per Knopfdruck wieder ihre frühere Gestalt als lebende Organismen annehmen (z.B. Stachelhäuter oder Belemnit). Plötzlich verändern sich die Farben im Raum. Es wird dunkler. Gewittergrollen zieht auf. Im oberen Teil der Kreidewand werden im Audio-Guide alle aktuell laufenden Einspielungen ausgeblendet. Das so genannte „Kreide-Event" hat begonnen. Musik begleitet die Farbspiele im Raum und baut Spannung auf bis zum Donnerschlag, um dann die Stimmung zu ändern und auf zwei großen Präsentationsflächen auf der Kreidewand die Projektion eines Sonnenaufgangs über dem Meer einzuleiten. Die akustische Begleitung rezitiert aus einem berühmten Chamisso-Gedicht: „Ich trank in schnellen Zügen/ das Leben und den Tod/ beim Königsstuhl auf Rügen/ am Strand im Morgenrot". Mit diesem Zitat beginnt eine fünfminütige Schau wunderschöner Fotos und Filmaufnahmen von Kreideküste und Meer bei allen Wetterlagen und zu allen Jahreszeiten, untermalt von Musik und weiteren „Huldigungen" dieses „erhabenen Anblicks" (Wilhelm von Humboldt) durch berühmte Kreideküsten-Reisende: Caspar David Friedrich, Elizabeth von Arnim, Johannes Brahms, Ernst-Moritz Arndt, um nur einige zu nennen. Eingewoben in diese Schau über die Romantiker und andere historische Rügenfreunde ist die Botschaft, dass bei Unwettern immer wieder große Teile der Küste abbrechen und die wilde Schönheit dieser Küste nur deshalb bestehen bleibt, weil sie ihre Gestalt seit Jahrtausenden fortwährend ändert.

Im Obergeschoss der Kreidewand - mehr als zehn Meter über dem Boden - liegt ein kleines „Felsentor", zu dem die Gäste über die oberste Plattform der Holztreppe gelangen. Sie betreten die „Millionenstadt" des Erdreichs und erfahren, dass in einer Handvoll Boden mehr Lebewesen vorkommen, als Menschen auf der gesamten Welt. Der Raum ist dunkel und riecht nach Erde. Wurzeln hängen herab, in einer Nische befindet sich ein Glaskubus, der Waldboden zum anfassen, fühlen und riechen enthält. Die Lebewesen im Erdreich wollen entdeckt werden, unter anderem durch das Erkunden der Wandbereiche und der darin verborgenen Organismen mit Taschenlampen (Schwarzlicht) oder beim Betrachten der Zersetzer während ihrer erstaunlichen Arbeit. In die Erdkulisse eingearbeitet sind ein Mäuse-Terrarium sowie kleine Monitore, die kurze Einblicke in die Bauten von Fuchs und Dachs ermöglichen, in denen gerade Jungtiere aufgezogen werden.

Aus dem Erdreich kommend wird das Publikum vom Geräusch summender Insekten empfangen. Große Grashalme und geheimnisvolles Licht umgeben die Gäste. Was sonst ganz klein zu ihren Füßen liegt, ist nun viel größer als der Mensch. Oder anders herum gesagt: das Publikum wird klein wie ein Käfer und hat dadurch die Chance, als stiller Betrachter das vielfältige Leben zwischen Grashalmen und Laichkraut zu beobachten, das es normalerweise übersieht. Die Besucher sind eingetaucht in die „Wiese am See". Ein sechsminütiger Film mit Makroaufnahmen wird - wiederum untermalt mit dazu passender Filmmusik und Naturgeräuschen - auf eine große Leinwand projiziert. Nach seinem schon langen Rundgang kann das Publikum sich hier auf Bänken niederlassen und diese vorher wahrscheinlich selten oder nie gesehenen Aufnahmen aus einer unbekannten Welt bestaunen.

Die Kameraführung ist dabei so gewählt, dass sich das Leben im Kleinen auf Augenhöhe des stillen Gastes „Mensch“ vollzieht. Tautropfen glitzern im Licht der Sonne, Blüten öffnen sich im Zeitraffer, die Kamera fährt durch einen Dschungel aus Laichschnüren. Was sonst klein und unscheinbar bleibt, wird in diesem Raum groß herausgebracht. Das Auge einer Heuschrecke, der schillernde Chitinpanzer eines Käfers beim „Nektarbad“ in einer Blüte - nahezu Bild füllend auf eine fast zwei mal drei Meter große Fläche projiziert offenbaren solche Bilder ganz neue Einblicke in die Eleganz und Ästhetik der Natur. Auf der Wand sind kleine Zitate zu lesen, zum Beispiel der staunende Ausruf des Lyrikers Hanns Cibulka: „Und plötzlich betrachtet man die kleinen, unscheinbaren Dinge der Natur mit anderen Augen“.

Hinter der Wiese am See beginnt der Süßwasserbereich. Aquarien und eine Wasserwand mit dem Kreislauf des Wassers im Nationalpark auf der einen Seite, auf der anderen wiederum drei Filme: das Spiel von Wasserläufern, projiziert auf eine reale, berührbare Wasserfläche, der Lebenszyklus einer Libelle in Makroaufnahmen, das Leben der Wasserspinne in ihrer Luftglocke. Dazu die Stimmen von Fröschen, mit denen jede Besucherin und jeder Besucher ein eigenes Konzert zusammenstellen kann (Haben Sie schon mal einen von Jugendlichen spontan kreierten Rap mit den Stimmen von Jasmunder Froschlurchen gehört?).

Der sich anschließende Waldbereich erstreckt sich über drei Räume, zunächst zum Thema „Alte Bäume“ (vgl. Abb. 10). Zur Einstimmung wird - je nach Reise - zum Beispiel die

Abb. 10: Foto einer alten Buche am Kreidekliff, das auch im Raum „Buche“ präsentiert wird (Foto: CHR. ZIEGLER).

kurze Reflektion von Kurt Tucholsky wiedergegeben (vgl. Abb. 3b). Der Haupttext wird auf einer Bank sitzend gehört, die kreisförmig um einen mächtigen alten Buchenstamm herum gebaut ist. Die äußere Begrenzung des Raumes wird von raumhohen Fotos alter Bäume gebildet. Dieser Raum hat wie der Raum „Wiese am See" ebenfalls die Funktion eines Ruhebereiches, wie er an verschiedenen Stellen der Ausstellung integriert ist (sitzen können, ausruhen, hören, sehen, Gedanken schweifen lassen, ...). Hier wird mit der Faszination alter Bäume gearbeitet, die es in ihrer Knorrigkeit und urwüchsigen Kraft nur dort gibt, wo sie wachsen dürfen, ohne dass der Mensch sie vorzeitig fällt. Als Sympathieträger können alte Bäume die gewünschten Botschaften zum wilden Wald und zum Prinzip „Nationalpark" besonders gut und einleuchtend transportieren.

Auch im nächsten Raum geht es um den Wald, hier allerdings um das lebendige Gewimmel im Totholz. Makroaufnahmen werden über einen, in einem alten Baumstamm eingebauten Monitor präsentiert. Dem Froschkonzert vergleichbar kann ein Vogelkonzert individuell und spielerisch kombiniert werden. Und es geht um die Frage, warum der Specht kein Kopfweh bekommt. Die Geräusche eines Buchenwaldes im Frühsommer beleben den Raum, er ist aufwändig inszeniert, um Assoziationen an die typischen Lichtstimmungen im belaubten Buchenwald hervorzurufen. Zu den beliebtesten interaktiven Exponaten in der Ausstellung gehören die so genannten Kurbelbildschirme im Waldbereich (vgl. Kap. 6.1). Mit einer Kurbel lassen sich die angebotenen Filme in selbst bestimmter Geschwindigkeit abspielen: eine Spinne baut ihr Netz zwischen zwei „Baumstämmen", Schnecken kriechen mal schnell, mal langsam über den Waldboden, Pilze wachsen im Zeitraffer.

In einer abgetrennten, stockfinsteren Nische stehen Bänke an der Wand: der Wald bei Nacht. Eine geheimnisvolle Schattenwelt, deren Faszination sich vor allem über die Intensität ihrer Stimmen und Geräusche im Dunklen entfaltet.

Der dritte Raum zum Thema Wald enthält eine merkwürdig anmutende, raumhohe Fotowand mit dem verzerrten Motiv eines natürlichen Waldausschnitts, das sich nach dem Aufsetzen einer 3D-Brille in einen dreidimensionalen Wald verwandelt. Ein irritierendes Erlebnis: Das Publikum tastet sich vorsichtig durch optisch vorhandene, aber nicht fühlbare Bäume im Raum, die immer weiter zurückzuweichen scheinen, je näher die ausgestreckte Hand ihnen kommt (vgl. Abb. 11). Es ist ein besonderes Erlebnis, sich so intensiv und gleichzeitig unterschwellig mit dem Bild eines naturnahen Waldes zu beschäftigen.

Beim Verlassen des 3D-Waldes beginnt es zu krachen und zu tosen. „Sturm, aufgepeitschte See. Blitz und Donner. Zerstörung. Kreide bricht ab. Bäume entwurzeln. Und dann?" Dies ist in etwa der Text, den man beim Durchgang durch den allseitig verspiegelten „Infernoraum" hört, in dem durch „Unwetter" scheinbar zerstörte Natur zu sehen ist: zerborstene Bäume, vermodertes Holz. Die Antwort auf die Frage „Und dann?" gibt die

Abb. 11: „Hier muss doch irgendwo der Baum sein…" - Kinder im dreidimensionalen Wald (Foto: WWF/NLP-ZENTRUM KÖNIGSSTUHL).

Audio-Guide-Begleitung gleich darauf im Durchgang zum nächsten Raumabschnitt: „Neues Leben. Keimlinge nutzen ihre Chance. Der Wald verjüngt sich. So ist es seit Millionen Jahren. Und so wird es weiter sein. Tod ist die Voraussetzung für Leben, für die weitere Entwicklung. Nicht Eingreifen! Das ist die Vision von Nationalparken. Verwildern lassen. Gespannt erleben, was neu entsteht. Wildnis zulassen bedeutet auch, neue Erfahrungen machen zu können. Werden - wachsen - vergehen: Festgehalten in Momentaufnahmen." Und im Raum wird per Diaschau der vor allem unter ästhetischen Gesichtspunkten fotografierte Lebenszyklus eines Waldes vom Keimling bis zum verrottenden Stamm gezeigt, auf dem ein neuer Keimling heranwächst. Der Zyklus beginnt von vorn.

Über einen Raum mit der interaktiven Karte aller Nationalparke dieser Welt (Botschaften: Jasmund ist Teil eines faszinierenden globalen Netzwerks des Lebens; Deutschland hat viel weniger Nationalparkfläche als viele arme Länder dieser Welt) gelangt das Publikum zum Pendelraum: Ein Treppenhaus, in dessen Mitte ein großes Pendel von der Decke hängt. An der dunkelblau gestrichenen Wand ein Zitat: „Die Zeit schreibt ihre Spuren in den Sand." Am absteigenden Handlauf entlang, mit „Kreide" auf die Wand geschrieben, eine zeitliche Einordnung der zurückliegenden Ausstellungserlebnisse - gleichzeitig Sensibilisierung für Zeiträume in der Natur und Erinnerung an das gerade Erlebte: „Vor 69 Mio. Jahren: Rügen war vom Kreidemeer bedeckt. Vor 20.000 Jahren: Die letzte Eiszeit beherrschte Rügen. Vor 10.000 Jahren: Die Ostsee entstand. Vor 3.000 Jahren: Die ersten Buchen wanderten ein. Vor 200 Jahren: C.D. Friedrich malte die Kreidefelsen. Die Zeit hat sie verändert. Vor 40 Jahren: Eine Buche, die jetzt Erde ist, fiel im Sturm. Eine neue Buche keimte. Vor 3 Jahren:

Ein Vogel verließ sein Ei. In der Krone der Buche baut er nun sein Nest. Vor 12 Tagen: Eine Raupe schlüpfte. Heute wird der Vogel sie fressen. Vor einer Sekunde: Eine Eintagsfliege machte ihren ersten Flügelschlag." Der Kreis zur Zeitreise am Anfang der Ausstellung schließt sich. Akustisch begleitet durch eine Hörspielsequenz mit folgendem Text: „Die Zeit schreibt ihre Spuren in den Sand, vergänglich wie sie selber. Und in jedem Augenblick stirbt Leben und erfindet sich wieder neu. Das Lebendigste, hat Henry David Thoreau, Mitbegründer der Nationalpark-Idee, einmal geschrieben, das Lebendigste ist das Wilde. Nationalparke schenken uns und der Erde ein Stück Freiheit zurück."

Jeder Film hat einen Abspann, jedes Konzert eine Zugabe. Die Ausstellung im Nationalpark-Zentrum Königsstuhl auch. An zwei Standorten im Nationalpark Jasmund (Kreideküste und Wald) wurde der gleiche Bildausschnitt ein Jahr lang täglich mehrmals fotografiert. Aus diesen Dokumenten flüchtiger Momentaufnahmen wurden zwei Zeitrafferfilme konzipiert, die - nur über eine Musikkomposition geschnitten - dem Publikum erlauben, ein ganzes Jahr im Nationalpark Jasmund in wenigen Minuten zu durchleben. Auch hierbei handelt es sich um eine Großprojektion. Sie lädt durch ihren ruhigen Charakter, die emotionale Bild-Musik-Mischung und die angebotenen Sitzgelegenheiten dazu ein, noch einmal die Schönheit der Natur im Nationalpark zu genießen, über das gerade Erlebte zu reflektieren und die vielen Eindrücke des Ausstellungsrundgangs als „innere Bilder" abzuspeichern und mit nach draußen zu nehmen.

Zum Ausgang hin werden die deutschen Nationalparke in Kurzporträts vorgestellt. Das Audio-Guide-Gerät wird abgegeben: Das Ausstellungserlebnis hat sein Ende erreicht.

4 Methodik der Evaluationen

Um den Grad der Zielerreichung im Nationalpark-Zentrum Königsstuhl zu überprüfen, wurden nach Eröffnung des Nationalpark-Zentrums zwei summative Evaluationen durchgeführt (MUNRO 2004; SOMMER 2005). Eine summative Evaluation setzt im Unterschied zu planungs- und umsetzungsbegleitenden Evaluationen erst *nach* erfolgter Fertigstellung eines Projektes an und damit in dessen Wirkungsphase. Im Fall des Nationalpark-Zentrums Königsstuhl, dessen Auftrag die Entwicklung und Erprobung innovativer Kommunikationskonzepte war, sollten die Evaluationsergebnisse fundierte Aussagen zu Erfolgen oder gegebenenfalls auch Misserfolgen des Vorhabens liefern.

Summative Evaluationen lassen an den Erfahrungen des Publikums teilhaben und bieten damit dem eigentlichen Adressaten im Kommunikationsgeschehen - dem Publikum - ein Forum, sich Gehör zu verschaffen. Dieses Feedback dürfte deshalb nicht nur Aussagen zum Projekterfolg, sondern auch eine Reihe von Denkanstößen für zukünftige Ausstellungsprojekte liefern und dazu motivieren, sich konstruktiv mit der einen oder anderen Herausforderung im Ausstellungsbereich auseinanderzusetzen. Einige Aspekte, die die

Evaluations-Ergebnisse aufzeigen, sollten zu einem engagierten Dialog zwischen Expertinnen und Experten darüber führen, inwiefern die Evaluations-Ergebnisse für künftige Kommunikations- und Ausstellungsprojekte relevant sein können.

4.1 Der methodische Aufbau der Projekt-Evaluation

4.1.1 Untersuchungsdesign

Um Aufschluss darüber zu erhalten, ob im E+E-Vorhaben die Projekt-Ziele (vgl. Kapitel 2.1) erreicht werden konnten, ob also die Strategie erfolgreich war, wurden zunächst Erfolgskriterien (Abb. 13) aus den formulierten Projektzielen abgeleitet und - so weit es kurz nach der Eröffnung bereits möglich war[7] - im Rahmen einer ersten Evaluation („Projektevaluation") empirisch überprüft (vgl. Untersuchungsdesign, Abb. 12). Konnte das Nationalpark-Zentrum Königsstuhl die Einstellung seiner Gäste zu Nationalparken und Wildnis positiv beeinflussen?

Um die Beeinflussungswirkung eines Besuchs des Zentrums zu ermitteln, wurde eine Stichprobe der Gäste des Nationalpark-Zentrums sowohl *vor*, als auch *nach* dem Besuch der Ausstellung interviewt (Stichprobe A).[8] Durch den Vorher-Nachher-Vergleich der Interviewergebnisse lässt sich für jede einzelne Person feststellen, ob und inwieweit es gelungen ist, die Sichtweisen und Einstellungen der Interviewten in der beabsichtigten Weise zu beeinflussen. Weichen die individuellen Veränderungen in der Stichprobe signifikant von Null ab, ist das ein Indikator für die Wirkung der Ausstellung. Um mögliche *Pretesteffekte* abschätzen zu können, wurde eine weitere Stichprobe der Gäste des Nationalpark-Zentrums *nur nach* dem Besuch der Ausstellung (oder Multivision und Ausstellung) interviewt (Stichprobe B).

Ein Pretesteffekt würde vorliegen, wenn sich die vor ihrem Besuch befragten Personen den Inhalten und Botschaften von Ausstellung und Multivision aufmerksamer und aufgeschlossener zuwenden, da sie sich durch das Interview gerade mit der Thematik beschäftigt haben. Dies kann wiederum zur Folge haben, dass diese Personen dadurch anders auf die vermittelten Inhalte reagieren. Ebenso ist es möglich, dass sich die Befragten bei den Interviews nach dem Besuch an ihre Angaben, die sie im Interviews vor dem Besuch machten, erinnern und dadurch die Antworten verfälscht werden (entweder um konsistent zu erscheinen oder um „gewünschte" Veränderungen zu signalisieren).

---

7 Einige der geplanten Maßnahmen im Veranstaltungsbereich, im Marketing oder zur Standortgestaltung sind erst nach längerer Betriebszeit sinnvoll zu evaluieren, da ihre Umsetzung so kurz nach der Eröffnung noch nicht vorgesehen oder realisiert war. Sie wurden in der summativen Projektevaluation nicht berücksichtigt.

8 Gäste, die nur die Multivision nutzten, wurden im Rahmen der Projektevaluation nicht mit einbezogen.

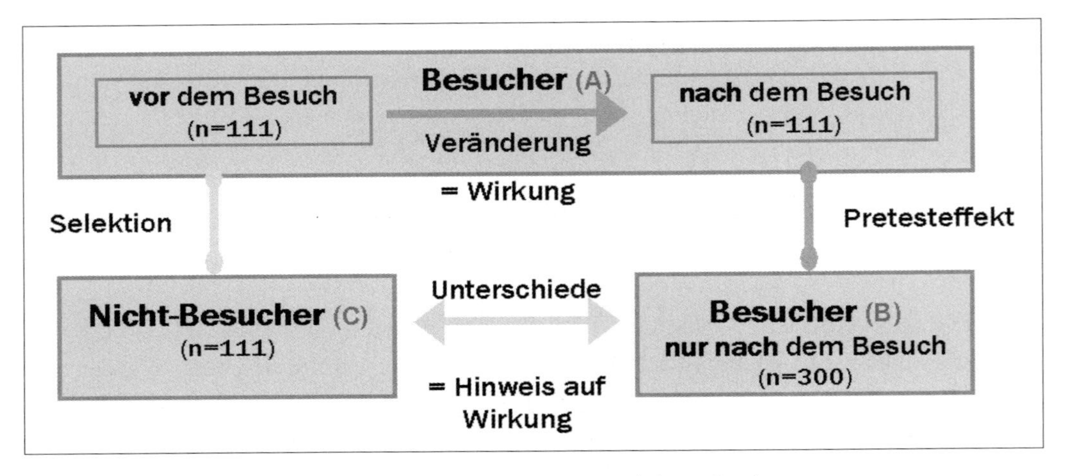

Abb. 12: Das Untersuchungsdesign der summativen Projektevaluation.

Da solche Pretesteffekte bei den Personen, die nur *nach* ihrem Besuch befragt wurden, nicht entstehen können, gibt ein Vergleich ihrer Aussagen mit den Aussagen aus dem zweiten Interview der vorher *und* nachher Befragten Aufschluss über das Vorliegen einer solchen Verfälschung. Lassen sich zwischen beiden Gruppen keine signifikanten Unterschiede feststellen, kann ein Pretesteffekt ausgeschlossen werden.

Neben Gästen des Zentrums wurden auch Nationalpark-Gäste, die das Zentrum *nicht* nutzten, interviewt (Stichprobe C). Diese, im Folgenden als „Nicht-Besucher" bezeichneten Nicht-Nutzer, fungieren als *Kontrollgruppe*. Signifikante Unterschiede zwischen diesen beiden Gruppen können als Hinweis auf die Wirksamkeit der Ausstellung gesehen werden. Hier wird lediglich von „Hinweis" gesprochen, da Unterschiede zwischen Besuchern und Nicht-Besuchern ebenso durch *Selektion* begründet sein können. Dies wäre der Fall, wenn das Nationalpark-Zentrum Königsstuhl vorwiegend jene Nationalpark-Gäste anziehen würde, welche gegenüber dem Naturschutz von vorneherein positiv eingestellt sind, und die Nicht-Besucher eine kritischere Haltung hätten. Unterschiede zwischen den beiden Gruppen wären dann nicht auf die Wirkung der Ausstellung zurückzuführen.

Das für diese Untersuchung gewählte Design kann die Beeinflussungswirkung eines Besuchs des Zentrums also auf zweifachem Wege nachvollziehen: Vergleich der Gäste vor und nach dem Besuch unter Berücksichtigung möglicher Pretesteffekte *und* Vergleich von Besuchern und Nicht-Besuchern unter Berücksichtigung möglicher Selektionsunterschiede.

4.1.2 Erhebungsinstrumente und Auswertungsverfahren

Im Rahmen der Projektevaluation wurden 411 Gäste des Zentrums befragt. Von diesen wurden 111 vor *und* nach ihrem Besuch (Stichprobe A), sowie 300 *nur* nach ihrem Besuch

Kriterien für die Erreichung der Serviceziele

Die Gäste des Nationalpark-Zentrums Königsstuhl

1. sehen die Erwartungen und Bedürfnisse an ihren Besuch erfüllt, (→ Leitlinie Besucherorientierung)
2. sind mit ihrem Besuch zufrieden,
3. empfinden das durch die Ausstellung und/oder Multivision vermittelte Naturerlebnis positiv,
4. erfahren ihren Nationalpark-Besuch insgesamt positiv.

Kriterien für die Erreichung der Kommunikationsziele

- bezogen auf Nationalparke allgemein

Die Gäste des Nationalpark-Zentrums Königsstuhl

5. werden in der Ausstellung bzw. Multivision emotional positiv angesprochen, (→ Leitlinie emotionale Ansprache)
6. bekommen in der Ausstellung bzw. Multivision Natur im Nationalpark als etwas Faszinierendes vermittelt,
7. werden in ihrem Bild von sich selbst überlassener Natur durch den Besuch der Ausstellung bzw. Multivision positiv beeinflusst,
8. werden in ihrer Einstellung gegenüber Nationalparken und deren Idee durch den Besuch der Ausstellung bzw. Multivision positiv beeinflusst.

- bezogen auf den Nationalpark Jasmund

Die Gäste des Nationalparks Jasmund

9. empfinden das Erscheinungsbild des Nationalparks Jasmund als widerspruchsfrei und attraktiv,
10. haben vom Nationalpark Jasmund einen glaubwürdigen und sympathischen Eindruck.

Abb. 13: Die aus den Zielen des Projektes abgeleiteten und empirisch überprüften Erfolgskriterien.

interviewt (Stichprobe B). Als Vergleichsgruppe wurden weitere 111 Personen befragt, die den Königsstuhl, nicht aber das Nationalpark-Zentrum besuchten (Stichprobe C). Für die Vorher- und Nachher-Interviews wurden ausschließlich Personen ausgewählt, welche entweder nur die Ausstellung oder die Ausstellung und die Multivision zusammen besucht haben. Um sowohl Gäste der Vorsaison als auch der Hauptsaison zu erfassen, wurden die Erhebungen in zwei Wellen durchgeführt: in der Vorsaison (11. bis 15. Juni 2004) und in der Hauptsaison (7. bis 11. Juli 2004). Die Erfassung von Busreisegruppen gestaltete sich dabei erwartungsgemäß als schwierig, da diese nur wenig Zeit am Königsstuhl verbringen und daher meist unter großem Zeitdruck stehen. Sie sind in den Stichproben daher unterrepräsentiert. Abgesehen von den Reisegruppen bilden die erhobenen Stichproben hinsichtlich des Zwecks der Untersuchung aber ein gutes Abbild der Gäste des Nationalpark-Zentrums Königsstuhl und des Königsstuhls.

Die Daten wurden durch standardisierte Einzelinterviews erhoben und statistisch ausgewertet. Jedem der vorher definierten Erfolgskriterien (Abb. 13) waren bei der Befragung

Tab. 1: Statistische Auswertungsverfahren, die im Rahmen der Projektevaluation verwendet wurden.

Vergleich der	Besucher nach dem Besuch (*Stichprobe A*)	Besucher nur nach dem Besuch (*Stichprobe B*)
Besucher vor dem Besuch (*Stichprobe A*)	Veränderung/Wirkung: *T-Test für abhängige Stichproben*	Pretesteffekt: *U-Test von Mann-Whitney*
Nicht-Besucher (*Stichprobe C*)	Selektionsunterschied: *T-Test für unabhängige Stichproben* U-Test von *Mann-Whitney*	Hinweis auf Wirkung: *U-Test von Mann-Whitney*

eine oder mehrere Fragen zugeordnet, wobei Wertungen über Ratingskalen erfasst wurden. Die Erfüllung der Kriterien wurde auf Signifikanz getestet[9].

Da das Vorliegen eines statistisch signifikanten Effekts allein noch nichts über die praktische Bedeutung dieses Effekts aussagt[10], wurden für die Beurteilung von Veränderungen und Zusammenhängen auch Effektgrößen herangezogen. Diese ermöglichen eine Klassifikation nach kleinen, mittleren und großen Effekten (vgl. BORTZ & DÖRING 2003).

Für weitere Informationen zum methodischen Vorgehen der Untersuchung (Operationalisierung der Erfolgskriterien, Ablauf der Datenerhebung, Datenbereinigung, statistische Auswertungsverfahren) sei auf den Evaluationsbericht verwiesen (SOMMER 2005).

4.2 Der methodische Aufbau der Evaluation von Multivision und Ausstellung

Da die Projekt-Evaluation Beeinflussungswirkungen prüfen konnte, jedoch keine tiefer gehenden Erklärungen lieferte, warum bzw. wie diese Wirkungen erzielt oder eben auch nicht erzielt werden konnten, wurde im August 2004 eine weitere summative Evaluation („Ausstellungsevaluation“) durchgeführt. Diese lieferte spezifischere Erkenntnisse, wie die beiden Kernangebote des Zentrums (Multivision und Ausstellung) auf das Publikum wirken, wie sie funktionieren, warum sie die angestrebten Ziele erfüllen bzw. nicht erfüllen, welche der formulierten Botschaften den Gästen erfolgreich vermittelt werden können oder wie Multivision und Ausstellung vom Publikum insgesamt erlebt und „verarbeitet“ werden. Für die Ausstellungsevaluation wurden dabei nicht nur Multivision und Ausstellung selbst kritisch-konstruktiv evaluiert, sondern auch deren Umgebung und der Gesamteindruck (z.B. die Route durch die Ausstellung).

Anhand der Daten lässt sich aber nicht nur ermessen, ob die Interaktion zwischen Multivision/Ausstellung und Gästen in der beabsichtigten Form stattfindet. Über eine nachträgliche

9 einseitiger Test, Signifikanzniveau von 5 %.

10 Bei größeren Stichproben werden auch sehr kleine Effekte signifikant.

Bewertung des Projekterfolgs hinaus kann eine summative Evaluation auch Aufschluss über die Funktionalität der Multivisions- und Ausstellungsfläche geben und liefert damit wertvolle Erkenntnisse, um die Ausstellung gezielt zu optimieren bzw. nachträglich zu verbessern. Sie ist damit ein wertvolles Instrument für ein aufgeschlossenes und vorausblickendes Management.

4.2.1 Untersuchungsdesign

Die Auswahl und Gestaltung der Erhebungsinstrumente für die summative Evaluation von Ausstellung und Multivision erfolgte auf der Grundlage zweier vom Projektteam vorab formulierten Papiere, die während der Planungs- und Gestaltungsphase als Leitfaden für die Realisierung von Ausstellung und Multivision dienten: „Übergeordnete Ziele und Botschaften" des Nationalpark-Zentrums Königsstuhl sowie die „Ziele und Botschaften der Hauptausstellung" (KUTSCH & RÖCHERT 2002). Darin wurde auch die „große Idee" („The Big Idea"[11]) für die Multivision und die Ausstellung im Nationalpark-Zentrum Königsstuhl genannt (siehe auch Kap. 3.1): **Natur braucht Zeit, Natur ist faszinierend, Natur ist wertvoll**. Diese „Big Idea" wurde ergänzt durch detaillierte Beschreibungen der inhaltlichen und affektiven Zielsetzungen sowie bestimmter Botschaften für jeden Ausstellungsbereich. Für die Ausstellungsevaluation dienten die oben genannten konzeptionellen Vorüberlegungen als Ausgangspunkt für die Formulierung eines übergeordneten „Zwecks" und dreier Kernziele.

Der übergeordnete Zweck der Ausstellungsevaluation bestand demzufolge darin zu überprüfen, inwiefern das Gesamterlebnis der Multivision und Ausstellung im Nationalpark-Zentrum Königsstuhl die Schönheit der Natur, das Konzept von Wildnis und die Idee vom Nationalpark für die Gäste erlebbar macht und nachhaltig prägt. Durch Hervorhebung der Schlüsselbegriffe *Schönheit, Wildnis* und *Nationalpark* in dieser Zieldefinition wurde unmittelbar an die „Big Idea" und deren Wirkungsmessung angeknüpft.

Die Ziele der Ausstellungsevaluation waren auf drei Aspekte ausgerichtet, nämlich:

1. den **Grad der Vermittlung der Kernbotschaften** im Rahmen des Gesamterlebnisses von Multivision und Ausstellung im Nationalpark-Zentrum Königsstuhl an das Publikum festzustellen (Qualität der Kommunikation),
2. die **affektive Wirkung der gesamten Ausstellungsinszenierung** auf die Stimmung der Menschen nach einem Besuch im Nationalparkzentrum zu beschreiben und
3. die **Nachhaltigkeit der vermittelten Botschaften** im Nationalparkzentrum zu prüfen.

---

[11] Das Konzept der „Big Idea" einer Ausstellung stammt von Beverly Serrell (SERRELL 1996:2). Sie definiert die *Big Idea* als die zentrale Referenzidee für das Ausstellungsteam während des gesamten Entwicklungsprozesses - eine Idee, die Zweck und Dimension der Ausstellung in einem simplen Satz auf den Punkt bringt.

Für das **erste** Evaluationsziel wurden vier Leitmotive definiert, die als Indikatoren für eine effektive Vermittlung der Kernbotschaften von Multivision und Ausstellung dienen sollten und an die „Big Idea“ anknüpfen: *Natur ist schön und faszinierend*; *Wildnis ist unberührte Natur*; *Nationalparke sind wertvoll* und *Natur braucht Zeit.*

Um die affektive Wirkung des Gesamterlebnisses von Multivision und Ausstellung zu ermitteln, wurden für das **zweite** Evaluationsziel drei Fragekategorien einbezogen, die in Wechselbeziehung zueinander stehen:

a. Emotionale Merkmale des Ausstellungserlebnisses.

b. Die wechselseitige Beziehung zwischen Bildern, gesprochenen Texten, Naturgeräuschen und Musik in einer Umgebung, in die das Publikum „eintauchen“ kann.

c. Die Rolle der Audio-Guides im Hinblick auf die Erlebnisqualität des Ausstellungsbesuches.

Für das **dritte** und letzte Evaluationsziel wurden Fragen eingesetzt, die sich wieder auf die Leitmotive der „Big Idea“ des Besucherzentrums bezogen und dazu dienten, die Nachhaltigkeit der von der Multivision und der Ausstellung zu vermittelnden Botschaften zu untersuchen.

4.2.2 Erhebungsinstrumente und Auswertungsverfahren

Was die Übermittlung der „Big Idea“ für Multivision und Ausstellung betraf, wollten die Projektplaner die Mittel der Ansprache bewusst emotional halten; dies bestimmte somit die Konzeption und Umsetzung der jeweiligen Komponenten. Vier der „Zehn Grundprinzipien für die Ausstellungskonzeption im Nationalparkhaus Jasmund“ (vgl. S. 18, Beitrag von RÖCHERT in diesem Buch) heben daher gezielt auf emotionale Aspekte des Besuchserlebnisses ab:

- Positive Emotionen zum Thema Natur und Wildnis ansprechen,
- Formen der Präsentation wählen, die Respekt und Wertschätzung für Natur fördern und ungewollte (auch subtil wirkende) Negativeffekte emotionaler Ansprache vermeiden,
- auf stimmungsvoll inszenierten Reisen ungewöhnliche Einblicke in das „Innenleben“ von Natur bieten und dabei verborgene Welten emotional erlebbar machen,
- Raumatmosphären schaffen, die ungestört von äußeren Einflüssen einen emotionalen Spannungsbogen entfalten können und die notwendige Transformation des Publikums aus der Realität heraus in die Welt der Ausstellung ermöglichen.

Die Auswahl und Gestaltung der Erhebungsinstrumente erfolgte unter dem Gesichtspunkt, möglichst viele Aspekte der affektiven Komponenten des Ausstellungserlebnisses erfassen zu können. Dies erforderte Erhebungsinstrumente, mit denen sich das Ausstellungserlebnis mittels eines breiten Spektrums von Methoden dokumentieren ließ. Zu diesem Zweck wurden für die Multivision und die Ausstellung jeweils eigene Instrumente entwickelt; nur die Eingangsfragen über die Beweggründe für den Besuch im Nationalparkzentrum und die soziodemografischen Fragen waren identisch. Die Fragekategorien deckten sich mit denen der Projektevaluation, so dass die Ergebnisse miteinander vergleichbar sind. Die Zusammenführung der Daten ergibt somit ein Profil der Personen, die das Besucherzentrum in seiner ersten Sommersaison von Juni bis August 2004 aufsuchten.

Zur Erhebung der Resonanz des Publikums auf das Besucherzentrum wurden vier unterschiedliche Instrumente eingesetzt: Befragung mittels Fragebögen, strukturierte Interviews, verdeckte Beobachtung (Tracking) in der Ausstellung sowie eine telefonische Nachbefragung.

Die **Fragebögen** dienten zur Erhebung von Daten, die einer quantitativen Auswertung unterzogen werden konnten. Hierzu wurde für die Multivision und für die Ausstellung jeweils ein eigener Fragebogen entwickelt, wobei sich beide Fragebögen in ihrer Gesamtgestaltung jedoch ähnlich waren. Die meisten Fragen konnten durch Ankreuzen einer vorgegebenen Antwort beantwortet werden. Um narrative, frei formulierte Antworten zu einem emotionalen Aspekt der Multivision bzw. Ausstellung zu erhalten, war auch eine offene Frage vorgesehen.

Die **strukturierten Interviews** ermöglichten eine vertiefte Erhebung der emotionalen/affektiven Wirkung des Multivisions- bzw. des Ausstellungsbesuches auf das Publikum. Auch hier gab es zwei Versionen, die sich spezifisch zum einen auf Elemente der Multivision, zum anderen auf die Ausstellung bezogen. Alle Fragen waren so formuliert, dass die Befragten ermuntert wurden, ihre Erlebniseindrücke frei zu schildern. Die meisten der mit dieser Methode erhobenen Daten waren qualitativer Natur.

Verdeckte Beobachtungen (Tracking) wurden nur in der Ausstellung durchgeführt. Anhand eines Grundrissplans der Ausstellungsräume und der einzelnen Elemente darin wurde der Weg einer Person durch die Ausstellung von Anfang bis Ende protokolliert. Schriftlich festgehalten wurden dabei die Reihenfolge, in der bestimmte Elemente aufgesucht wurden, sowie deren jeweilige Halte- und Anziehungskraft. Darüber hinaus wurden auch Interaktionen mit Begleitpersonen (Familienangehörige, Freunde, Partner) auf dem Grundrissplan notiert. Mithilfe dieses Erhebungsinstruments sollte festgestellt werden, wie die thematisch unterschiedlichen Audio-Guides von den Besucherinnen und Besuchern genutzt werden und wie sich deren Verwendung insgesamt auf den Besuch in einem Familienverband auswirkt.

Mit einer repräsentativen Stichprobe von Gästen, die sich dazu bereit erklärt hatten, wurde etwa 1 Jahr nach deren Besuch im Nationalpark-Zentrum Königsstuhl eine persönliche **telefonische Nachbefragung** durchgeführt. Anhand von vier offenen Fragen wurde hierbei ermittelt, wie nachhaltig die Eindrücke und Botschaften der Multivision und/oder der Ausstellung den Menschen im Gedächtnis haften geblieben waren. Es wurden die stärksten Erinnerungen an das Multivisions- und/oder Ausstellungserlebnis sowie die darin vermittelten Botschaften, Bilder und Eindrücke abgefragt - und ob der Besuch im Nationalpark das persönliche Naturerleben beeinflusst hat.

Im Juni 2004 wurden die ersten Entwürfe der Erhebungsinstrumente - Fragebögen, Fragen für die strukturierten Interviews, Format der verdeckten Beobachtung - im Rahmen eines Vortests auf ihre Tauglichkeit und Effektivität untersucht (Fragebogen und Interview-Format getrennt für Multivision und Ausstellung).

Insgesamt wurden 263 Fragebögen ausgewertet und außerdem 114 offene, strukturierte Interviews und 25 verdeckte Beobachtungen von Familien in der Ausstellung durchgeführt (Details in MUNRO 2004). Im Rahmen der telefonischen Nachbefragung wurden 69 Personen interviewt.

Ausführliche Analysen zu den mit den jeweiligen Erhebungsinstrumenten gewonnenen Ergebnissen können dem Schlussbericht über die Ausstellungsevaluation entnommen werden (MUNRO 2004).

5 Ergebnisse der Projekt-Evaluation

Die soziodemographischen Daten der Projekt-, aber auch der Ausstellungs-Evaluation bestätigen, dass unter den Gästen des Nationalpark-Zentrums Königsstuhl alle Altersgruppen und Bildungsniveaus vertreten sind. Das Ziel, ein Nationalparkzentrum zu schaffen, welches für ein breites Publikum attraktiv ist, wurde somit klar erreicht. Herauszustellen ist der große Anteil der Familien, vor allem in der Ferienzeit.

Im Folgenden konzentriert sich die Darstellung der Ergebnisse der Projekt-Evaluation[12] auf die Aspekte „Besucherzufriedenheit", „Wirkungen eines Zentrumsbesuches auf die Einstellung des Publikums zu Wildnis und Nationalparken" und „Gesamteindruck vom Nationalpark Jasmund" und damit auf die Erfolgskriterien 1 bis 4 und 7 bis 10 zur Zielerreichung des E+E-Vorhabens (vgl. Abb. 13; weitere Ergebnisse vgl. SOMMER 2005). Ergebnisse zur emotionalen Wirkung von Ausstellung und Multivision und ihrer Fähigkeit, Faszination für die Natur zu wecken (Kriterien 5 und 6), werden im Kapitel 6 (Ergebnisse der Ausstellungsevaluation) in detaillierter Form präsentiert.

---

12 Neben Anteilswerten werden auch Mittelwerte ($\bar{x}$), Korrelationskoeffizienten (r) und Ergebnisse der Sigifikanztests (c^2: Chi-Quadrat-Test, Z: U-Test, t: T-Test) angegeben. Ferner werden die Ergebnisse nach Signifikanz markiert: *: signifikant á=5%, **: sehr signifikant á=1%, ***: hoch signifikant á=0,1% (á: Irrtumswahrscheinlichkeit). Zur Interpretation der Skalenwerte folgender Hinweis: Skalenwert 5 ist die höchste/beste Bewertung, 1 ist die niedrigste/schlechteste Bewertung.

5.1 Besucherzufriedenheit

Die Resonanz der Besucherinnen und Besucher auf das Zentrum ist außergewöhnlich positiv - fast alle Befragten sind mit ihrem Besuch „zufrieden“ (97 %) und sehen ihre Erwartungen als „erfüllt“ an (95 %). Mehr noch - 70 % der Befragten betonen, sie seien „sehr zufrieden“ und 40 % geben an, dass ihre Erwartungen „übertroffen“ wurden.[13] Lediglich bei einem sehr kleinen Teil wird Zufriedenstellung (3 %) und Erwartungserfüllung (5 %) nur zum Teil erreicht, da sie noch mehr Informationen erwartet haben. Nur zwei Personen von allen Befragten sehen ihre Erwartungen „kaum“ oder „überhaupt nicht erfüllt“ und sind mit ihrem Besuch „kaum zufrieden“ oder „unzufrieden“.

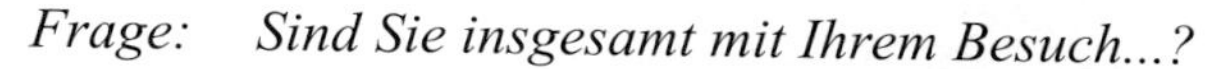

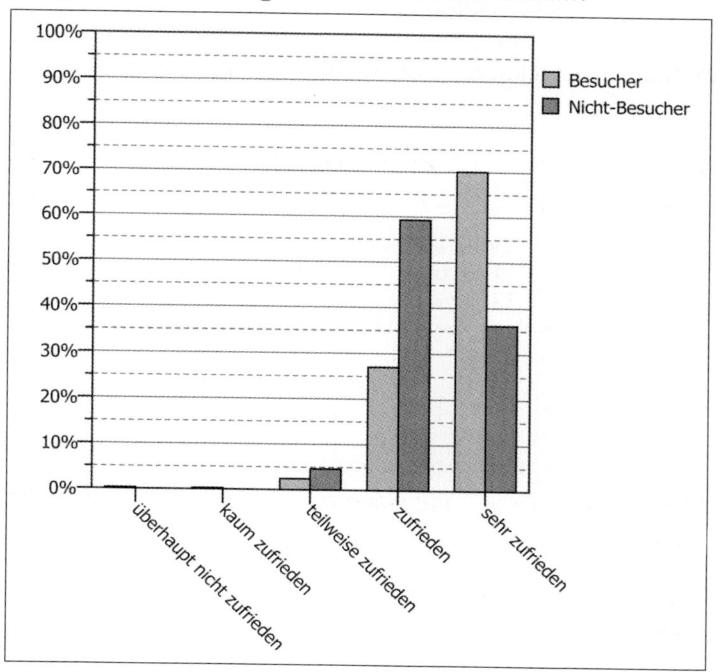

Abb. 14: Zufriedenheit der Besucher und Nicht-Besucher des Nationalpark-Zentrums Königsstuhl.

Die enorme Zufriedenheit der Gäste des Nationalpark-Zentrums Königsstuhl wird insbesondere in der Gegenüberstellung mit der Zufriedenheit der Nicht-Besucher des Nationalparkzentrums deutlich. Diese wurden ebenfalls gefragt, ob sie mit ihrem Besuch - in diesem Fall natürlich bezogen auf den Nationalpark Jasmund[14] - zufrieden seien. Hier antworten 36 % mit „sehr zufrieden“ - bei den Gästen des Zentrums sind es 70 % - ein Unterschied von 34 %-Punkten (Abb. 14).

Die Gäste wurden weiterhin gebeten ihr Urteil zur Ausstellung, zur Multivision, zum Service der Angestellten und zum Preis-Leistungs-Verhältnis abzugeben. Vor allem die

---

[13] Die 70 % „sehr zufrieden“ sind in den 97 % „zufrieden“, die 40 % Erwartungen „übertroffen“ in den 95 % Erwartungen „erfüllt“ enthalten.

[14] Beim Vortest des Fragebogens zeigte sich, dass die Befragten zwischen der Zufriedenheit mit dem Besuch im Zentrum und der Zufriedenheit mit dem Besuch im Nationalpark nicht differenzieren, worauf die Frage nach der Zufriedenheit mit dem Nationalpark-Besuch gestrichen wurde. Die beiden Aspekte sind also vergleichbar.

Ausstellung erfährt eine überragende Resonanz. Sie gefällt (fast) allen Gästen mindestens „gut“ (99 %), hauptsächlich sogar „sehr gut“ (83 %). Die Ausstellung wird damit deutlich besser bewertet als die Multivision, die allerdings insgesamt auch auf eine gute Resonanz trifft. So gefällt der überwiegenden Mehrheit der Befragten die Multivision mindestens „gut“ (80 %), „sehr gut“ urteilt knapp die Hälfte (48 %). Demgegenüber bewerten 15 % die Multivision als „mittelmäßig“ und 5 % finden „kaum“ oder „überhaupt nicht“ Gefallen daran, da ihnen überwiegend „zu wenig Informationen“ geboten wurde.

Hinweise darauf, warum die Bewertung der beiden Angebote unterschiedlich ausfällt, gibt das Polaritätsprofil zur Erlebnisqualität der Ausstellung und der Multivision (vgl. Abb. 15). Die Ausstellung wird im Schnitt als „emotional“, „sehr angenehm“, „entspannend“ und „sehr interessant“ erlebt. Das sind alles positive Stimmungen, denn auch die Emotionalität wird von fast allen als „eher gut“ befunden (93 %).[15] Die Multivision wird ebenso als „emotional“ und „sehr angenehm“ erfahren, sogar als „sehr entspannend“, jedoch ist sie mit „interessant“ für die Besucher weniger aktivierend als die Ausstellung.

Frage: Wie würden Sie die Stimmung beschreiben, die die Ausstellung/Multivision erzeugt?

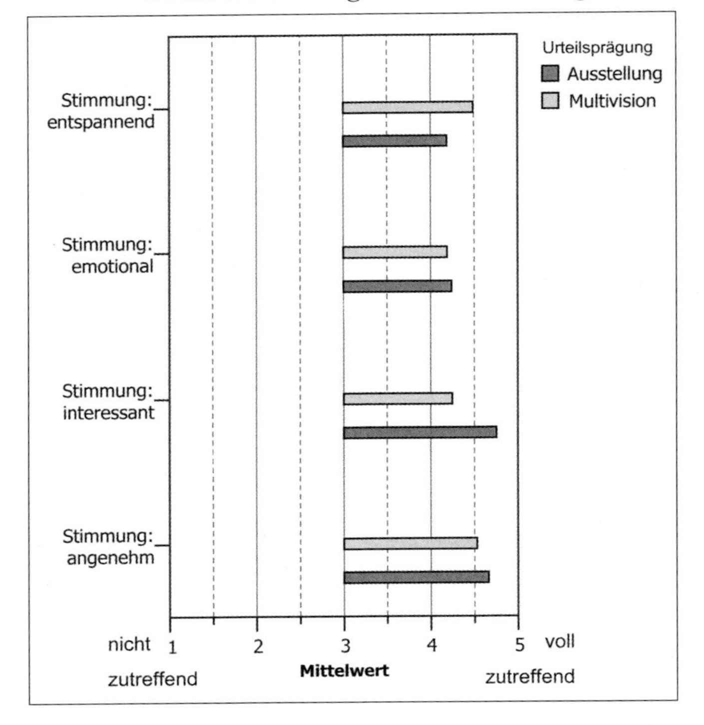

Abb. 15: Erlebnisqualität der Ausstellung und Multivision im Nationalpark-Zentrum Königsstuhl.

Die insgesamt überaus gute Resonanz der Besucherinnen und Besucher schlägt sich auch darin nieder, dass alle Befragten das Nationalpark- Zentrum Königsstuhl weiterempfehlen würden - 91 % ganz sicher, die übrigen wahrscheinlich (Befragung nur nach Besuch der Ausstellung). *Abbildung 16* zeigt die verschiedenen Gesichtspunkte der Besucherzufriedenheit im zusammenfassenden Überblick.

Fazit

Das Nationalpark-Zentrum Königsstuhl konnte die im

15 Bei einer gefühlsbetonten Darbietung besteht auch die Möglichkeit, dass die Rezipienten die Emotionalität als irritierend und negativ empfinden können.

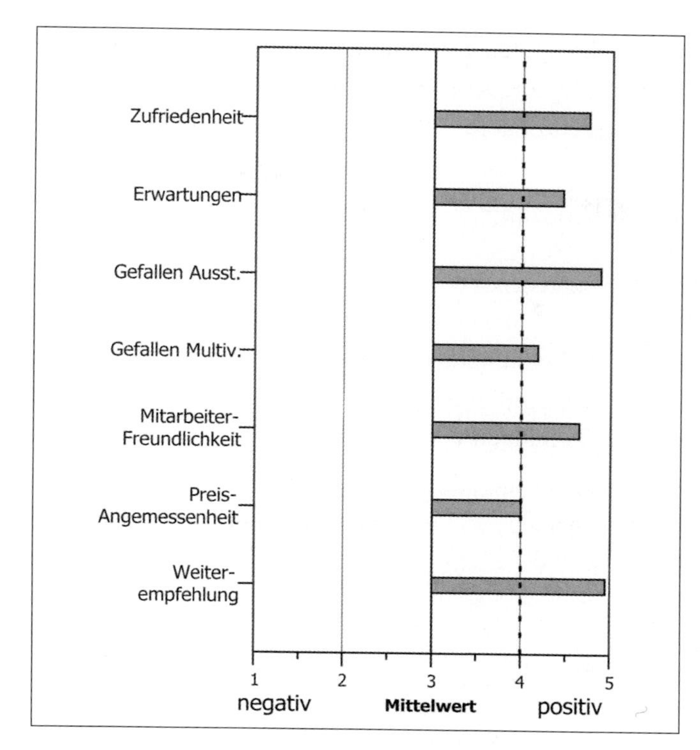

Abb. 16: Zufriedenheit der Besucher des Nationalpark-Zentrums Königsstuhl nach verschiedenen Aspekten. Mittelwerte gleich und größer 4 (gepunktete Linie) zeigen an, dass der entsprechende Aspekt für das Erfolgskriterium Besucherzufriedenheit erfüllt ist; Werte nahe 5 bedeuten, dass das Ziel übererfüllt wird.

Kapitel 2.1 postulierte Grundvoraussetzung zur Erreichung seiner strategischen Ziele, eine hohe Besucherzufriedenheit und damit eine positive Besuchserfahrung, ganz offensichtlich erfüllen. Alle untersuchten Serviceziele (Erfolgskriterien 1-4; vgl. Abb. 13) sind erfüllt, oft sogar übererfüllt. Die Besucherinnen und Besucher sind nicht nur zufrieden, sie sind größtenteils begeistert.

5.2 Einstellungen zu Nationalparken und Wildnis

Die im Folgenden dargestellten Daten geben Aufschluss darüber, inwieweit es gelingt, den Besuchern des Nationalpark-Zentrums Königsstuhl ein positiv besetztes Bild von sich selbst überlassener Natur zu vermitteln und sie so für die Nationalpark-Idee zu gewinnen. In diesem Kapitel geht es also um die Beeinflussungswirkungen des Zentrums und damit um die Erreichung seines zentralen Ziels. Wie in Kapitel 4.1.2 erläutert, wurde die gemessene Veränderung anhand der Effektgröße beurteilt. Die Formulierung „bedeutsam“ wird im Folgenden verwendet, wenn ein Effekt nicht nur signifikant sondern auch genügend groß ist, um für das Projekt eine Bedeutung zu haben. Wenn nichts Gegenteiliges dargestellt wird, wurden alle im Zuge des Vorher-Nachher-Vergleichs festgestellten Veränderungen durch den Vergleich der Besucher mit den Nicht-Besuchern bestätigt.

5.2.1 Vorstellungen und Bilder von Wildnis

Die Projektkonzeption enthält die These, dass eine gute Voraussetzung gegeben ist, Einstellungen zu Nationalparken und dem Prinzip „Wildnis“ zu beeinflussen, wenn es gelingt, bei den Besucherinnen und Besuchern die Vorstellung bzw. das Bild von sich selbst überlassener Natur positiv zu prägen. Was also stellen sich die Gäste des Nationalpark-Zentrums unter einer verwilderten Natur im Allgemeinen vor? Wie bewerten sie diese Vorstellung? Welche Emotionen verbinden sie damit?

5.2.2 Vorstellungen von sich selbst überlassener Natur

Die Befragten wurden gebeten sich eine Landschaft vorzustellen, in der die Natur vollkommen sich selbst überlassen wird, und ihre spontanen Assoziationen dazu zu nennen. Die Nennungen zeigen ganz deutlich, dass die Vorstellung einer vollkommen naturbelassenen Landschaft, die frei von menschlichem Eingreifen ist, ausschließlich positive Gedanken hervorruft. Besonders häufig kommen Nennungen vor wie:

- „Naturbelassenheit", „Natürlichkeit", „Natur pur";
- „Urwald", „Urwüchsigkeit, „Ursprünglichkeit", „Unberührtheit";
- „Wildnis", „Wildheit";
- „Chaos", „Durcheinander", „Unordnung";
- „Schönheit";
- „Ruhe", „beruhigend", „Entspannung", „Erholung".

Ebenso wurde den Befragten ein Polaritätsprofil vorgelegt, anhand dessen sie ihre Vorstellung von einer vom Menschen nicht mehr beeinflussten Landschaft beschreiben sollten. Per se beurteilen die Besucher eine verwilderte Landschaft als „schön", „sehr vielfältig", „sehr interessant" und als „beeindruckend". Sie wird als „sehr wertvoll" und ebenso als „sehr notwendig" angesehen, die Mittelwerte bei allen diesen Aspekten liegen zwischen 4,4 und 4,6. Die Befragten empfinden eine sich selbst überlassene Natur aber auch als „eher ungeordnet", sie ist ihnen nur wenig „vertraut" und erscheint ihnen auch wenig „sicher". Die Mittelwerte liegen hier zwischen 3,6 und 3,7, für „geordnet - ungeordnet" bei 2,3. Wie bereits bei den spontanen Assoziationen wird auch hier deutlich, dass das Bild einer unbeeinflussten Landschaft positiv gesehen wird. Bei wiederholter Befragung *nach* dem Besuch der Ausstellung sehen die Befragten bis auf das Geordnet- und Vertraut-Sein alle übrigen Aspekte einer sich selbst überlassenen Natur zwar positiver (sehr und hoch signifikant), hier scheint allerdings ein Pretesteffekt (vgl. Kap. 4.1.1) vorzuliegen (Abb. 17).

Die vorher und nachher Befragten unterscheiden sich in ihren Bewertungen signifikant von denjenigen Besuchern, die nur nachher befragt wurden. Nur für die Eigenschaften „beeindruckend" und „vielfältig" besteht kein Pretesteffekt (t=2,0*/t=2,0*). Durch den Vergleich der Besucher mit den Nicht-Besuchern wird ebenfalls nur eine Veränderung bei dem Aspekt „beeindruckend" bestätigt (Z=2,5**).

Frage: Empfinden Sie diese Landschaft [in der Natur ausschließlich sich selbst überlassen bleibt] als ...?

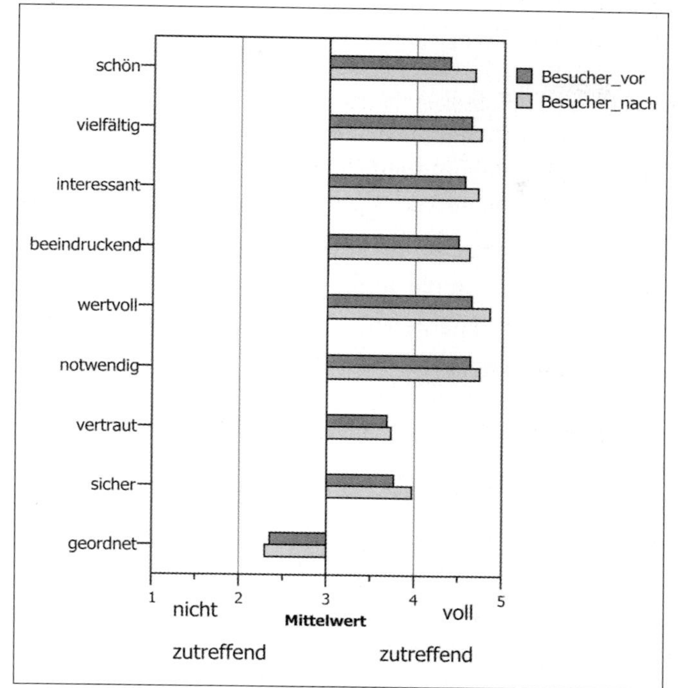

Abb. 17: Vorstellungen von sich selbst überlassener Natur vor und nach dem Besuch der Ausstellung im Nationalpark-Zentrum Königsstuhl.

Angesichts dieser Ergebnisse kann keine eindeutige Aussage darüber getroffen werden, inwiefern sich ein Besuch der Ausstellung auf das imaginäre Bild von „Wildnis" auswirkt. Lediglich für den Aspekt „beeindruckend" lässt sich eine klare Wirkung nachweisen. Jedoch lassen die folgenden Ergebnisse diesbezüglich klarere Aussagen zu.

Ästhetik

Um mehr über die Ästhetikvorstellungen zur Natur zu erfahren, wurden zwei (im Original farbige) Fotos vorgelegt (Abb. 18). Foto A zeigt ein von gefallenen Bäumen und Unterbewuchs freies Waldstück und Foto B einen

Abb. 18: Getestete Fotos zu den Ästhetikvorstellungen der Befragten (links: Foto A, rechts: Foto B) (Fotos: CHR. ZEPF).

Wald mit herumliegendem Totholz. Die Gäste wurden gefragt, wie ihnen die beiden Wälder jeweils gefallen und was ihnen daran zusagt bzw. nicht zusagt. Ausschlaggebend für das Urteil der Befragten sollte ausschließlich der Inhalt und nicht die Art der Bilder sein. Daher sollten sie beschreiben, was ihnen am favorisierten Wald besser gefällt.

Die Personen, die Foto A bevorzugen, beurteilen den Wald als „ordentlicher", „aufgeräumter" und „gepflegter", was ihrer Vorstellung von einem schönen Wald mehr entspricht. Er wird zudem als „übersichtlicher" und als „besser zum Laufen" empfunden. Die Befragten, denen Foto B besser gefällt, beschreiben den Wald als „natürlicher" bzw. „naturbelassener" und damit „ursprünglicher". Gerade die Tatsache, dass in diesem Wald Baumstämme herumliegen und er daher „unordentlicher" und „nicht so aufgeräumt" wirkt, sagt dieser Gruppe zu. Ein solcher Anblick wirkt auf viele „interessanter" und „vielfältiger". Die Befragten wurden zudem gebeten, die Naturbelassenheit bzw. den Verwilderungsgrad der beiden Wälder auf einer Skala von „vollkommen" bis „überhaupt nicht" sich selbst überlassen einzuschätzen. Demnach wird Wald A als kaum bis teilweise und Wald B als ziemlich bis vollkommen sich selbst überlassen eingestuft ($\bar{x}$=2,3/4,4).

Diese Ergebnisse gelten für alle Untersuchungsgruppen - für die Besucher des Nationalpark-Zentrums Königsstuhl[16] genauso wie für die Nicht-Besucher. Sie zeigen nicht nur, dass die Befragten die Fotos wie erwartet bewerteten, sondern geben auch Hinweise darauf, welche Aspekte für das naturästhetische Empfinden relevant sind.

Es scheint, dass für die Befragten ein Wald interessant und vielfältig sein sollte. Dies wird durch den Test nach signifikanten Korrelationen zwischen der Bewertung des Fotos von dem verwilderten Wald mit den einzelnen Begriffen des Polaritätsprofils (s.o.) bestätigt. Mit den Aspekten „vielfältig" und „interessant" besteht ein mittlerer Zusammenhang (beides: r=0,3***). Ferner deuten die Aussagen darauf hin, dass auch der wahrgenommene Nutzen eines Waldes - wie etwa zum Wandern - bei der Bewertung eine Rolle spielt. Beide Aspekte finden in den Ergebnissen eines Studienprojekts über die Akzeptanz von Wildnis[17] Bestätigung (WASEM 2002; BAUER 2002). Ebenso wird deutlich, dass Unordnung im Wald individuell negativ oder positiv bewertet wird. Einige Personen stören sich daran, andere finden es gerade reizvoll.

Welcher Wald gefällt nun also besser? Entgegen den Annahmen des Projektes wird der verwilderte Wald von vornherein klar favorisiert. Bei den Gästen, die vor dem Besuch des Zentrums befragt wurden, sind dies bereits 71 %. Nur 14 % bevorzugen den aufgeräumten Wald, die restlichen 16 % zeigen sich unentschieden (beide Wälder gefallen ihnen gleich

16 Vorher und nachher, sowie nur nachher befragte Personen.

17 Projekt „Befürwortung und Ablehnung von Wildnis" der Eidg. Forschungsanstalt für Wald, Schnee und Landschaft (WSL), Birmensdorf.

gut). Wieder zeigt sich das per se positive Bild, welches die Besucher von einer Natur haben, die frei von menschlichen Eingriffen und Kontrolle ist.

Nach dem Besuch der Ausstellung ist die klare Präferenz für den verwilderten Wald noch etwas verstärkt (wilder Wald 79 %; geordneter Wald 8 %). Relativ zum ordentlichen Wald gewinnt der wilde Wald für 49 % der Befragten an Attraktivität. „Relativ" heißt, dass sich bei 49 % der Abstand der Beurteilung beider Waldbilder vergrößert (um 1,3/0,7 Skalenpunkte).[18] Die Veränderung ist hoch signifikant und stellt einen sehr großen Effekt dar (t=1,8***; d=1,3).

Fazit

Das Ziel, den Besucherinnen und Besuchern ein positiv besetztes Bild von sich selbst überlassener Natur zu vermitteln, konnte hinsichtlich des Ästhetikempfindens voll erreicht werden. Ein Besuch der Ausstellung wirkt sich eindeutig positiv darauf aus, inwiefern ein verwilderter Wald gefällt. Er wird nach dem Besuch anders wahrgenommen (Erfolgskriterium 7; vgl. Abb. 13). Bei anderen Aspekten der Bewertung von Wildnis konnte zum Teil nicht *eindeutig* geklärt werden, ob eine Beeinflussung der Besucher erfolgte, da Pretesteffekte nicht ausgeschlossen werden konnten. Klare Ergebnisse gibt es hier nur für die Faszination für sich selbst überlassene Natur, welche durch den Besuch verstärkt wird.

5.2.3 Nationalparke und ihre Bedeutung

Nachdem im vorhergehenden Kapitel beschrieben wurde, welches Bild die Besucher von Wildnis haben und wie sie dieses bewerten, geht es in den folgenden beiden Kapiteln um die Einstellung zu Nationalparken und um die Akzeptanz des Schutzes von Wildnis im Nationalpark. Wie denken die Besucher über Nationalparke in Deutschland[19]? Wie stehen sie zur Nationalpark-Idee? Gewinnen sie durch den Besuch der Ausstellung andere oder neue Ansichten?

Die Besucherinnen und Besucher wurden gefragt, für wie wichtig sie die Existenz von Nationalparken in Deutschland halten. Die Existenz von Nationalparken in Deutschland

---

18 Die Befragten bewerteten die beiden Waldbilder gleichzeitig und daher in gewisser Weise auch relativ zueinander. Schon bei der Befragung vor dem Besuch wurde das Bild des verwilderten Waldes von vielen relativ hoch eingestuft. So war zum Teil nur noch wenig Bewertungsspielraum nach oben vorhanden, um bei der zweiten Befragung nach dem Besuch ein ggf. verstärktes Gefallen des wilden Waldes auch auszudrücken. Dementsprechend wurde dafür das Bild des geordneten Waldes einfach niedriger eingestuft als zuvor.

19 Es wurde bewusst betont, dass es um Nationalparke in Deutschland geht, um Assoziationen mit berühmten Nationalparken im Ausland zu vermeiden.

Frage: Wie wichtig ist es Ihrer Meinung nach, dass es Nationalparke in Deutschland gibt?

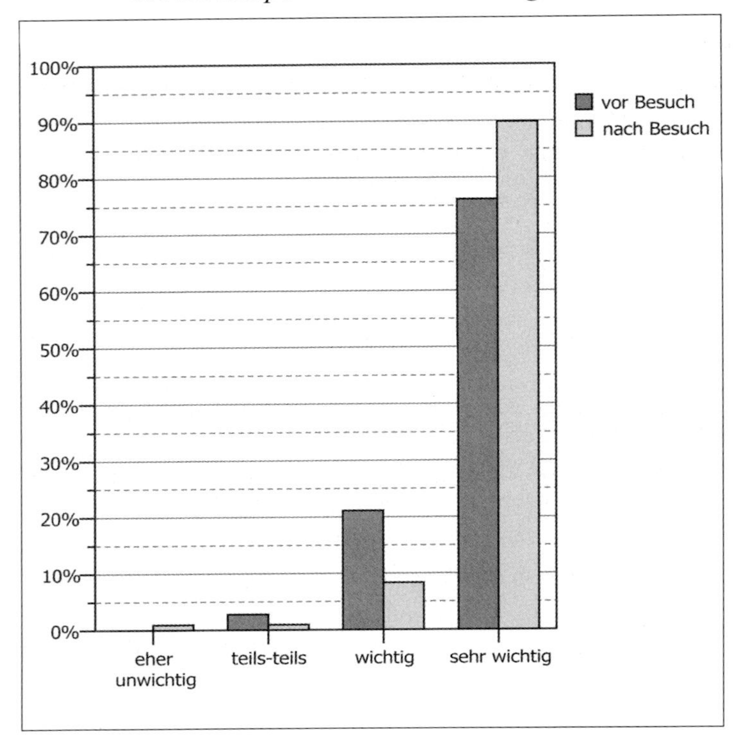

Abb. 19: Bedeutung von Nationalparken vor und nach dem Besuch des Nationalpark-Zentrums Königsstuhl.

wird schon vor dem Besuch der Ausstellung einheitlich als sehr bedeutend beurteilt (Abb. 19). 76 % der Befragten halten Nationalparke für sehr wichtig und 21 % für wichtig - insgesamt also ein Anteil von 97 %, der Nationalparke befürwortet.[20]

Diese per se sehr positive Einstellung kann durch einen Besuch der Ausstellung weiter bestärkt werden. So nimmt der Anteil derer, die Nationalparke in Deutschland für sehr wichtig halten, von vorher zu nachher um 15 % auf 90 % zu. Die Veränderung ist sehr signifikant und als kleiner Effekt eingestuft ($t=3{,}0^{**}$; $d=0{,}28$; $\bar{x}_{Diff.}=0{,}14$). Statistisch gesehen handelt es sich zwar nur um einen kleinen Effekt, doch ist die Beeinflussungswirkung in Anbetracht der Tatsache, dass die Einstellung des Publikums gegenüber Nationalparken von vorneherein schon ausgesprochen positiv ist, beachtlich.

5.2.4 Akzeptanz des Prinzips „Wildnis“

Um die Akzeptanz einer natürlichen, vom Menschen nicht kontrollierten Entwicklung in einem Nationalpark zu untersuchen, wurden sieben Aussagen (Items) vorgelegt, die unterschiedliche Meinungen zum Umgang mit Küstenabbrüchen und umgefallenen Bäumen im Wald ausdrücken (Tab. 2). Die Befragten wurden gebeten zu den präsentierten Ansichten

---

[20] Eine bundesweite, repräsentative Umfrage zum Thema Nationalpark, die 1998 vom Meinungsforschungsinstitut EMNID im Auftrag des WWF durchgeführt wurde, kam zu einem ähnlichen Ergebnis. Hier waren es 95 % aller Befragten, die Nationalparke für wichtig hielten (n=2000; WWF 1998: 2).

Tab. 2: Getestete Aussagen zur Akzeptanz des Prinzips „Wildnis“.

Nr. 19	Bezeichnung	Item
a	Dynamik	„Kreideabbrüche sind Teil der natürlichen Küstenentwicklung. Sie sollten akzeptiert werden.“
b	Gefahr	„Abbrüche an der Küste sollten durch technische Vorkehrungen verhindert werden, da Menschen gefährdet werden können.“
c	Verlust	„Es sollte verhindert werden, dass Naturschönheiten wie z.B. die Wissower Klinken durch Abbrüche verloren gehen (Wissower Klinken werden demnächst abbrechen)“[21].
d	Schädlinge	„Abgestorbene Bäume können von Baumschädlingen befallen werden (Tatsache). Um dem vorzubeugen, sollten diese Bäume aus dem Wald entfernt werden.“
e	Lebensraum	„Abgestorbene Bäume bieten einen Lebensraum für viele Tiere (Tatsache). Daher sollten sie im Wald liegengelassen werden.“
f	Nutzung	„Das Holz von umgefallenen Bäumen sollte weiterverarbeitet und genutzt werden. Es dem natürlichen Zerfall zu überlassen, ist eine Verschwendung.“
g	Ästhetik	„Ein nicht aufgeräumter Wald ist schön.“

Stellung zu nehmen, indem sie auf einer 5-stufigen Skala ihre Zustimmung oder Ablehnung ausdrücken.

a) Ansichten zu einzelnen Aspekten des Prinzips „Wildnis“

Die Befragung vor dem Besuch der Ausstellung zeigt, dass im Schnitt bereits eine tendenzielle Akzeptanz der Nationalpark-Idee vorhanden ist (Abb. 20). Zu einigen Punkten sind die Ansichten schon von vornherein relativ positiv.

Für die Items „Dynamik“, „Ästhetik“ und „Lebensraum“ liegt der Mittelwert zwischen 4 und 5 und drückt eine klar zustimmende Ansicht aus. Der weit überwiegende Teil der vorher Befragten kann sich mit diesen Punkten identifizieren (93 %, 84 % und 83 % Zustimmung); Ablehnung gab es nur sehr wenig (4-8 % je nach Item). Diese Items befürworten eine natürliche Entwicklung im Allgemeinen: Es ist in Ordnung, wenn die Küste abbricht und umgefallene Bäume im Wald liegen bleiben; letzteres sieht sogar schön aus. Die übrigen Items „Nutzung“, „Schädlinge“ und „Gefahr“ drücken eine ablehnende Haltung aus und begründen diese mit Alternativen bzw. möglichen Konsequenzen einer natürlichen Entwicklung: Umgefallene Bäume sollen besser genutzt werden, Totholz birgt die Gefahr des Schädlingsbefalls und durch Küstenabbrüche könnten Menschen in Gefahr geraten. Die Befragten drücken eine positive Einstellung zur Nationalpark-Idee aus, indem

[21] Die Wissower Klinken brachen am 24. Februar 2005 tatsächlich ab.

sie diesen Aussagen **nicht** zustimmen. Demzufolge erhalten Personen, die bei diesen Items beispielsweise „stimme überhaupt nicht zu" angeben, den Wert 5, der für die vollkommene Akzeptanz der Nationalpark-Idee steht.

Bei den Items „Nutzung", „Schädlinge" und „Gefahr" zeigen die Reaktionen der Befragten nur noch tendenziell positive Ansichten; die Mittelwerte liegen zwischen 3 und 4. Dennoch - auch hier stimmt die Mehrheit gegen ein Eingreifen (55 %, 64 % und 70 %). Nur bei einer Aussage wird insgesamt eine zur Nationalpark-Idee konträre Meinung vertreten: den Verlust der Wissower Klinken will fast die Hälfte der Befragten (49 %) nicht hinnehmen. Der Mittelwert liegt hier als einziger unter 3 im Ablehnungsbereich ($\bar{x}$=2,7).

Nach dem Besuch der Ausstellung zeigt sich bis auf „Lebensraum" bei allen Items eine signifikante, z.T. sogar sehr und hoch signifikante Veränderung in positive Richtung. Offensichtlich werden die Besucherinnen und Besucher durch die Ausstellung insgesamt in positiver Weise beeinflusst (t= „Gefahr" 2,2*, „Verlust" 2,9**, „Schädlinge" 5,6***, „Nutzung" 2,2*, „Ästhetik" 3,0**).

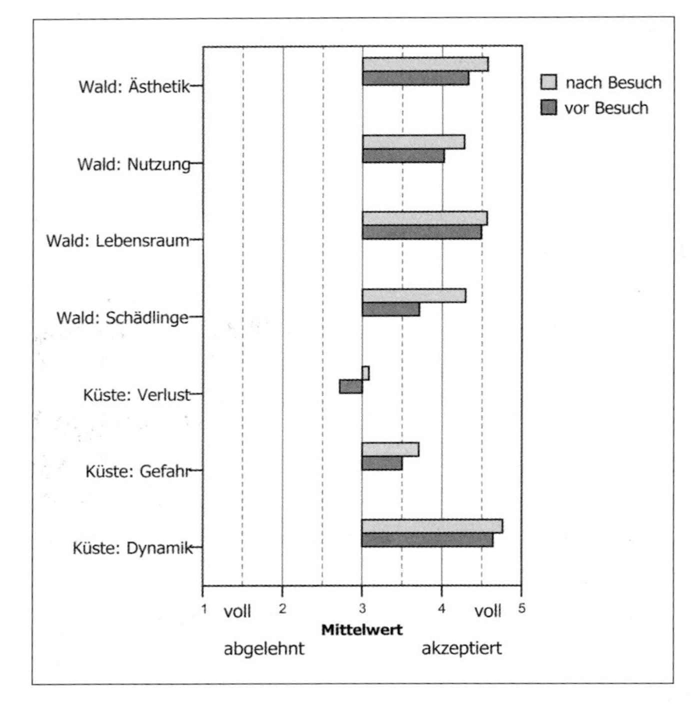

Abb. 20: Akzeptanz des Prinzips „Wildnis" vor und nach dem Besuch des Nationalpark-Zentrums Königsstuhl: Für jedes Item wird der mittlere Skalenwert angezeigt; Werte im Bereich 5-4 bedeuten, dass die Nationalpark-Idee überwiegend akzeptiert wird, Werte im Bereich 2-1 zeigen eine vorherrschende Ablehnung an. Wenn keine der beiden Seiten überwiegt, liegt der Wert bei 3.

Der Vergleich des Meinungsbildes vor und nach dem Ausstellungsbesuch zeigt, wie stark die Beeinflussung im Einzelnen ist (Abb. 20). Die Unterschiede zwischen den jeweiligen Mittelwerten drücken die durchschnittliche Veränderung aus.

Die Akzeptanz hat in allen Bereichen zugenommen - es gibt im Mittel also nur positive Veränderungen. Ebenso wird deutlich, dass die Veränderungen der Akzeptanz bei den einzelnen Items sehr unterschiedlich sind. Die größten Effekte können und sind tatsächlich bei solchen Items festzustellen, die vorher eine relativ geringe Akzeptanz hervorriefen. Die stärkste Wirkung resultiert demnach bei „Schädlinge" (großer Effekt, d=0,87) und „Verlust" (mittlerer Effekt, d=0,48) - hier ist die Akzeptanz vor dem Besuch am geringsten. Umso überraschender ist die Entwicklung beim Ästhetikempfinden bezüglich eines ungeordneten Waldes. Es entsteht ein mittelgroßer Effekt, obwohl schon vor dem Besuch größtenteils zugestimmt wird (d=0,40). Das deutet darauf hin, dass die Ausstellung einen relativ starken Einfluss auf die Wahrnehmung und Bewertung der Ästhetik eines ungeordneten Waldes hat. Die übrigen Veränderungen stellen kleine Effekte dar (d=0,35 Gefahr; 0,34 Nutzung).

Auch bei der Akzeptanz des Prinzips „Wildnis" sind die Voreinstellungen der Befragten also überraschend positiv. Es zeigt sich allerdings, dass die Zustimmung hier bei weitem nicht so hoch ist, wie bei der allgemeinen Frage nach der Wichtigkeit von Nationalparken (vgl. Abb. 19). Das positive Image, das Nationalparke in Deutschland haben, darf folglich nicht eins zu eins mit einer Befürwortung der Nationalpark-Idee gleichgesetzt werden. Die eher schwache Verbindung zwischen den beiden Aspekten spiegeln auch die Daten wieder. Die Variablen „Nationalpark-Wichtigkeit" und „Akzeptanz von Totholz im Wald" korrelieren nur schwach (r=0,2*). Mit der Variablen „Küstenabbrüche" besteht gar kein Zusammenhang.

b) Gesamtsicht zum Prinzip „Wildnis"

Die grundsätzliche Haltung gegenüber der Nationalpark-Idee lässt sich präziser bestimmen, wenn man die Ansichten zu den verschiedenen Aussagen für jede einzelne Person im Zusammenhang betrachtet. Hierzu wurden die Reaktionen auf die einzelnen Aussagen zum Thema Wald für jede Person zu einem einzigen Testwert zusammengefasst. Dieser Testwert drückt den Grad aus, in dem die jeweilige Person das Liegenlassen von Totholz im Wald akzeptiert. Diese Werte wurden in fünf Klassen eingeteilt, die für *volle Akzeptanz, tendenzielle Akzeptanz, Ambivalenz, tendenzielle Ablehnung* und *volle Ablehnung* stehen. Gleiches gilt für die Items zum Thema Küste.[22]

Im Folgenden geht es also um die jeweilige Gesamthaltung hinsichtlich einer natürlichen Wald- und Küstenentwicklung und dem Vergleich der Ansichten vor und nach dem Besuch (Abb. 21a und 21b).

Bereits vor dem Besuch der Ausstellung wird das Verbleiben von Totholz im Wald allgemein gebilligt (Abb. 21a). Fast die Hälfte der Befragten (49 %) liegt im Bereich der vollen Akzeptanz und ein Drittel (33 %) im Bereich der tendenziellen. Insgesamt sprechen sich also 82 % der Besucher von vorneherein eher für ein Nicht-Eingreifen in die natürliche Waldentwicklung aus. Nur 5 % der Befragten äußern sich eher ablehnend und die übrigen 14 % sind ambivalent. Die tendenzielle Befürwortung zeigt auch der Mittelwert von 4,1 an.

[22] Für Näheres zur Konstruktion und Überprüfung dieses Tests sei auf den Evaluationsbericht (Sommer 2005) verwiesen.

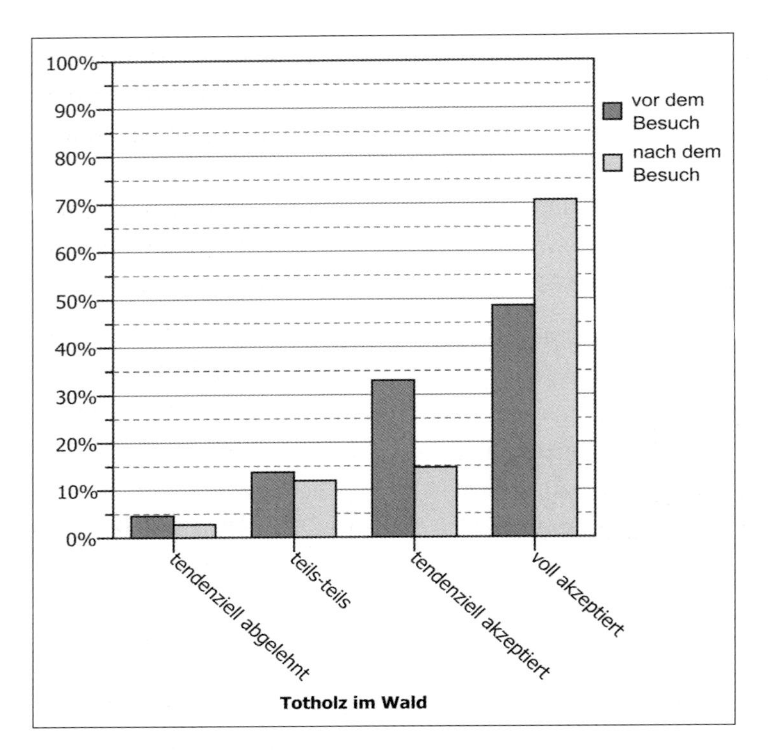

Abb. 21a: Akzeptanz des Prinzips „Wildnis" vor und nach dem Besuch (Gesamttestwerte), Beispiel Totholz.

Ganz anders ist das Bild bei den Aussagen zum Umgang mit Abbrüchen an der Kreideküste (Abb. 21b). Hier sind mit 47 % weit weniger Befragte dafür, nicht in die natürliche Küstenentwicklung einzugreifen. Im Bereich der vollen Akzeptanz liegen lediglich 19 %, in dem Bereich der tendenziellen 28 %. Insgesamt nehmen 29 % der Befragten eine ablehnende Haltung ein, wobei sich 22 % eher und 7 % vollkommen gegen das Zulassen einer natürlichen Küstendynamik aussprechen. Im Vergleich zum Wald gibt es mit 24 % einen wesentlich größeren Anteil der Unentschlossenen. Der Mittelwert von 3,1 weist hier auf eine insgesamt ambivalente Haltung hin. Einige Befragte können sich keine klare Meinung bilden - die Antworten auf die verschiedenen Items sind insgesamt weit weniger stimmig als die zum Wald.

Nach dem Besuch der Ausstellung steigt die Akzeptanz der natürlichen Dynamik sowohl beim Thema Wald als auch beim Thema Küste insgesamt an. Bei beiden Tests liegen die Mittelwerte um 0,3 höher (Wald $\bar{x}_{nach}$=4,4; Küste $\bar{x}_{nach}$=3,4). Die Veränderung ist hoch signifikant (Wald t=5,5***; Küste t=3,1***) und beim Wald als großer Effekt (d=0,69), bei der Küste als mittlerer Effekt (d=0,48) klassifizierbar.

Da vor und nach dem Besuch jeweils dieselben Personen befragt wurden, lässt sich für jede befragte Person die individuelle Veränderung der Akzeptanz in ihrer Richtung und Größe feststellen (Abb. 22). Würde keine Beeinflussung durch die Ausstellung erfolgen, würden sich die gemessenen Werte um den Mittelwert $\bar{x}$=0 normal verteilen. Deutlich zeigt sich, dass die Mehrheit der Befragten ihre Ansichten zu beiden Themen, sowohl zum Liegenlassen von Totholz als auch zu Küstenabbrüchen, positiv verändert. Auffällig ist, dass beim Wald wesentlich mehr Personen bei ihrer vorherigen Haltung bleiben als bei der Küste. Bedenkt man aber, dass die Akzeptanz einer natürlichen Waldentwicklung von vorneherein

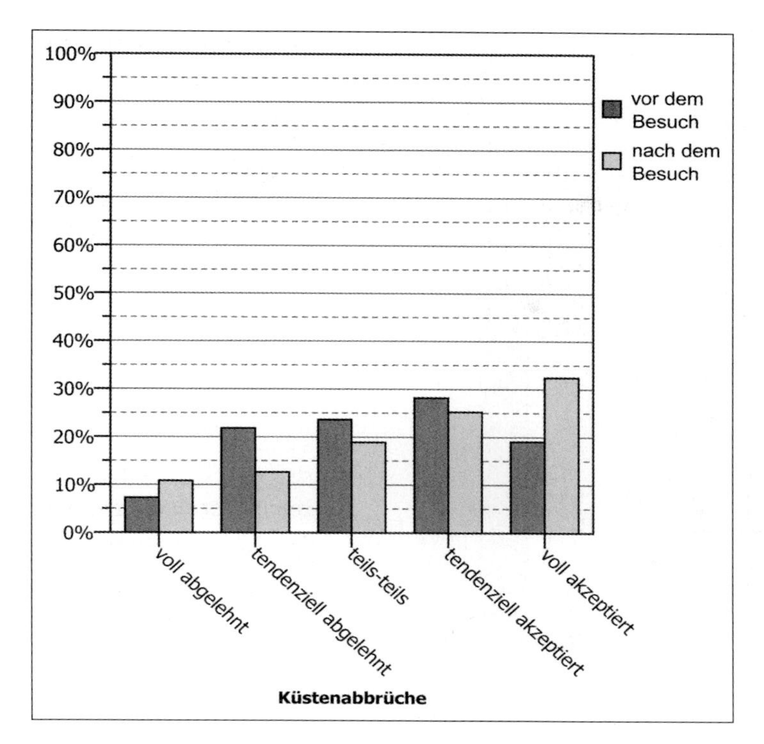

Abb. 21b: Akzeptanz des Prinzips „Wildnis" vor und nach dem Besuch (Gesamttestwerte), Beispiel Küstenabbrüche.

relativ hoch ist (s.o.), ist dies nachvollziehbar. Auffällig ist allerdings, dass es bei der Küste doch einen beträchtlichen Anteil gibt, der seine Ansicht negativ verändert; beim Wald sind es dagegen nur wenige. Das Bild der Veränderung ist bei der Küste also etwas diffuser, beim Wald ist es dagegen klar. Das erklärt auch, warum das Meinungsbild zu einer natürlichen Küstendynamik nach der Ausstellung uneinheitlicher ist als zum Totholz.

Die Ergebnisse der Tests zeigen, dass Totholz im Wald schon per se zumindest tendenziell akzeptiert wird. Diese Tendenz wird durch den Besuch der Ausstellung noch deutlich bestärkt und wandelt sich in eine klare Befürwortung. Dabei überrascht die bereits vor dem Besuch von der Tendenz her positive Haltung der Besucherinnen und Besucher.

In Bezug auf die Küstenabbrüche ist die Akzeptanz geringer. Nach dem Besuch nimmt auch hier die Befürwortung zu, doch weniger stark. Den Gästen fällt es zudem von Anfang an wesentlich schwerer, eine klare Position zu beziehen.

Dazu im Folgenden einige Überlegungen:

Aus den Daten geht hervor, dass die Meinungsbildung zum Thema Küstenabbrüche vielen Befragten schwer fällt. Viele Gäste sind vermutlich mit dem Phänomen wenig oder gar nicht vertraut und haben daher Schwierigkeiten, sich den Sachverhalt vor Augen zu führen. Wald dagegen ist jedem vertraut. Außerdem wurde den Befragten kurz vorher im Rahmen der Befragung ein Foto von im Wald liegenden Totholz gezeigt. Sich eine Vorstellung von der Totholz-Problematik zu machen, dürfte für die Befragten aus diesen Gründen einfacher gewesen sein. Ferner wird das Thema der natürlichen Waldentwicklung in der Ausstellung eingehender behandelt und schließlich könnte es auch eine Rolle spielen, dass der Wald am Ende der Ausstellung steht und bei der Befragung die Eindrücke hierzu stärker präsent sind

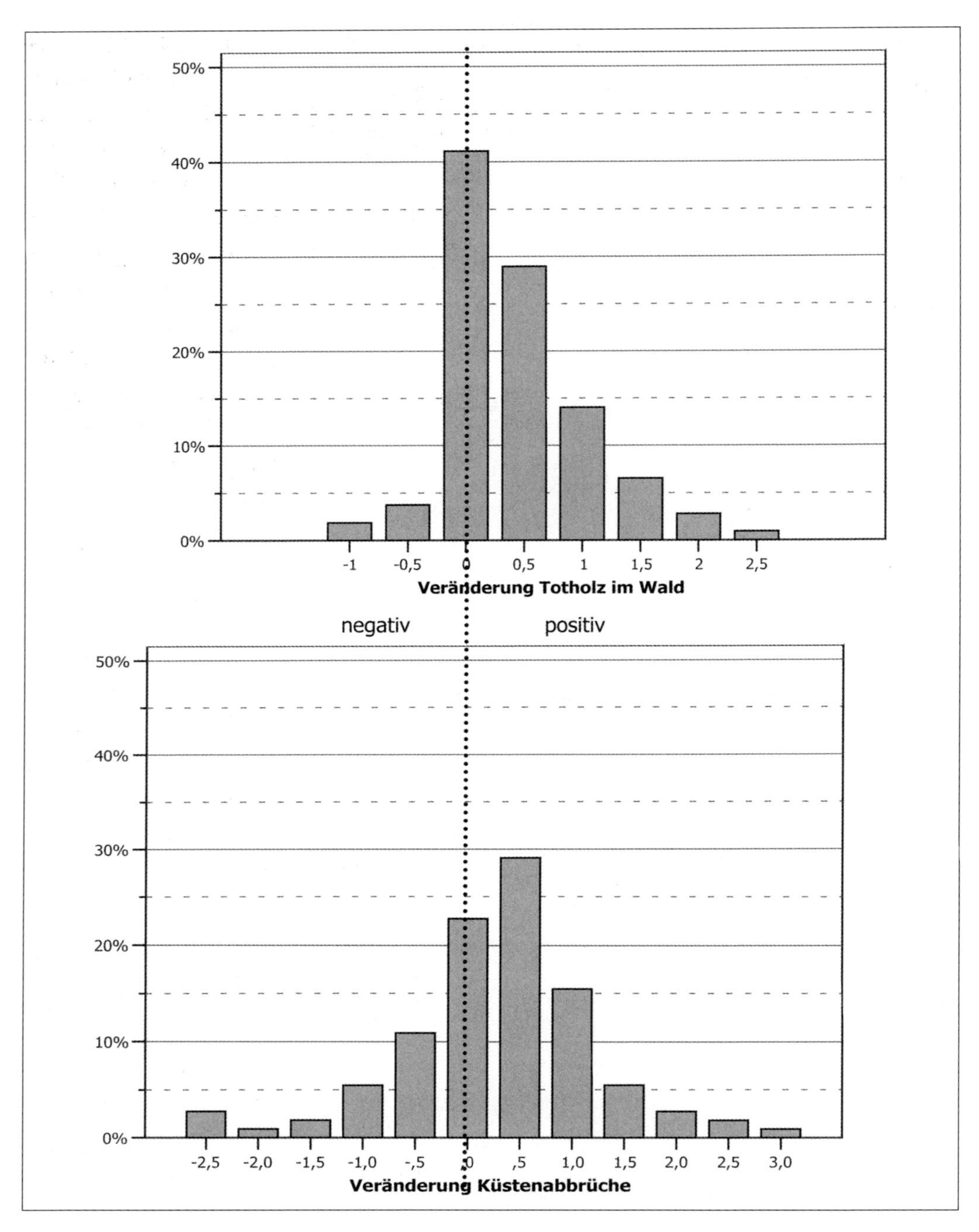

Abb. 22: Veränderung der Akzeptanz des Prinzips „Wildnis" durch den Besuch. Die Veränderung für jede Person ergibt sich aus der Differenz ihrer Testwerte „nachher" minus „vorher". Resultiert ein Wert größer 0, bedeutet dies eine insgesamt positive Veränderung; je größer der Wert ist, desto stärker ist die positive Beeinflussung durch den Besuch. Analoges gilt für negative Werte. Der Wert 0 bedeutet, dass insgesamt keine Veränderung erfolgt.

als zur Küste. Zudem scheinen die Botschaften zum Wald das Publikum besser zu erreichen und zu überzeugen, als die Botschaften zur Küste. Hierfür erscheinen mehrere Erklärungen plausibel: Zum Einen ist diese Entwicklung darauf zurückzuführen, dass das Thema Wald allgemein vertrauter ist. Informationen zu etwas Bekanntem werden besser aufgenommen und verarbeitet (WEYER 1998). Die meisten Gäste können hier vermutlich eher eine Verbindung zu ihrem alltäglichen Leben herstellen, was beim Lernen eine wichtige Rolle spielt. Zum Anderen werden die Botschaften zum Wald in der Ausstellung und Multivision einfacher und klarer vermittelt. Bezüglich der Küste wurden die Botschaften mehr verklausuliert. Die Tatsache, dass die Konsistenz der Antworten auf die verschiedenen Items beim Wald stärker zunimmt als bei der Küste, stützt diese These. Das wäre ein deutliches Plädoyer dafür, Botschaften immer klar und einfach zu formulieren.

Fazit

Durch den Besuch der Ausstellung wird die Ansicht des Publikums zum Prinzip „Wildnis" eindeutig positiv beeinflusst. Nach dem Besuch des Zentrums hat die Akzeptanz und Befürwortung von Wald- und Küstengebieten, in die der Mensch nicht mehr kontrollierend eingreift, signifikant und bedeutsam zugenommen. Zudem wurde die ohnehin schon befürwortende Haltung gegenüber deutschen Nationalparken bestärkt. Das Ziel, die Gäste mehr für Nationalparke und deren zugrunde liegende Idee zu gewinnen, wurde vom Nationalpark-Zentrum Königsstuhl messbar erreicht (Erfolgskriterium 8, vgl. Abb. 13).

5.3 Gesamteindruck vom Nationalpark Jasmund

Wie sieht das Bild vom Nationalpark Jasmund selbst aus, welches die Gäste wieder mit nach Hause nehmen: Wirkt er sympathisch und glaubwürdig? Fühlt sich der Kunde als König und die Kundin als Königin willkommen? Ist die äußere Aufmachung attraktiv? Stört etwas im Erscheinungsbild?

Hierzu wurden sowohl die Besucher des Nationalpark-Zentrums Königsstuhl, als auch die Nicht-Besucher befragt. Der Vergleich der beiden Gruppen zeigt, inwiefern sich ein Besuch des Zentrums auf den Gesamteindruck vom Nationalpark Jasmund auswirkt (Erfolgskriterien 9 und 10, vgl. Abb. 13).

5.3.1 Erscheinungsbild des Nationalparks

Sowohl Besucher des Zentrums, als auch Nicht-Besucher fühlen sich im Nationalpark Jasmund „willkommen" (Besucher/Nicht-Besucher: 98 %/96 %) und beurteilen

a) Frage: Sie fühlen sich als Gast:...

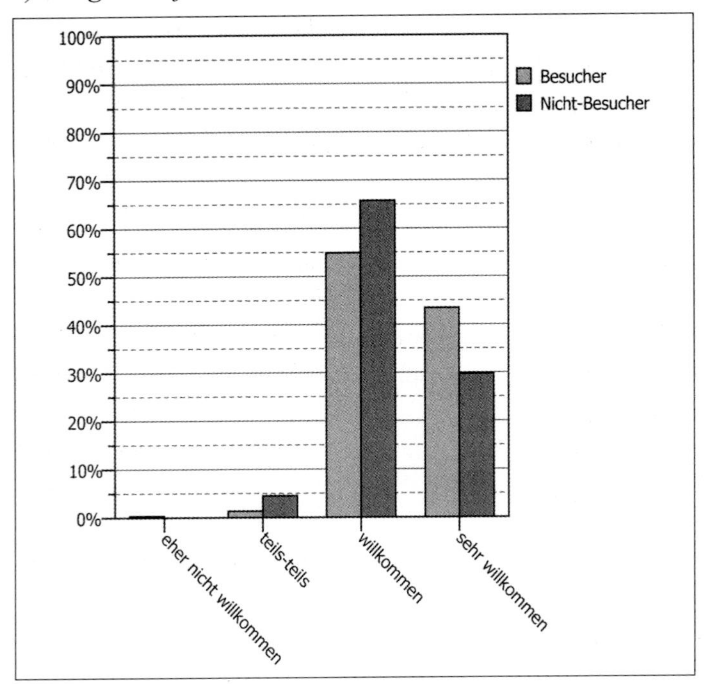

b) Frage: Die Präsentation/ äußere Aufmachung dieses Nationalparks empfinden Sie als:...

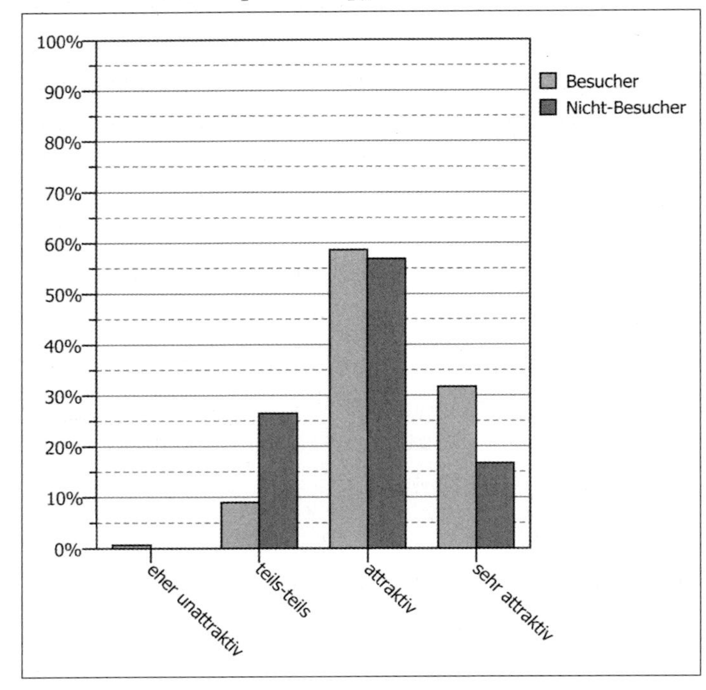

sein Erscheinungsbild als „attraktiv“ (91 %/ 74 %). Insgesamt erscheint ihnen der Nationalpark Jasmund „sympathisch“ (99 %/97 %) (Abb. 23 a-c). Er hinterlässt einen „glaubwürdig[en]“ (94 %/83 %) Eindruck (ohne Abb.).

Die Erfahrungen mit dem Nationalpark sind positiv, doch nicht *sehr* positiv. Hinsichtlich Attraktivität und Glaubwürdigkeit gibt es bei den Nicht-Besuchern einige, die dies nur teilweise so sehen. Insgesamt beurteilen die Besucher des Zentrums den Nationalpark Jasmund in allen vier Aspekten wohlwollender. Die Unterschiede sind hoch signifikant. Anscheinend wirkt sich die gute Erfahrung im Nationalpark-Zentrum Königsstuhl positiv auf den Gesamteindruck des Nationalparks Jasmund aus.

5.3.2 Negative Aspekte

Auf die Frage, ob sich die Besucherinnen und Besucher im Nationalpark an irgendetwas stören, geben

c) Frage: Insgesamt ist ihnen dieser Nationalpark

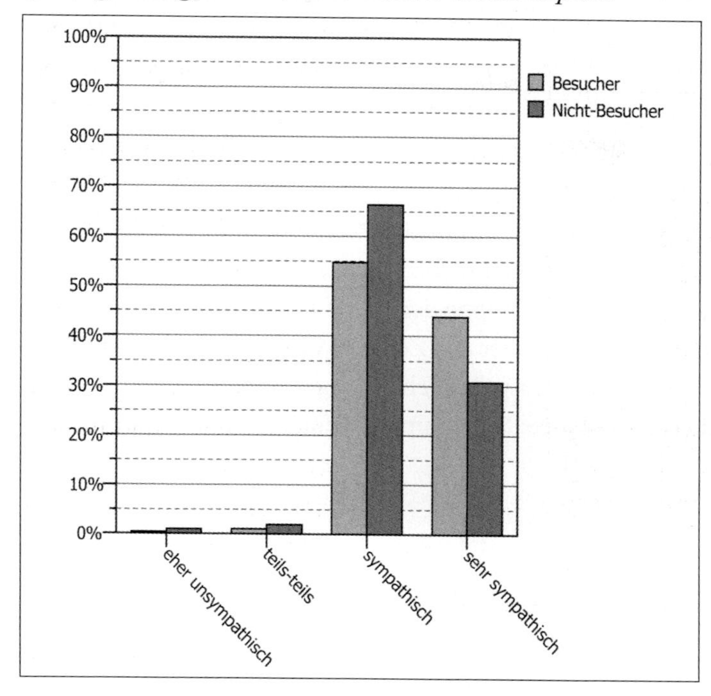

Abb. 23a-c: Eindruck vom Nationalpark Jasmund im Vergleich

20 % der Gäste und 40 % der Nicht-Besucher an, dass ihnen im Nationalpark etwas negativ aufgefallen sei. Auch die Wahrnehmung zwischen beiden Gruppen ist sehr unterschiedlich (χ^2=14,9***).

Negativ registriert werden vor allem die „zu vielen Kioske, Busse, Menschen" und die Folgen davon in Form des herumliegenden Mülls (Besucher/ Nicht-Besucher: 7 %/ 11 %). Den Gästen ist das für einen Nationalpark zu viel „Kommerz" und „Konsum". Ein weiterer Punkt, vor allem bei den Nicht-Besuchern des Zentrums, ist die so genannte „Abzocke" (5 %/14 %). Damit ist das wiederholte Bezahlen am Parkplatz Hagen, im Bus und am Königsstuhl gemeint. Etwas weniger Personen stören sich an der ihrer Meinung nach unzureichenden Beschilderung und Ausstattung mit Infotafeln (5 %/8 %). Die übrigen Angaben können keiner dieser Kategorien zugeordnet werden und bildeten auch in sich keine Einheit (3 %/7 %).

Tab. 3: Negative Aspekte im Nationalpark Jasmund

Frage: Hat Sie im Nationalpark Jasmund irgendetwas gestört? Ist Ihnen irgendetwas negativ aufgefallen?

„Ja"... *...und zwar:*	**Besucher** **20 %**	**Nicht-Besucher** **40 %**
„zu viele Kioske, Busse, Menschen", „Müll", „Kommerz" und „Konsum"	7 %	11 %
„Abzocke"	5 %	14 %
„unzureichende Beschilderung, Infotafeln"	5 %	8 %
Sonstiges	3 %	8 %

Die als negativ registrierten Aspekte auf den Gesamteindruck bzw. das Image des Nationalparks Jasmund bewirken hauptsächlich, dass der Nationalpark als weniger attraktiv und glaubwürdig empfunden wird (Z=4,9***, Z=4,4***). Ebenso fühlen sich diese Personen weniger willkommen (Z=2,6**).

Der Gesamteindruck des Nationalparks ist für Besucher und Nicht-Besucher des Zentrums sympathisch, wobei Nicht-Besucher Kritik an der Glaubwürdigkeit äußern. Anders ausgedrückt: Ein Besuch des Nationalpark-Zentrums bringt dem Nationalpark einen Gewinn an Glaubwürdigkeit, der allerdings nicht die Widersprüche zwischen Anspruch und Wirklichkeit im Nationalpark überdeckt. Sowohl die Gruppe der Besucherinnen und Besucher als auch die der Nicht-Besucherinnen und Besucher des Zentrums empfinden den Nationalpark in seinem Gesamteindruck als eher widersprüchlich. Bezogen auf die Attraktivität des Schutzgebietes geben allerdings die Gäste des Nationalpark-Zentrums wiederum ein deutlich positiveres Votum ab.

Fazit

Das Erscheinungsbild des Nationalparks Jasmund wird insgesamt positiv beurteilt, die Mehrzahl der Befragten empfinden den Nationalpark als glaubwürdig und sympathisch (Erfolgskriterien 9 und 10; vgl. Abb. 13). Ein Besuch des Nationalpark-Zentrums Königsstuhl wirkt sich auf einen positiven Gesamteindruck des Nationalparks Jasmund aus, allerdings fallen vor allem den Nicht-Besuchern verschiedene Punkte negativ auf. Für diese Gruppe sind die Kriterien Attraktivität und Glaubwürdigkeit des Nationalparks nicht erfüllt.

Dieses Ergebnis zeigt zweierlei: Erstens bestätigt es die These, dass langfristig ein uneingeschränkt positives Image nur dann aufzubauen ist, wenn alle Glieder einer Service-Kette - einschließlich des Schutzgebietes selbst - integriert betrachtet werden. Zweitens zeigt es aber auch, dass überzeugende Kommunikation und PR-Arbeit in Schutzgebieten eine Stimmung erzeugen kann, die wahrgenommene Mängel in besserem Licht erscheinen lassen.

5.4 Zusammenfassende Interpretation der Ergebnisse

Das Projekt „Nationalpark-Zentrum Königsstuhl" wurde mit der Intention ins Leben gerufen, ein Massenpublikum durch emotionale Ansprache für die Nationalpark-Idee zu gewinnen. Aufgabe der Projektevaluation war die Prüfung, ob der innovative Ansatz und die entwickelte Strategie des Projekts „Nationalpark-Zentrum Königsstuhl" zum gewünschten Erfolg führt. Die Ergebnisse der Untersuchung zeigen, dass dies der Fall ist. Alle aus den Projektzielen abgeleiteten Erfolgskriterien wurden - unter Berücksichtigung des Umsetzungsstands im Sommer 2004 - erfüllt.

Ein besonderes Erlebnis für ein breites Publikum

Es ist mit dem Projekt offenbar gelungen, ein Besucherzentrum zu schaffen, welches für ein breites Publikum attraktiv ist und das dieses breite Publikum auch unabhängig von Alter, Bildungsniveau oder Engagement im Natur- bzw. Umweltbereich[23] zufrieden zu stellen vermag. Die Evaluation zeigt, dass das Ziel, einen zufriedenen Menschen zu entlassen, sogar noch übertroffen wurde. Die Resonanz der Besucherinnen und Besucher zeigt größtenteils Begeisterung, was im besonderen Maße für die Ausstellung gilt.

Die von verschiedenen Seiten wiederholt geäußerte Befürchtung, dass Ausstellung und Multivision aufgrund des gewählten Ansatzes (betont emotional, bewusste Beschränkung auf wenige Botschaften) dem Informationsbedürfnis des Publikums nicht gerecht würden, ist für die Ausstellung nicht haltbar. Auch diejenigen, die hauptsächlich mit dem Wunsch nach Information in das Nationalpark-Zentrum Königsstuhl kommen, sind mit ihrem Besuch voll zufrieden. Bei der Multivision weisen die Ergebnisse allerdings darauf hin, dass ein Teil der Gäste, welcher zusätzlich nicht auch noch die Ausstellung besucht hat, mehr informative Inhalte gewünscht hätte.

Erfolgreiche Beeinflussung

Das zentrale Ziel des Nationalpark-Zentrums Königsstuhl ist es, ein positiv besetztes Bild von sich selbst überlassener Natur zu vermitteln und die Menschen so in ihrer Einstellung zu Nationalparken und dem Management-Prinzip „Wildnis“ zu beeinflussen. Die Ergebnisse des Vorher-Nachher-Vergleiches zeigen, dass beides gelingt. Sowohl das Empfinden von Schönheit gegenüber verwilderter Natur als auch die Akzeptanz des Prinzips „Wildnis“ und die Befürwortung von Nationalparken nimmt durch den Besuch der Ausstellung[24] signifikant und bedeutsam zu. Dabei ver- und bestärkt die Ausstellung eine häufig schon vor dem Besuch des Zentrums vorhandene, tendenziell positive Haltung gegenüber Nationalparken und dem Prinzip „Wildnis“.

Positives, aber auch verbesserungswürdiges Bild vom Nationalpark Jasmund

Der zweite Bereich der Kommunikationsziele des Nationalpark-Zentrums Königsstuhl bezieht sich auf die Außenwirkung des Nationalparks Jasmund. Dieser Bereich wurde nicht so eingehend untersucht wie die Wirkung auf die Zufriedenheit und die Einstellung, da die

---

23 Engagement meint hier Mitgliedschaft in Verbänden, berufliche Tätigkeit, Ausbildung oder Hobby.

24 Die Untersuchung der Wirkungen (Vorher-Nachher-Vergleich) wurde nur für die Ausstellung vorgenommen.

Umsetzung des integrierten Kommunikationskonzeptes bei der Erhebung der Daten zu großen Teilen noch ausstand.

Obwohl die einheitliche und nationalparkgerechte Gestaltung aller Kontaktstellen noch nicht realisiert und das Erscheinungsbild des Nationalparks Jasmund von dem angestrebten Zustand noch ein ganzes Stück entfernt ist, wird es von den Nationalpark-Besuchern eher positiv beurteilt. Die Menschen erleben den Nationalpark Jasmund weitgehend als glaubwürdig und sympathisch.

Trotz der insgesamt meist guten (doch nicht sehr guten) Einschätzung zeigen die Ergebnisse, dass bezüglich des Erscheinungsbildes noch Verbesserungsbedarf besteht. Von einem bedeutenden Anteil der Befragten werden Negativpunkte registriert, die dazu führen, dass der Nationalpark als weniger attraktiv und glaubwürdig empfunden wird. Bei den negativen Auffälligkeiten handelt es sich vorwiegend um Aspekte, die nach Ansicht der Befragten nicht zu einem Nationalpark passen. So scheinen die vielen Menschen, Busse und Imbissbuden auf dem Gelände um den Königsstuhl für die Nationalpark-Gäste eine Atmosphäre von „Konsum“ und „Kommerz“ zu schaffen, die als Widerspruch wahrgenommen wird. Dieser Sachverhalt ist ein Grund dafür, dass das Erscheinungsbild und der Eindruck des Nationalparks Jasmund „nur“ gut und nicht sehr gut bewertet wird. Die Bedeutung des Ziels, durch die systematische Gestaltung der Kontaktstellen in einer gemeinsamen Anstrengung mit allen Akteuren des Nationalparks auf ein möglichst widerspruchsfreies und ansprechendes Erscheinungsbild hinzuarbeiten, wird durch diese Ergebnisse bestätigt.

Imagebildende Wirkung für den Nationalpark Jasmund

Als interessant erweist sich noch ein anderes Resultat. Es konnte gezeigt werden, dass ein Besuch des Nationalpark-Zentrums Königsstuhl positiv auf den Gesamteindruck des Nationalparks Jasmund zurückwirkt. Anscheinend verursacht die ausgesprochen gute Erfahrung im Nationalpark-Zentrum Königsstuhl einen positiven Imageeffekt für den Nationalpark selbst. Ein solcher Effekt auf die Imagebildung wurde auch bei der Evaluation des *Multimar Wattforums Tönning* im Nationalpark Schleswig-Holsteinisches Wattenmeer festgestellt. PAATSCH (2001) beschreibt diesen Effekt als das ganzheitliche Bewirken einer positiven Grundstimmung gegenüber dem Nationalpark. Dabei ergab eine telefonische Nachbefragung, dass die Wirkung noch über ein halbes Jahr hinaus anhält.

5.4.1 Allgemeine Erkenntnisse zur Akzeptanz der Nationalpark-Idee

Im Rahmen der Evaluation wurden die individuellen Vorstellungen und Ansichten von sich selbst überlassener Natur bzw. Wildnis eingehend untersucht. Dabei wurden am Beispiel des Nationalparks Jasmund und des Nationalparkzentrums Königsstuhl auch allgemeine Erkenntnisse gewonnen, da es sich hier nicht um ein ausgesprochenes „Nationalpark-Publikum"[25] handelt.

Im Zusammenhang mit der Beeinflussungswirkung der Ausstellung wurde bereits angesprochen, dass die Haltung der Besucher gegenüber Nationalparken und ihrer Idee schon vor dem Besuch des Zentrums tendenziell positiv ist. In Anbetracht der Vorannahmen seitens des Projektes ist dieses Ergebnis überraschend.

Die Ergebnisse der Projektevaluation zeigen, dass Verwilderungsprozesse bei einem Großteil der Besucherinnen und Besucher des Nationalparks Jasmund auf Verständnis treffen. Die verschiedenen Akzeptanzgrade der Befragten zum Prinzip Wildnis legen die Vermutung nahe, dass Verwilderung vor allem dann abgelehnt wird, wenn aus Sicht des Betrachters die Natur selbst in Gefahr ist (z.B. Schädlingsbefall, Abbruch der Wissower Klinken). Das scheint einen größeren Einfluss auf eine Ablehnung des Nicht-Eingreifens zu haben als die Tatsache, dass menschliche Nutzung eingeschränkt ist (z.B. Nutzung von Holz, Gefährdung von Wanderern an der Kreideküste durch Küstenabbrüche). Die Ergebnisse haben auch gezeigt, dass angesichts einer pauschalen Befürwortung von Nationalparken nicht davon auszugehen ist, dass dies gleichzeitig auch gleich große Akzeptanz der Nationalpark-*Idee* bedeutet. Das Eine ist nicht eins zu eins auf das Andere zu übertragen.

5.4.2 Erfolgsfaktoren

Mit der Feststellung des Erfolgs des Projektes „Nationalpark-Zentrum Königsstuhl" kommt die Frage auf, welche Faktoren sich positiv auf die Zielerreichung auswirken. Die im Rahmen der Projektevaluation erhobenen Daten geben hier mehrere Hinweise, die dann durch die Ausstellungsevaluation noch detaillierter analysiert wurden (vgl. Kap. 6).

Emotionale Ansprache

Die gelungene emotionale Ansprache hat sich als wesentlicher Schlüssel für den Kommunikationserfolg des Projektes erwiesen. Dabei fiel entgegen einer häufig geäußerten Befürchtung auf, dass hoch gebildete Personen mit großem Informationsbedürfnis den Ausstellungsbesuch genauso spannend und aufschlussreich empfanden wie Menschen mit geringerer Schulbildung. Offensichtlich ist es mit dieser Ausstellungskonzeption gelungen, die große Mehrzahl der Besucherinnen und Besucher - Familien mit Kindern, Paare und Einzelbesucher, ungeachtet von Alter, Bildungsniveau oder sonstigen soziodemografischen

---

[25] Wie weiter oben dargelegt handelt es sich bei den Besucherinnen und Besuchern des Nationalparks Jasmund nicht um Personen, die vornehmlich wegen des Nationalparks an sich, sondern wegen des Königsstuhls und der Kreideküste in den Nationalpark Jasmund kommen.

Unterscheidungsmerkmalen - durch ein emotional geprägtes Erlebnis zum Nachdenken und zur Reflektion über Natur, Nationalparke oder Wildnis und damit zu einer sehr persönlichen Auseinandersetzung mit den Kernbotschaften der Ausstellung anzuregen. Dass emotionale Kommunikation eine gleichzeitige (aus Sicht der Befragten) informative Vermittlung nicht ausschließt, zeigen die Ergebnisse der Projektevaluation deutlich.

Klare und einfache Botschaften

Nach der Leitlinie, kein „Haus des Wissens", sondern ein „Haus der Botschaften" zu schaffen, beschränkten sich Ausstellung und Multivision bewusst auf wenige, einfache und klare Botschaften. Es scheint, dass diese Herangehensweise ihre Berechtigung hat. Im Rahmen der Projektevaluation wurde festgestellt, dass die Idee, Natur sich selbst zu überlassen, die Besucherinnen und Besucher beim Thema Totholz im Wald besser zu erreichen und zu überzeugen scheint als beim Thema Kreideabbrüche an der Küste. Hierfür wurden verschiedene Erklärungen dargelegt. Eine davon ist, dass die Botschaften zum Wald klarer vermittelt werden, wohingegen sie bei der Küste aus der Sorge heraus, die Kommunikation „zu platt" zu gestalten, mehr „verklausuliert" wurden. Dies ist ein deutlicher Hinweis darauf, dass Botschaften häufig zu komplex und diffus, aber selten zu eindeutig und einfach geraten.

Perspektivenwechsel - Vermittlung neuer Betrachtungs- und Sichtweisen

Das Kommunikationskonzept folgt der Strategie, Einstellungen über emotional positiv besetzte Bilder von sich selbst überlassener Natur zu beeinflussen. Um dieses Bild in der gewünschten Weise zu prägen, zeigt die Ausstellung Natur aus ungewöhnlichen Perspektiven und versucht hierdurch, den Besucherinnen und Besuchern neue Betrachtungs- und Sichtweisen zu vermitteln. Die Ergebnisse deuten in mehrfacher Hinsicht darauf hin, dass diese Strategie greift. Die Ausstellung vermag sowohl das Ästhetikempfinden als auch die Akzeptanz von sich selbst überlassener Natur (bezogen auf Wald) zu beeinflussen. Es wurde gezeigt, dass die Veränderungen der beiden Variablen miteinander korrelieren. Ein weiteres Indiz für eine derartige Wirkweise der Ausstellung ist, dass einige Besucherinnen und Besucher explizit äußerten, dass sie Natur jetzt bewusster wahrnehmen. Die Ausstellung kann den Besucherinnen und Besuchern anscheinend eine andere und neue Art der Wahrnehmung, des Verständnisses und der Bewertung von Wildnis vermitteln.

Kommunikation über Bilder

Aus der Werbewirkungsforschung ist bekannt, dass bei der Prägung „innerer Bilder" die Bildkommunikation, also die Vermittlung über Bilder, besonders effektiv ist. KROEBER-RIEHLS (1993: 39) Erkenntnissen zufolge haben Bilder die Möglichkeit, „Fenster zu

Fantasiewelten zu öffnen“ und die „Empfänger innerlich [zu] bewegen“. Die beschriebenen Ergebnisse geben mehrere Hinweise darauf, dass diese Aussage für die Kommunikation in Multivision und Ausstellung zutrifft. Beide setzten Bilder als zentrales Gestaltungselement ein. Die Ausstellung bezieht zusätzlich den ganzen Raum mit ein, in Verbindung mit Audioelementen schafft sie besondere Raumatmosphären und spricht mehrere Sinne an. Es kann angenommen werden, dass eine Ausstellung in der Art und Weise, wie sie im Nationalpark-Zentrum Königsstuhl gestaltet ist, noch stärker zu wirken vermag als die *nur* zweidimensionale Bildkommunikation. Gerade auch zu diesem Aspekt liefert die Ausstellungsevaluation weitere, vertiefende Hinweise.

6 Ergebnisse der Evaluation von Ausstellung und Multivision

6.1 Die Evaluationsergebnisse zur Ausstellung

Die Interaktion zwischen Publikum und Ausstellung/Multivision wurde über einen Untersuchungszeitraum von vier Wochen intensiv analysiert (Fragebögen, strukturierte Interviews, verdeckte Beobachtungen; s. Kap. 4.2). In diesem Kapitel werden zunächst die Evaluationsergebnisse für die Hauptausstellung dargestellt. Im Monat August 2004 wurden hierzu insgesamt 131 Fragebögen ausgefüllt sowie 56 Interviews und 25 verdeckte Beobachtungen durchgeführt.

6.1.1 Vorteile durch die Nutzung des Audio-Guide

Die Gäste wussten die Vorteile des Audio-Guide als Ausstellungsbegleitung eindeutig zu schätzen (Abb. 24). Einige berichteten, er hätte ihre „Augen befreit“, d.h. sie konnten sich besser auf die visuellen Eindrücke und Bilder konzentrieren. Andere meinten, dass der Audio-Guide ihnen das Lesen langer Ausstellungstexte ersparte, was die Erlebnisqualität in der Ausstellung ihrer Ansicht nach erheblich beeinträchtigt hätte. Aus etlichen Kommentaren lässt sich schließen, dass der gesprochene Text, die Musik und die Naturgeräusche die Aufmerksamkeit fesselten und die Verweildauer verlängerten. Für viele war der Audio-Guide eindeutig einer der Gründe dafür, dass sie sich lange in der Ausstellung aufhielten (in der Regel zwischen 1,5 und 2,5 Stunden):

Ausgewählte Kommentare der Befragten:

„Hatte eine tolle begleitende/einleitende Funktion; man hatte damit einen ganz anderen Zugang zu den Bildern, konnte sehr direkt teilhaben.“

„Ohne Audio-Guide hätte ich nicht diese Information auf diese unterhaltsame Art erhalten; es war logisch strukturiert und aufgebaut; ich habe mehr behalten, als ich sonst in einer Ausstellung behalten würde.“

Frage: Wie würden Sie den Einsatz des Audio-Guide in der Ausstellung insgesamt beurteilen?

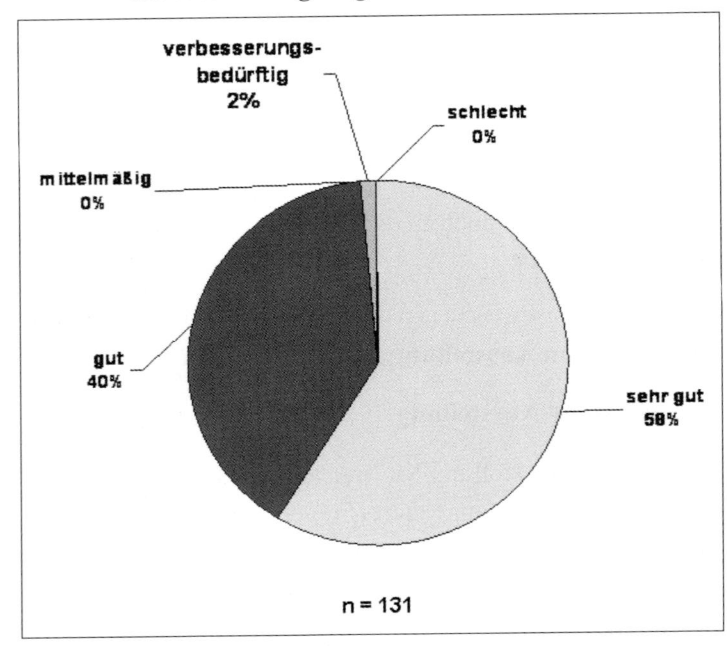

Abb. 24: Beurteilung des Einsatzes des Audio-Guide durch die Gäste der Ausstellung

Die Kombination aus gesprochenem Text und Musik im Audio-Guide trug ganz wesentlich dazu bei, dass der Ausstellungsbesuch zu einem nachhaltig eindrucksvollen Erlebnis wurde. Das Gefühl des „Eintauchens“ in die szenografischen Landschaften der Ausstellung, das durch eine gewisse Ausblendung der Außenwelt hervorgerufen wurde, und die begleitenden Texte und Geräusche aus dem Audio-Guide ermöglichten es den Besucherinnen und Besuchern, Natur auf eine Weise zu erleben, die nicht nur die Sinne, sondern auch ihr Herz ansprach. Den Kommentaren ist zu entnehmen, dass gerade auch der Audio-Guide dazu beitrug, die Ausstellung emotional besser wahrzunehmen:

> *„Ich wurde anhand von Texten und Musik durch diese Welt geführt und auf allen Sinnesebenen angesprochen. Man achtet dadurch mehr auf Kleinigkeiten. Ist inspirierend.”*

Der Audio-Guide sprach jedoch nicht nur auf emotionaler Ebene an, sondern diente auch als willkommene Informationsquelle. Die meisten Befragten zeigten sich mit der Menge an gut verständlichen Informationen sehr zufrieden - und auch mit den Denkanstößen, die der Audio-Guide ihnen lieferte und die sie zu weiterem Nachdenken über die Inhalte der Ausstellung anregten.

> *„Man ist gezwungen, viel mehr über Dinge nachzudenken, sich mehr Zeit zu nehmen und mehr in die Details zu gehen, als man dies sonst bei einer Ausstellung machen würde.“*

98 % der Befragten vergaben die höchsten Noten - 58 % ein „sehr gut“, 40 % ein „gut“ (Abb. 24). Es lässt sich demnach mit Sicherheit sagen, dass der Audio-Guide als

Ausstellungsbegleiter von den Besucherinnen und Besuchern positiv angenommen wird und sich einer hohen Akzeptanz erfreut.

Was ergaben die verdeckten Beobachtungen im Hinblick auf den Audio-Guide?

Im Rahmen der verdeckten Beobachtungen sollte u.a. festgestellt werden, wie sich die Audio-Guides - einer für die Erwachsenen, der andere für die Kinder - auf den Ablauf des Besuches einer Familie auswirkten. Im Rahmen dieser Erhebung wurden 14 Mädchen und 10 Jungen im Alter zwischen etwa 5 und 12 Jahren beobachtet; darüber hinaus ergab sich die Gelegenheit, eine Gruppe Erwachsener mit geistigen Handicaps in das Tracking mit einzubeziehen.

Die verdeckten Beobachtungen zeigten, dass der Audio-Guide für Kinder mit der Geschichte von „Mimi & Krax“ eine gelungene Ergänzung zu dem „Reiseangebot“ des „normalen“ Audio-Guide darstellt, auch wenn nicht alle Familien gleichermaßen davon profitierten. Viele empfanden es als vorteilhaft, dass in einem Ausstellungsraum zunächst jeder für sich allein das anschauen konnte, was er/sie interessant fand und man sich dann hinterher treffen konnte, um sich über besonders spannende Elemente und Erlebnisse auszutauschen. Es gab allerdings auch Fälle, in denen ein Kleinkind das Tempo der übrigen Familienmitglieder bestimmte, indem es von einem Raum zum nächsten flitzte, um sich die Fortsetzung der Mimi & Krax-Geschichte anzuhören. Aber auch für Familien, die die Ausstellung im Nationalpark-Zentrum Königsstuhl besuchen, ist der Audio-Guide insgesamt zweifellos ein Gewinn, wobei es Einzelfälle gab, in denen Besucher mit der Bedienung nicht zurecht kamen.

6.1.2 Effektivität der Ausstellungselemente und Ausstellungsmedien

Im Rahmen der Befragung wurde auch die Effektivität der Ausstellungselemente im Hinblick auf die Vermittlung der Vielfalt des Lebens im Nationalpark Jasmund untersucht (Abb. 25). Alle Elemente werden sehr hoch („sehr gut“ bis „gut“) bewertet, vor allem die Ausstellungselemente „Musik/Naturgeräusche“, „Großformatige Bilddarstellungen“, „Raumgestaltung/szenografische Landschaften“, sowie das „3D-Bild des Buchenwaldes“.

Die Spitzenstellung des Elementes *Musik/Naturgeräusche* hängt teilweise sicherlich mit der ausgesprochen positiven Einstellung der Gäste zum Audio-Guide zusammen. Die Kombination mit den übrigen „interpretativen“ Ausstellungselementen - *„Großformatige Bilddarstellungen“*, *„Szenografische Raumgestaltung“* und *verschiedene Medien* („Filme/Videos“, sowie das „3-D-Bild des Buchenwaldes“) - vermochte die Schönheit und faszinierenden Aspekte der Natur erfolgreich zu präsentieren. Es überrascht demnach

Frage: In welchem Maße haben die folgenden Ausstellungstechniken und -elemente dazu beigetragen, die Vielfalt des Lebens im Nationalpark zu vermitteln?

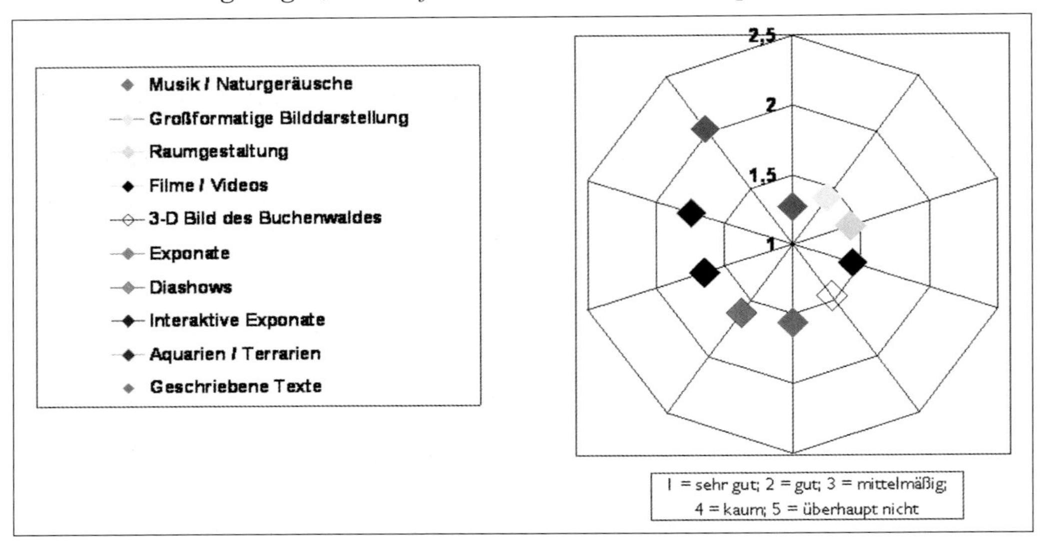

Abb. 25: Beurteilung verschiedener Ausstellungselemente durch die Besucherinnen und Besucher im Nationalparkzentrum Königsstuhl.

nicht, dass die Besucherinnen und Besucher all diese Elemente sehr hoch bewerteten, da sie zusammengenommen das Herz der Ausstellung bildeten.

Eine andere Frage bat die Besucherinnen und Besucher, ihre drei beliebtesten Ausstellungsräume zu benennen. Auf die fünf am häufigsten genannten soll im Folgenden näher eingegangen werden:

Der mit Abstand beliebteste Ausstellungsbereich war „*Eiszeit und Entstehung von Rügen*". Wie nachhaltig dieser Raum im Gedächtnis haften geblieben ist lässt sich daraus ersehen, dass die meisten Befragten spontan die zentralen Elemente aufzählten - Videofilm, Eisberg und Findling.

Bei den verdeckten Beobachtungen bestätigte sich die starke Anziehungs- und Haltekraft des Eisbergs immer wieder. Jung und Alt waren von dem Eisberg zutiefst fasziniert und viele kehrten mehrmals zu ihm zurück, um ihn erneut zu berühren. Er sorgte zudem für viel Gesprächsstoff und spontane verbale Interaktionen zwischen Eltern und Kindern.

Der zweitbeliebteste Ausstellungsbereich ist der „*Blockstrand/Kreideklippe*" - aufgrund seiner sinnlichen Erlebnisqualität auch als „Kreide-Event" bezeichnet. Diese hohe Bewertung erklärt sich zweifellos aus der besonderen Dramatik, die dieser Bereich bietet. Sowohl das simulierte Gewitter als auch die spektakulären Lichteffekte des Sonnenauf- und -untergangs auf den Kreidefelsen zogen die Besucherinnen und Besucher in ihren Bann. Diese Faszination bestätigte sich auch während der verdeckten Beobachtungen in Form einer starken Anziehungs- und Haltekraft. Zudem vereinten sich in diesem Bereich viele von den Besucherinnen und Besuchern hoch bewertete interpretative Ausstellungselemente wie Musik/Naturgeräusche, Film, szenografische Landschaft, natürliche Exponate und interaktive Elemente. Dass die hohe Beliebtheit dieses Bereichs nicht uneingeschränkt dazu führte, dass das kommunikative Ziel auch erreicht wurde (vgl. Kap. 5.2.3), ist ein weiterer deutlicher Hinweis auf die Wichtigkeit klarer und einfacher Botschaften. Hohe Akzeptanz bzw. Beliebtheit eines Ausstellungsbereiches ist eine zwar notwendige, aber eben keine hinreichende Bedingung für den Vermittlungserfolg.

An dritter Stelle der Beliebtheitsskala stand der Ausstellungsbereich *„Unter der Erde"*. Wie die anderen hoch bewerteten Bereiche handelte es sich auch hier um eine erlebnisreiche Umgebung, in die die Besucherinnen und Besucher regelrecht eintauchen konnten. Sobald man diesen Raum betritt, hat man das Gefühl, sich unter der Erde zu befinden: Es ist dunkel, es riecht nach Erde und es gibt entsprechende Geräusche. Dieser Raum spricht alle Sinne an - die Besucherinnen und Besucher können die unterschiedlichsten Dinge sehen, hören, riechen und berühren. Auch hier kommen wieder hoch bewertete interpretative Ausstellungselemente zum Einsatz: Naturgeräusche, eine fesselnde szenografische Gestaltung „zum Eintauchen", Videos, interaktive Elemente sowie Terrarien. Bei den verdeckten Beobachtungen wurde deutlich, auf welch vielfältige Weise die Besucherinnen und Besucher diesen Ausstellungsbereich erforschen konnten und welche Überraschungen sie erwarteten - z.B. lebendige Mäuse im unterirdischen Terrarium!

Als viertbeliebtester Ausstellungsbereich stellte sich das „*3-D-Bild im Buchenwald*" heraus - zweifellos aufgrund der visuell fesselnden Darstellung und der daraus resultierenden starken Anziehungskraft. Durch die 3-D-Brillen, die für die Besucherinnen und Besucher griffbereit auslagen, wurde das riesige 3-D-Bild - eigentlich ein statisches Element - zu einem interaktiven Erlebnis. Während der verdeckten Beobachtungen zeigte sich, dass viele Besucherinnen und Besucher das Bild damit eingehend betrachteten, an das riesige Bild herantraten, um Details zu entdecken und/oder daran entlanggingen.

An fünfter Stelle der Beliebtheitsskala rangierte der „*Buchenwald*". Für die Befragung wurden hier zwei Ausstellungsräume zusammengefasst: Die alte Buche mit der Rundum-Bank, auf der die Besucherinnen und Besucher Platz nehmen und sich eine Geschichte über den Buchenwald anhören können (vgl. Abb. 3b), sowie der Raum „Buchenwald", der den Eindruck vermittelt, mitten durch einen echten Buchenwald zu gehen. Beide Räume sind szenografisch aufwändig gestaltet und laden zum „Eintauchen" ein.

Schon im ersten dieser beiden Räume hatten viele Besucherinnen und Besucher das Gefühl, als würden sie eine andere Welt betreten:

> *„Die friedliche Stimmung bei der alten Buche".*

Viele Besucherinnen und Besucher nahmen die Sitzgelegenheit auch gerne wahr, um sich kurz auszuruhen und/oder über das Ausstellungserlebnis zu reflektieren, da die Ausstellung an diesem Punkt allmählich dem Ende zugeht. Sobald die Besucherinnen und Besucher dann den nächsten Raum betreten, haben sie das Gefühl, sich unter dem Blätterdach eines Buchenwaldes zu befinden - Sonnenstrahlen fallen durch das „Laub“ und überall sind Waldgeräusche zu vernehmen. Der Raum bietet zahlreiche interaktive Elemente, natürliche Exponate und einen Videofilm.

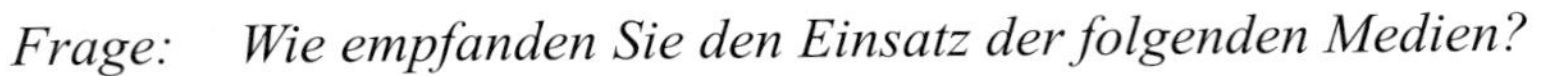
Frage: Wie empfanden Sie den Einsatz der folgenden Medien?

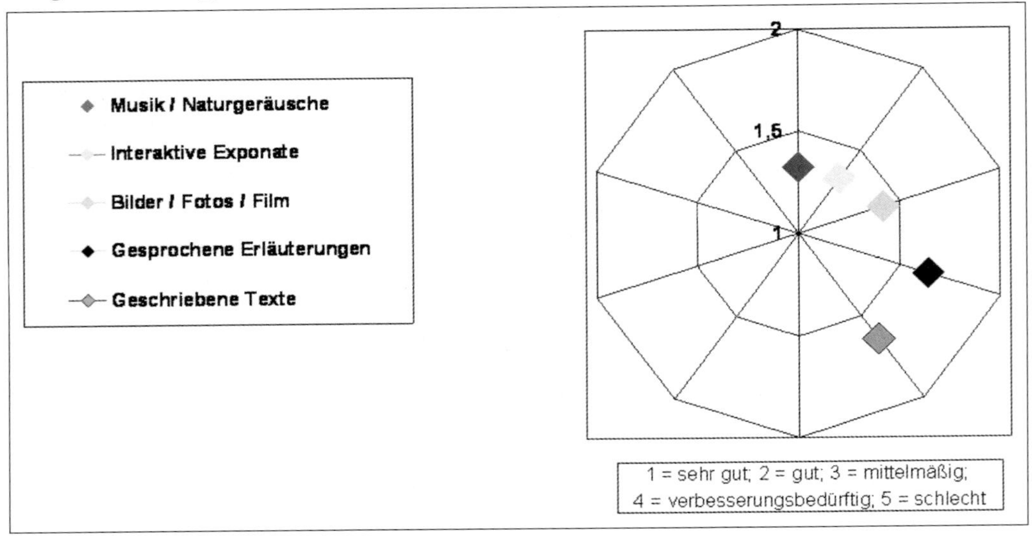

Abb. 26: Bewertung des Medieneinsatzes durch die Besucherinnen und Besucher.

Die Ausstellung setzt bewusst sehr stark auf den Einsatz von Bildmedien. Bildmedium ist allerdings nicht gleich Bildmedium, und gerade im Nationalpark-Zentrum Königsstuhl erfolgte der Medieneinsatz sehr kreativ, qualitativ hochwertig und vielfältig (Projektionen auf Wasser, Kurbelbildschirme, Großprojektionen, Kombination aus laufenden und bewegten Bildern, Kombination mit Musik und Naturgeräuschen, Bildmedien, die in Exponate oder szenographische Gestaltungen integriert waren, etc.). Um mehr Aufschluss darüber zu erhalten, welche spezifischen Qualitäten die Besucherinnen und Besucher am Medieneinsatz positiv oder negativ bewerten, wurden sie durch eine zusätzliche Frage aufgefordert, verschiedene Medienelemente in der Ausstellung zu bewerten.

Zunächst fällt auch hier auf, dass alle Bewertungen ausgesprochen positiv ausfielen. Die besten Bewertungen erzielten „Musik/Naturgeräusche“ und „Interaktive Exponate“. Dies deckt sich mit den bereits dargestellten Ergebnissen, wonach der Audio-Guide nach Meinung der Besucherinnen und Besucher eine zentrale Rolle spielt und die Qualität des

Ausstellungserlebnisses im Nationalpark-Zentrum Königsstuhl in jedem Fall bereichert. Auf dem zweiten Platz landete die Komponente „Interaktive Elemente". Dies lässt erkennen, dass seitens der Besucherinnen und Besucher ein starkes Bedürfnis besteht, die Ausstellungsinhalte mittels interaktiver Elemente aktiv zu erforschen.

Werden Bildmedien also mit einer interaktiven Komponente versehen, wächst die Attraktivität. Ein Vergleich der *Abbildungen 25* und *26* in Bezug auf die Bewertungen von interaktiven Exponaten zeigt, dass diese Aussage aber auch im Umkehrschluss gilt: Interaktivität in einer Ausstellung ist gut und wichtig (hohe Bewertung, aber nur Platz 8 von 10 abgefragten Ausstellungselementen; Abb. 25). Interaktivität gekoppelt mit dem Einsatz faszinierender Bilder ist aber noch wesentlich attraktiver (sehr hohe Bewertung und Platz 2, wenn Interaktivität in Verbindung mit Bildmedien abgefragt wird; Abb. 26). Diese hohe Attraktivität interaktiver Bildmedien zeigt sich im Nationalpark-Zentrum Königsstuhl beispielsweise bei den so genannten „Kurbelbildschirmen" mit Zeitrafferaufnahmen oder auch bei der interaktiven Beamerprojektion „Spinnennetz", bei der Besucherinnen und Besucher durch Betätigung einer Kurbel eine Kreuzspinne ihr Netz zwischen zwei „Baumstämmen" bauen lassen. Darüber hinaus bestätigt dieses Ergebnis bestimmte Verhaltensweisen, die während der verdeckten Beobachtungen festgestellt wurden: Interaktive Elemente spielen eine wichtige Rolle, was die Kommunikation zwischen Familienmitgliedern und auch zwischen den Mitgliedern anderer Gruppen während des gemeinsamen Ausstellungsbesuches betrifft.

Die generell starke Wirkung der visuellen Komponente zeigt sich aber auch an der hohen Bewertung „Bilder/Fotos/Filme" (vgl. Abb. 26). Sie untermauert die Entscheidung des Ausstellungsteams, bei der Ausstellungskonzeption die visuelle Komponente als eines der Kern-Leitmotive einzusetzen. Dennoch legen die Daten nahe, dass der Einsatz von Filmen oder Fotos allein nicht die gleiche Wirkung erzielt wie die offensichtlich gelungene, kreative Kombination verschiedener visuelle Medien und ihrer spezifischen Qualitäten.

Emotionale Komponenten

Im Rahmen der Ausstellungsevaluation wurde auch versucht, die Qualität der emotionalen Reaktionen auf den Ausstellungsbesuch zu analysieren (Abb. 27). Aus den Daten ließ sich ablesen, wie die Besucherinnen und Besucher ihr Ausstellungserlebnis persönlich wahrgenommen haben. Die überaus hohe Zustimmung zu den Aussagen - *„Die Schönheit und Vielfalt des Nationalparks hat mich beeindruckt", „Ich verspüre eine große Bewunderung"* und *„Ich war voll „eingetaucht", hatte das Gefühl für Zeit und Raum verloren"* - lassen ein weiteres Mal erkennen, dass die Ausstellung die Besucherinnen und Besucher auf emotionaler Ebene stark angesprochen hat. Viele Besucherinnen und Besucher gaben an, dass das Gefühl des „Eintauchens" - hervorgerufen durch die visuellen Eindrücke, die Ge-

Frage: Wie würden Sie Ihre Stimmung nach dem Besuch der Ausstellung beschreiben?

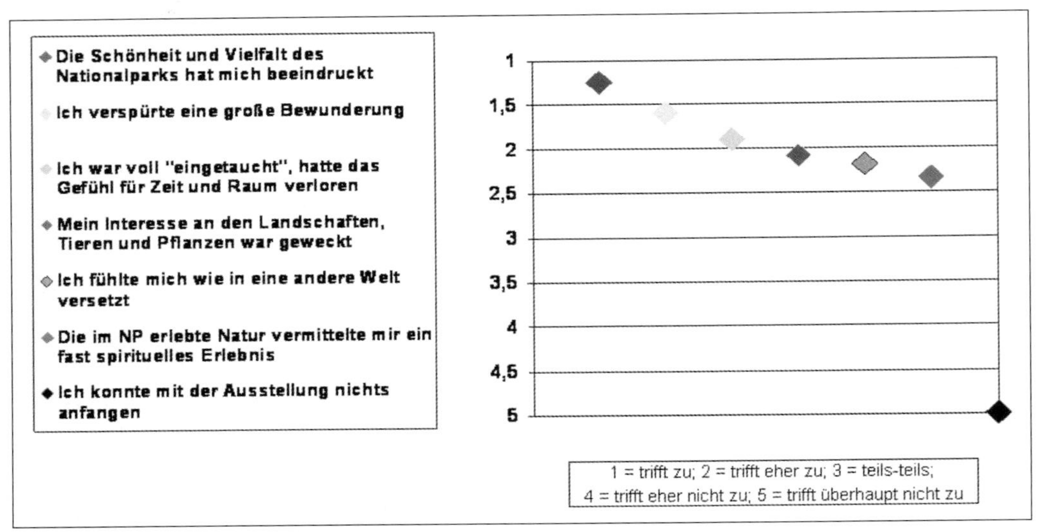

Abb. 27: Stimmung der Besucherinnen und Besucher nach dem Ausstellungsbesuch.

räusche und die szenografische Gestaltung - so stark war, dass sie alles um sich herum vergaßen. Dies ist das Kernelement eines *Flow*-Zustandes[26], in dem eine Person so intensiv in einer Aufgabe - in diesem Fall im Ausstellungserleben - aufgeht, dass sie sich regelrecht in eine andere Welt versetzt fühlt.

Nationalpark-Idee

Auch im Rahmen der Ausstellungsevaluation ging aus den Kommentaren der Multivisions- und Ausstellungs-Besucherinnen und -Besucher eindeutig hervor, dass die Idee, unberührte Naturlandschaften überall auf der Welt durch Nationalparke zu schützen, auf hohe Akzeptanz stößt. Es zeichnete sich jedoch ab, dass die Ausstellungsgäste insgesamt ein fundierteres Verständnis von Nationalparken aufwiesen als diejenigen Besucherinnen und Besucher, die sich nur die Multivision angesehen hatten. Viele Ausstellungsgäste äußerten sich erstaunt über die Tatsache, dass es in Deutschland im Vergleich zu anderen europäischen Ländern nur sehr wenige Nationalparke gibt. Darüber hinaus war immer wieder zu

[26] Von MIHALY CSIKSZENTMIHALYI geprägter Begriff für einen Zustand, in dem Handlung und Bewusstsein miteinander verschmelzen. Der Betreffende ist sich zwar seiner Handlung bewusst, nicht aber seiner Selbst. Er konzentriert sich völlig auf eine Sache oder Handlung. Sobald sich die Aufmerksamkeit teilt, indem er sich bei seiner eigenen Aktivität gewissermaßen selbst zusieht, wird der Flow unterbrochen. Deshalb ist dieser Zustand nur schwer über längere Zeit hinweg aufrecht zu erhalten. (CSIKSZENTMIHALYI 1990).

hören, dass es wichtig sei, den Nationalpark-Gedanken in Deutschland stärker zu fördern, um die Zahl der Parke zu vergrößern. Einige sprachen die Herausforderung an, der sich Nationalparke gegenübersehen: Einen Ausgleich zu schaffen zwischen dem Schutz der natürlichen Umwelt einerseits und der wirtschaftlichen Nutzung der betreffenden Flächen durch Menschen, die auf diesem Land ihren Lebensunterhalt verdienen, andererseits. Der zeitlich längere und weitaus intensivere Ausstellungsbesuch förderte offenbar ein differenzierteres Verständnis für die wichtige Aufgabe der Nationalparke.

Fazit

Insgesamt hinterließ die Ausstellung bei den Besucherinnen und Besuchern also lebhafte und positive Eindrücke über die Natur im Nationalpark. Die emotional nachhaltigen Wahrnehmungen/Erfahrungen erzeugten beim Publikum eine erhöhte Konzentration/Aufnahmebereitschaft für die noch bevorstehenden Ausstellungserlebnisse. Diese Anhäufung von starken Eindrücken und die hohe Erlebnisqualität könnten eine geistige Plattform geschaffen haben, die die Besucherinnen und Besucher dazu anregte, sich über die Rolle der Natur im Allgemeinen kontemplativ Gedanken zu machen.

Diese wirkungsvolle Vermittlung der Kernbotschaften der Ausstellung schafft bei einigen Besucherinnen und Besuchern ein Verständnisniveau ganz besonderer Art. Dieses überstieg das im Rahmen einer Ausstellung üblicherweise an Kommunikation Stattfindende oder zu Erwartende und stimulierte die Besucherinnen und Besucher, sich über ihre eigene Ausstellungserfahrung vertieft Gedanken zu machen. In ihren Äußerungen schwingt ein bewussteres Begreifen um die Bedeutung der Natur in ihrem Leben mit:

> *„... dass man Teil des Ganzen ist ... dass es weiter geht. (Die Natur hat einen) Wert zum schützen ...*
> *Vieles sieht man nicht auf Anhieb ... man kann sich ruhig hinsetzen und beobachten."*

6.1.3 Resümee zur Erlebnisqualität der Ausstellung

Was sagen die Evaluationsergebnisse im Resümee also über die Erlebnisqualität der Hauptausstellung aus?

1. Generell waren 76 % der Befragten mit der Erlebnisqualität der Ausstellung „sehr zufrieden" und weitere 22 % „zufrieden" - dies ergibt eine Gesamtzufriedenheitsrate von 98 %! Die Daten beider Evaluationen zeigten also übereinstimmend eine außergewöhnlich positive Resonanz (vgl. Kap. 5.2.1).

   „Es war sehr aufschlussreich, spannend, immer wieder was Neues."

Die Kommentare der Besucherinnen und Besucher selbst und auch die Ergebnisse der verdeckten Beobachtungen weisen darauf hin, dass diese enorm positive Bewertung vor allem deshalb vorgenommen wird, weil die Ausstellung die Besucherinnen und Besucher besonders auf der emotionalen Ebene anspricht. Die Ausstellungsräume laden zum „geistigen Eintauchen" ein und lassen die Gäste auf vielerlei Weise die Natur des Nationalparks erkunden.

2. Der *Audio-Guide* erfüllt hierbei drei wesentliche Funktionen: Präsentation von Inhalten, Erzeugung einer bestimmten Stimmung und Selbstgestaltung des Ausstellungsbesuches. Wie aus den Besucherkommentaren eindeutig hervorgeht, wurde die Vermittlung der Inhalte per Audio-Guide von den meisten Gästen sehr positiv bewertet. Er ersparte den Besucherinnen und Besuchern das Lesen langer Erklärungstexte und ermöglichte es ihnen, den Blick frei umherschweifen zu lassen. Die Kommentare bestätigen weiterhin, dass die Musikuntermalung und die Naturgeräusche das Audio-Guide-Erlebnis eindeutig bereicherten und zu der emotional geprägten Gesamterfahrung beitrugen. Zudem bot der Audio-Guide den Besucherinnen und Besuchern die Möglichkeit, frei zu entscheiden, wie sie die Ausstellung erleben wollten. Nicht zuletzt waren es vor allem Familien, die von den Audio-Guides begeistert waren. Dass verschiedene „Reise"-Themen zur Auswahl stehen - darunter eine speziell für kleine Kinder - hat die Ausstellung ihrer Ansicht nach zu einem außerordentlich familienfreundlichen Erlebnis gemacht. All diese Faktoren zusammen verstärkten die Haltekraft der einzelnen Ausstellungselemente und trugen somit dazu bei, dass die Besucherinnen und Besucher länger in der Ausstellung verweilten. Die ungewöhnlich lange Besuchsdauer - 1 ½ bis 2 ½ Stunden - belegt die positive Auswirkung des Audio-Guide auf die Qualität und Intensität der Ausstellungserfahrung.

3. Laut zahlreicher Aussagen spielten die unterschiedlichen interpretativen Elemente in den Ausstellungsräumen eine Schlüsselrolle bei der Schaffung einer einzigartigen Erlebnisumgebung. Musik und echte Naturgeräusche im Zusammenspiel mit dem Erzähl-Element ermöglichten den Besucherinnen und Besuchern eine emotionale Wahrnehmung der Ausstellungsinhalte und waren mitbestimmend für deren starke Erlebniswirkung (s.o.). Die szenografisch dichte Inszenierung der Ausstellungsräume, außergewöhnliche visuelle Eindrücke sowie Medieneffekte bilden die Grundbausteine der Ausstellungserfahrung. Echte Exponate aus der Natur, interaktive Elemente und lebendige Tiere ließen den Ausstellungsbesuch zu einem fesselnden Erlebnis werden und hinterließen bei den Besucherinnen und Besuchern bleibende Eindrücke.

4. Im Hinblick auf die Ausstellungserfahrung spielen Auswahl und Einsatz der Medien eine besondere Rolle. Als die effektivsten Medien stellten sich diejenigen heraus, welche die Ausstellungsinhalte mittels eines affektiv/emotionalen Ansatzes

vermittelten und in eine erlebnisintensive Umgebung integriert waren. Nach Aussagen der Besucherinnen und Besucher eröffnete ihnen dieser emotionale Ansatz die Möglichkeit, neue Sichtweisen der Natur zu gewinnen. Die Medien schafften es sogar, einige Gäste zu weit darüber hinausgehenden, vertieften Reflexionen über die dargebotenen Informationen zu inspirieren.

Der Medien-Mix scheint auch die Qualität der Erlebniserfahrung zu beeinflussen. Aus zahlreichen Kommentaren geht hervor, dass die Musikuntermalung, die Naturgeräusche und das Erzähl-Element für die emotionale Wahrnehmung der Ausstellung von zentraler Bedeutung waren. Mittels interaktiver Exponate im Zusammenspiel mit meisterhaften Naturaufnahmen wurde die Haltekraft der betreffenden Ausstellungselemente eindeutig verstärkt. Die Kombination aus affektiv/emotionalen Ansprachemitteln und Präsentation der kognitiven Informationen im Rahmen eines nicht-klassischen Ausstellungsformats schien die Besucherinnen und Besucher auf höchst wirkungsvolle Art dazu anzuregen, sich mit einem breiten Spektrum von Themen über die Natur im Nationalpark zu beschäftigen. Aus vielen mündlichen Kommentaren war deutlich ersichtlich, dass diese Mischung aus Stimmung/Atmosphäre, Emotion und Information die Besucherinnen und Besucher motivieren konnte darüber nachzudenken, wie sie sich persönlich umweltbewusster verhalten könnten. Ein fesselndes Thema, der kreative Einsatz von Medien, die Gelegenheit zur Interaktion mit Ausstellungselementen und szenografisch faszinierend inszenierte Naturumgebungen boten den Besucherinnen und Besuchern ein Ausstellungserlebnis, das sie nicht nur informierte und inspirierte, sondern auch im Herzen berührte.

6.2 Die Evaluationsergebnisse zur Multivision

Die Wirkung der Multivision auf die Besucherinnen und Besucher des Nationalpark-Zentrums Königsstuhl wurde mit zwei Erhebungsinstrumenten untersucht - einem Fragebogen und einem strukturierten Interview. Zur Erinnerung: Die Multivision in ihrer endgültigen Fassung dauert vom ersten bis zum letzten Bild ca. 14 Minuten. Die Besucherinnen und Besucher wurden sofort im Anschluss an die Vorführung befragt. Im August 2004 wurden insgesamt 132 Fragebögen ausgefüllt und 58 Interviews durchgeführt.

Welche Rolle spielten die gestalterischen Elemente der Multivision?

In einer Frage wurden die Besucherinnen und Besucher gebeten, die verschiedenen Elemente der Multivision innerhalb des Gesamtkontextes des Multivisions-Erlebnisses zu bewerten. Hierbei erhielten die *Landschaftsbilder* und die *Makroaufnahmen von Tieren und Pflanzen* die höchsten Bewertungen, gefolgt von der *Hintergrundmusik.* Demnach konnten die in der Multivision gezeigten Landschafts-, Tier- und Pflanzenaufnahmen aus dem

Nationalpark eine der Kernbotschaften des Nationalparkzentrums - „Natur ist schön und faszinierend“ - erfolgreich vermitteln. Die musikalische Untermalung schien zu der emotionalen Stimmung, die durch die Multivision hervorgerufen wird, erheblich beizutragen. Aus den Ergebnissen geht hervor, dass die Multivision den Besucherinnen und Besuchern des Nationalpark-Zentrums Königsstuhl ein stark emotional geprägtes Erlebnis außergewöhnlicher Art vermittelt.

Die Rolle der Emotion

Spricht die Multivision die Besucherinnen und Besucher auf einer nicht-kognitiven Ebene an und wenn ja, welche Emotionen, Gefühle oder Eindrücke empfanden sie während der Vorführung? Sehr viele Besucherinnen und Besucher gaben an, dass die Multivision sie emotional berührt hat und beschrieben mit sehr unterschiedlichen Worten, wie sie sich beim Verlassen des Vorführraums persönlich fühlten - mit Worten wie etwa *entspannt, beruhigt, inspiriert, harmonisch, Wohlgefühl, Zufriedenheit, Ruhe*. Die Aussagen lassen deutlich erkennen, dass die Multivision viele Besucherinnen und Besucher in eine friedliche und entspannte Stimmung versetzte; im Laufe des Interviews wurde diese oft mit einer Meditation verglichen. Bei einigen Besucherinnen und Besuchern war diese Wirkung so stark, dass sie nach eigenen Worten die ruhige, harmonische Atmosphäre der Multivision und die Hetze und das Gedränge „draußen“ im Nationalpark als starken Kontrast erlebten.

> *„Romantisch, gefühlvoll, sehnsüchtig, nachdenklich, ‚Seele baumeln lassen“.*
> *„Es war berührend, faszinierend. Man bekam richtige Sehnsucht.“*

Die Nationalpark-Idee

Viele gingen davon aus, dass die Multivision zu dem Zweck erstellt worden war, den Menschen anhand des Nationalparks vor Ort ein besseres Verständnis für die Natur zu vermitteln und sie somit zu motivieren, die Natur hier im Schutzgebiet, aber auch anderswo zu bewahren und zu schützen. Die Nationalpark-Idee wurde insgesamt sehr positiv aufgenommen und stieß bei allen Besucherinnen und Besuchern auf hohe Akzeptanz:

> *„(das ist ...) eine sehr gute Idee ... (wo) die Natur die erste Geige spielt.“*
> *„Ist super ... das Beste, dass es hier im Nationalpark gibt - muss nicht immer größer und chicer sein ... in der Natur kann man sich am besten erholen.“*

Zahlreiche Aussagen bestätigen, dass die visuellen Darstellungen der Nationalpark-Landschaften den Zuschauern neue Blickwinkel eröffneten. Sie konnten den Nationalpark darin in seiner Gesamtheit wahrnehmen und anhand der Makroaufnahmen auch seine vielgestaltige Tier- und Pflanzenwelt „im Kleinen“ bestaunen. Die Besucherinnen und Besucher äußerten sich auf vielerlei Weise zur Schönheit der Natur im Nationalpark. Offenbar konnte die Multivision, welche die Veränderungen der Landschaften im jahreszeitlichen Wechsel und die Schönheit jeder einzelnen Jahreszeit zum Thema hat, emotional geprägte Eindrücke vermitteln. Diese „Gesamtschau“ des Nationalparks mit all seinen Entwicklungen im Laufe der Jahreszeiten wurde von den Besucherinnen und Besuchern als sehr positiv empfunden - ebenso wie die Veränderungen „im Kleinen“.

> *„... dass die jahreszeitlichen Unterschiede so schön sind, vor allem im Herbst - und überhaupt das Licht, die Stimmungen.“*

Diese ganzheitliche Präsentation des Nationalparks und aller Aspekte seiner Landschaften, Tiere und Pflanzen schien bei vielen Besucherinnen und Besuchern ein tieferes Verständnis für Nationalparke insgesamt gefördert zu haben. Die Darstellung der Schönheiten des Nationalparks führte vielen Besucherinnen und Besuchern vor Augen, wie wichtig es ist, diese einzigartige Landschaft zu schützen.

> *„Kannte die Größe des Nationalparks nicht. War beeindruckt.”*

Viele Besucherinnen und Besucher fühlten sich von der Multivision positiv inspiriert und in gute Stimmung versetzt. Andere waren tief bewegt von dem, was sie sahen und reagierten darauf eher nachdenklich. Manche Besucherinnen und Besucher wurden durch die Multivision sogar angeregt, ihre Beziehung zur Natur zu überdenken und die natürliche Umgebung um sie herum mit einer wiederentdeckten kindlichen Neugier zu erleben.

> *„Anregend, animierend, schöner Tür- und Geistöffner.“*
> *„Ich bin durch die Schau der Natur wieder ein Stück näher gekommen.“*

Von der überwiegenden Zahl der befragten Besucherinnen und Besucher wurde die Multivision sehr positiv aufgenommen. Sie waren der Ansicht, dass die Natur im Nationalpark anhand der fotografisch hochwertigen Naturaufnahmen gut veranschaulicht wurde. Die meisten Gäste sahen in einer emotionalen Ansprache eine gute Möglichkeit, Menschen dazu anzuregen, die Natur im Nationalpark selbst zu erkunden.

6.2.1 Resümee zur Erlebnisqualität der Multivision

Die Auswertung der anhand der Fragebögen und Interviews erhobenen Daten zeigt, dass auch die relativ kurze Multivision den meisten Besucherinnen und Besuchern die intendierten Botschaften erfolgreich zu vermitteln vermochte. Die atemberaubenden Naturaufnahmen im Zusammenspiel mit atmosphärischer Musikuntermalung, Erzählungen und Naturgeräuschen präsentierten die Natur des Nationalparks Jasmund in Form einer Erlebniserfahrung mit stark emotionaler Komponente. Mittels des konzeptionellen Ansatzes der Multivision wurde den Besucherinnen und Besuchern die Schönheit der Natur in all ihren Facetten effektiv nahe gebracht, ebenso wie der Wert bzw. die Bedeutung von Nationalparken als Möglichkeit zur Bewahrung dieser Natur. Sie gewannen eine Vorstellung davon, wie lange es dauerte, um diese Landschaft hervorzubringen, wobei sie auch mit dem Begriff „Wildnis" vertraut gemacht wurden - im Sinne der Nationalparkidee „Natur Natur sein lassen".

Die Antworten auf die offene Frage, die sowohl im Fragebogen als auch während der Interviews gestellt wurde, lassen erkennen, dass die Besucherinnen und Besucher im Hinblick auf die Multivision unterschiedliche Erwartungen hegten. Offenbar reagierten viele derjenigen Besucherinnen und Besucher, die sich nur die Multivision anschauten, anders darauf als diejenigen, die im Anschluss danach auch noch die Ausstellung besuchten.

Aus den Befragungen, die unmittelbar im Anschluss an die Multivision durchgeführt wurden, geht jedoch in jedem Fall eindeutig hervor, dass sie die Zuschauer emotional stark angesprochen und einen tiefen Eindruck hinterlassen hat. Die Bilder sind zweifellos angetan, um die Augen und Herzen der Besucherinnen und Besucher für die Schönheiten der Natur im Nationalpark zu öffnen und Gefühle des Staunens und der Faszination hervorzurufen. Mehr noch, die Multivision weckt die Neugier der Besucherinnen und Besucher auf bestimmte Aspekte des Nationalparks - sie möchten ihn gerne selbst erleben und mehr darüber wissen.

6.3 Ein Jahr nach dem Besuch - was blieb den Besucherinnen und Besuchern in Erinnerung?

Im Rahmen einer telefonischen Nachbefragung sollte ermittelt werden, welche Wirkung die Multivision und die Ausstellung im Nationalpark-Zentrum Königstuhl langfristig auf die Besucherinnen und Besucher ausgeübt haben. Zu diesem Zweck wurde eine repräsentative Stichprobe von Besucherinnen und Besuchern ein Jahr nach deren Besuch im Nationalpark Jasmund zu ihren ursprünglichen Eindrücken befragt. Welcher Art waren diese Erinnerungen und was können sie über die Besuchsqualität aussagen? Eine Analyse der Antworten könnte Erkenntnisse darüber vermitteln, ob von der Ausstellung bzw. der Multivision eine Langzeitwirkung ausging (oder nicht).

Um dies herauszufinden, wurde im Juni und Juli 2005 eine Reihe von Telefoninterviews durchgeführt. Befragt wurden ausschließlich Besucherinnen und Besucher, die im August 2004 die Ausstellung und die Multivision im Nationalpark-Zentrum Königstuhl besucht hatten. Insgesamt fanden 69 Interviews statt, wobei 34 Personen über die Ausstellung und 35 über die Multivision befragt wurden.

Einige der Besucherinnen und Besucher, die im August 2004 an der Umfrage im Nationalpark-Zentrum teilnahmen, hatten sich zu einem Telefoninterview zu einem späteren Zeitpunkt bereit erklärt. Die Auswahl der Besucherinnen und Besucher für diese Telefoninterviews erfolgte stichprobenartig. Allen Befragten wurden dieselben Fragen gestellt, die sich lediglich auf unterschiedliche Schwerpunkte bezogen - d.h. auf die Ausstellung bzw. auf die Multivision.

6.3.1 Die Erinnerungen an die Ausstellung

Gleich zu Beginn der Befragung wurde den Besucherinnen und Besuchern als **erste** Frage gestellt, was ihnen von der Ausstellung noch am stärksten im Gedächtnis geblieben ist. Bis auf einen Befragten konnten sich alle an die Ausstellung erinnern. Viele hatten noch ausgesprochen positive Eindrücke davon behalten:

> *„Es war insgesamt eine gute Ausstellung. Ich war fasziniert. Das ganze Flair - war super. Hat mich beeindruckt."*

In Bezug auf die persönliche Erlebnisqualität traten dann allerdings deutliche Unterschiede hervor. Die Antworten der Befragten lassen sich in zwei Hauptgruppen einteilen:

1. Beschreibung bestimmter Ausstellungsbereiche, verbunden mit starken visuellen Eindrücken und Erfahrungen und
2. der Einsatz von Musik und Geräuschen.

Die Ausstellungsbereiche, die bei der telefonischen Nachbefragung am häufigsten genannt wurden, entsprachen den Spitzenreitern, die bereits im Rahmen der summativen Ausstellungsevaluation ermittelt worden waren. Daraus ließ sich erkennen, welche Ausstellungsbereiche sich bei den Besucherinnen und Besuchern der größten Beliebtheit erfreuten. Vier der fünf am häufigsten genannten Ausstellungsbereiche - *Eiszeit und Entstehung von Rügen, Blockstrand/Kreideklippe, Unter der Erde* und *Buchenwald* haben bei den Besucherinnen und Besuchern offenbar die intensivsten Eindrücke hinterlassen. Diese wurden von den Befragten sehr anschaulich geschildert:

> *„Ja, das war die Ausstellung ... das da, wo da so ein großer Kreidefelsen war, der dann auch zu unterschiedlichen Tageszeiten unterschiedlich beleuchtet war. ... Da wurden auch so kurze Filme gezeigt, von so Pflanzen, von so Lebenszyklen von Pflanzen, von so kleinen Moosen. Da war auch so eine Abteilung unter der Erde ... mit so Wurzeln und Regenwürmern."*

Was den Einsatz von Musik/Geräuschen in der Ausstellung betraf, fielen die Äußerungen der Befragten fast durchweg positiv aus. Die wenigen kritischen Anmerkungen bezogen sich ausschließlich auf Probleme bei der Benutzung/Handhabung der Audio-Guides und auf ein Gefühl von „Überwältigtsein" am Ende der Ausstellung. Die meisten Befragten wussten es zu schätzen, dass sie sich vor dem Besuch der Ausstellung ihr eigenes „Reisethema" auswählen konnten.

„Wie das Ganze aufgemacht ist, mit den Kopfhörern ... dass man sich aussuchen konnte, welches Band man möchte. Dass man von dieser Stimme berieselt wurde.“
„Die Naturgeräusche sind mir noch gut in Erinnerung.”

Bei der **zweiten** Frage sollte ermittelt werden, ob sich der/die Befragte noch an eine bestimmte Ausstellungsbotschaft erinnert. Fast 60 % der Befragten sagten dazu, dass die Ausstellung vermitteln sollte, wie wichtig es ist, die Schönheit der Landschaften sowie die Tier- und Pflanzenwelt zu erhalten.

Eine genauere Auswertung der Antworten ergab deutlich, dass sich ein Jahr (!) nach ihrem Ausstellungsbesuch noch zahlreiche Besucherinnen und Besucher an spezifische Aspekte erinnern konnten, die mit allen drei Kernbotschaften in Beziehung standen - *Natur braucht Zeit, Natur ist faszinierend* und *Natur ist wertvoll.*

„Wie wichtig Artenvielfalt ist ... wie wichtig der Naturhaushalt ist. Das Entstehen von bestimmten Lebensräumen braucht Zeit.“
„Das einfach auch die unscheinbaren, gewöhnlichen Dinge ihren Reiz haben.“
„Man muss viel tun, um unsere Natur zu erhalten. Man muss nicht ins Ausland fahren, um schöne Natur zu erleben. Man hat die Natur vor der Haustür. Die Natur hier ist auch schön.“

Die **dritte** Frage bezog sich auf persönliche Erinnerungen auf emotionaler Ebene, die die Befragten mit ihrem Ausstellungsbesuch verbinden. Den meisten fielen hierbei zunächst Assoziationen/Bilder ein, welche die Ausstellung bei ihnen hervorrief - z.B. bestimmte Aspekte der Naturlandschaft oder der Tier- und Pflanzenwelt. Diese Bilder, die vor dem geistigen Auge der Besucherinnen und Besucher aufgetaucht waren, schienen ihrerseits wiederum emotional gefärbte Erinnerungen an Naturerlebnisse zu wecken. Während aus den Antworten einiger Befragter eher ein aktives Erleben herauszuhören war - *„verblüfft“, „erstaunt“, „begeistert“, „spannend“* - empfanden andere eher eine innere Ruhe, die sich in Wörtern wie *„entspannend“, „beruhigend“, „ruhig“* äußerte. Selbst die wenigen Befragten, die sich nach eigener Aussage konkret an gar nichts mehr erinnern konnten, bezeichneten ihren Ausstellungsbesuch im Nachhinein insgesamt immerhin als *„interessant“* oder *„entspannend“*.

Wie die nachfolgenden Äußerungen zeigen, sprach die Ausstellung ihre Besucherinnen und Besucher sehr deutlich auf einer emotionalen Ebene an, d.h. das persönliche Ausstellungserlebnis wurde wesentlich durch gefühlsmäßige Eindrücke bestimmt. Ausgehend von diesem Bezugspunkt unterschieden sich die Befragten nicht so sehr darin, **ob** sie sich an emotionale Eindrücke als solche erinnerten, sondern **wie intensiv** sie sich noch daran erinnerten.

„Also es war entspannend. Einfach so.”

„Gelungene Ausstellung, um Informationen zu vermitteln, zielte sehr auf die Gefühlsebene ab. Man konnte die Ausstellung eindrucksvoll genießen. Es gab viele unterschiedliche Eindrücke."
„Das war schön ruhig, da sieht man, was in der Natur so ist und ... wie wichtig die Natur doch ist."
„Ich fand es sehr beruhigend, man konnte alles in Ruhe anschauen, was es so gab. Zum Schluss gab es so einen Film mit Naturaufnahmen, der war sehr entspannend."
„Erstaunen ... wo diese Sonne aufging ... fand ich beeindruckend. Aufregend, entdeckend ... ja, es war teilweise sehr schön romantisch ... sehr beeindruckend, gigantisch."

Selbst „zwölf Monate danach" konnten sich einige Befragte noch die positive Ausstellungsatmosphäre ins Bewusstsein rufen, die sich aus all den vielfältigen emotionalen Eindrücken und Erfahrungen zusammensetzte, die sie während ihres Besuchs gesammelt hatten.

„Ich muss sagen, dass ich mit einem positiven Gefühl aus der Ausstellung gekommen bin. Ja, durchaus positiv."

Mit der **vierten** und letzten Frage sollte sondiert werden, ob die Befragten seit ihrem Besuch der Ausstellung im Nationalpark-Zentrum die Natur anders erleben. Über 50 % der Befragten wiesen ausdrücklich darauf hin, dass sie die Natur seitdem wesentlich aufmerksamer betrachteten. Viele erzählten auch von Waldspaziergängen in ihrer unmittelbaren Umgebung, auf denen sie die Natur nun mit einem geschärften Bewusstsein wahrnahmen.

„Ich sehe die Natur mit anderen Augen."
„Man achtet mehr auf die Natur, man konzentriert sich mehr, etwa auf eine Blume oder das Gras."
„Die Ausstellung hat dazu eingeladen, aufmerksamer durch den Wald zu gehen und über das Verhältnis Mensch-Natur nachzudenken."
„Ich muss ehrlich zugeben, ich habe, glaube ich, mehr ... mehr Respekt vor der Natur ... Ich habe jetzt ein besseres Bild von der Natur."

Weitere 10 % der Befragten gaben an, dass die Ausstellung ihr Denken und Wahrnehmen nicht beeinflusst hatte, weil sie schon vorher ein enges Verhältnis zur Natur und eine umweltbewusste Einstellung hatten. Immerhin schien die Ausstellung ihre Weltsicht und ihr Naturverständnis weiter zu festigen:

„Die Ausstellung war eher eine Bestärkung meiner Lebensweise, weil ich von Haus aus sehr naturverbunden bin ... Ich liebe das Betrachten der Natur."

Nur 15 % der Befragten meinten, dass die Ausstellung sie nicht beeinflusst hatte, bzw. sie gaben an: „weiß nicht."

6.3.2 Die Erinnerungen an die Multivision

Wie bereits erwähnt, wurde ein Teil der Befragten speziell zur Multivision befragt. Die Fragenstruktur war die gleiche, lediglich der Schwerpunkt lag nicht auf der Ausstellung, sondern auf der Multivision.

Aufgrund der medialen Merkmale einer Multivision ist es kaum überraschend, dass sich die Befragten hier in erster Linie an die Bilder und die untermalende Musik erinnern. Die Antworten auf die **erste** Frage enthielten allgemeine bildhafte Erinnerungen an die Nationalpark-Landschaften - der Wald, die Kreidefelsen, die Ostsee.

> *„Das ganze Panorama, der ganze See..."*
> *„Die Musik und die Kreidefelsen fallen mir spontan ein."*
> *„... das waren doch die schönen Bilder von der Landschaft und von der Insel. Mir hat vor allem das Zusammenspiel von Bildern und Ton gefallen, und dass die Überleitungen zu den einzelnen Themen so gut geklappt haben."*
> *„Nach wie vor die unberührte Natur, der Frieden ... war Wahnsinn."*

Bei der **zweiten** Frage ging es darum zu erfahren, ob sich die Befragten an eine bestimmte Botschaft erinnern konnten, die durch die Multivision vermittelt worden war. Ähnlich wie bei den Besucherinnen und Besuchern der Ausstellung erwähnten auch hier fast 60 % der Befragten, dass die Multivision vermitteln sollte, wie wichtig es ist, die Schönheit der Natur und die Tier- und Pflanzenwelt zu erhalten. Einigen Besucherinnen und Besuchern waren allerdings nur zwei der drei Kernbotschaften im Gedächtnis geblieben: *Natur ist wertvoll* und *Natur ist faszinierend*. Die dritte Botschaft der Multivision - *Natur braucht Zeit* - schien nach einem Jahr bei keinem/keiner der Befragten mehr präsent zu sein. Sie stand aber in der Multivision angesichts der erforderlichen zeitlichen Beschränkung auf knapp 14 Minuten auch nicht so explizit im Fokus wie in der Ausstellung.

> *„... dass der Nationalpark erhalten werden muss."*
> *„...dass die Natur erhaltenswert ist. Dass die Natur faszinierend ist."*
> *„...dass einfach auch die unscheinbaren, gewöhnlichen Dinge ihren Reiz haben."*

Die **dritte** Frage zielte auf die emotionale Wirkung der Multivision ab. Die meisten Befragten bezogen sich dabei auf die Bilder von Landschaften, Tieren und Pflanzen und schilderten, welche gefühlsmäßigen Assoziationen und Eindrücke sie mit diesen Bildern verbanden. In vielen Antworten kamen auch persönliche Wahrnehmungen wie „Entspannung" und „Ruhe" zum Ausdruck, die während der Multivision erfahren wurden. Offenbar hinterließen die eindrucksvollen Bilder und die musikalische Untermalung bei den meisten Besucherinnen und Besuchern eine nachhaltig positive Wirkung.

> *„Ich sehe Naturbilder, es war für mich ein Quell der Ruhe. Es hat mich beruhigt und entspannt..."*

„Spaziergang durch den Wald ... vermittelte Ruhe und Zufriedenheit. Aus der Hektik draußen."

„Entspannung, Musik, Bilder, mit sich selbst sein ... in sich gekehrt. Es waren viele Leute im Raum, aber das hat gar nicht gestört, man war allein mit sich."

„Im Nachhinein erinnere ich mich, dass alles sehr ruhig war, sehr beruhigend ..."

„Ich habe gute Gefühle, wenn ich daran denke ... Freude darüber, es gesehen zu haben. Ein Wohlgefühl."

Mit der **vierten** Frage sollte ermittelt werden, ob die Befragten seit ihrem Besuch der Multivision im Nationalparkzentrum vor einem Jahr die Natur anders erleben. Über 40 % der Befragten meinten, dass sie schon vorher ein enges Verhältnis zur Natur und eine umweltbewusste Einstellung gehabt hatten und die Multivision sie daher in keiner Weise beeinflusst hat. 17 % der Befragten sagten aus, dass die Multivision vor einem Jahr dazu beigetragen hat, die Natur bewusster und aufmerksamer wahrzunehmen.

„... Ich war schon vorher naturverbunden. Wenn wir in Urlaub fahren, meiden wir Touristenhochburgen, wir gehen meistens abseits der Wege. Insofern war die Multivisions-Schau eher Bestärkung als Beeinflussung."

„Wir haben immer schon sehr viel in der Natur unternommen und alles auch aufmerksam betrachtet. Es ist alles eher eine Bestärkung dessen, was wir leben und was wir denken. Der Film macht einem wieder klar, dass es wichtig ist, sich um die Natur zu kümmern."

„..ich guck jetzt mehr nach Käfern ... oder Spinnen. Ich gucke nicht immer nur nach oben, wie ich früher getan habe."

„Ich bin jetzt ein bisschen aufmerksamer in der Natur und auch empfänglicher."

Könnte es sein, dass die Multivisions-Besucherinnen und Besucher tendenziell von vornherein naturverbunden und infolgedessen Naturlandschaften gegenüber aufgeschlossener waren? Die soziodemografischen Daten der Ausgangsstudie [Summative Ausstellungsevaluation] scheinen diese Überlegung zu bestätigen. So gut wie alle Besucherinnen und Besucher, die **nur** die Multivision sahen, hatten bei der ersten Umfrage als Beweggrund für ihren Besuch „Ausflug in den Nationalpark" angegeben. Über 80 % dieser Besucherinnen und Besucher fanden erst zufällig bei ihrer Ankunft am Königsstuhl heraus, dass es hier ein Besucherzentrum gab. Darüber hinaus verbrachten diese Besucherinnen und Besucher erheblich weniger Zeit im Nationalparkzentrum als andere Besucherinnen und Besucher, die die Ausstellung besuchten. Aus diesen Daten kann man schließen, dass für viele Multivisions-Betrachter der eigentliche bzw. wesentliche Grund für ihren Besuch im Nationalpark darin bestanden hatte, die dortige Natur zu erleben - ob zu Fuß oder per Fahrrad.[27] Dies

[27] Die Befragungen wurden im August, also während der Hauptferienzeit, durchgeführt. Busreisegruppen sind in dieser Zeit - im Unterschied zum Rest des Jahres - unterdurchschnittlich vertreten.

könnte erklären, warum ein so hoher Anteil von Befragten angab, dass die Multivisions-Vorführung sie nicht groß beeinflusst, sondern ihre (bereits vorhanden gewesene) naturverbundene Einstellung lediglich bestärkt hatte.

6.3.3 Die Nachhaltigkeit des Besuchserlebnisses

Sowohl die Multivision als auch die Ausstellung scheinen den Besucherinnen und Besuchern nachhaltig die Botschaft vermittelt zu haben, dass es wichtig ist, die Schönheit der Naturlandschaften und die Tier- und Pflanzenwelt im Nationalpark Jasmund zu erhalten. Laut den Telefoninterviews wurde diese Botschaft in beiden Fällen von ca. 60 % der Befragten ausdrücklich als Ziel der Ausstellung bzw. der Multivision genannt.

Betrachtet man jedoch das Kriterium „geschärftes Bewusstsein in der Natur", dann zeigen sich deutliche Unterschiede in der Effektivität der Vermittlung dieser Botschaft. 50 % der Ausstellungsbesucher sagten aus, dass sie seit ihrem Besuch im Nationalpark-Zentrum die Natur aufmerksamer wahrnehmen. Von den Multivisions-Besucherinnen und Besuchern äußerten dies nur 17 %. Diese Zahlen lassen vermuten, dass die Ausstellung die Naturwahrnehmung der Besucherinnen und Besucher erfolgreicher zu beeinflussen vermocht hat als die Multivision.

Diese unterschiedliche Wirkkraft könnte mehrere Ursachen haben. Wie bereits erwähnt, schienen die Multivision und die Ausstellung jeweils ein unterschiedliches Publikum anzuziehen. Möglicherweise sprach die Ausstellung eher jene an, die den Nationalpark in erster Linie nicht deswegen aufgesucht hatten, um sich in die Natur zu begeben, sondern um sich vielleicht einmal kurz den berühmten Königsstuhl anzusehen. Auf diese Besucherinnen und Besucher könnte die auf die Erhaltung von Naturlandschaften ausgelegte Ausstellungsbotschaft daher eine stärkere Wirkung ausgeübt haben. Und wenn die Multivision, wie vermutet, tatsächlich eher diejenigen Besucherinnen und Besucher angezogen hat, die ohnehin vorgehabt hatten, die Natur im Nationalpark aus erster Hand zu erleben - also bereits als Naturliebhaber gekommen waren - dann wird nachvollziehbar, dass die Multivision die Naturwahrnehmung dieser Besucherinnen und Besucher nicht so stark beeinflussen konnte wie die Ausstellung, sondern ihre bereits vorhandene Haltung gegenüber der Natur lediglich bestärkte.

Erhebliche Unterschiede waren auch darin zu erkennen, wie viel bzw. wie wenig Zeit die Besucherinnen und Besucher des Nationalpark-Zentrums in ihren Aufenthalt investierten. 61 % der Besucherinnen und Besucher nahmen sich für die Ausstellung bis zu 2 Stunden Zeit; weitere 20 % verbrachten im Nationalpark-Zentrum insgesamt 2,5 bis 3 Stunden. Die Besucherinnen und Besucher der etwa 14 Minuten dauernden Multivision verbrachten im Nationalparkzentrum insgesamt erheblich weniger Zeit. 45 % der Multivisions-Besucherinnen und Besucher hielten sich lediglich etwa 30 Minuten dort auf. Der Faktor Zeit könnte also ebenfalls wesentlich dazu beigetragen haben, dass die Ausstellung ihre Besucherinnen und Besucher in stärkerem Maße motivieren und beeinflussen konnte als die Multivision.

Die Vermutung liegt nahe, dass die unterschiedliche Zusammensetzung des Publikums und die unterschiedliche Dauer des Besuchserlebnisses auch einen Anteil daran haben, dass es zwischen den Besucherinnen und Besuchern der Ausstellung und der Multivision Unterschiede im Vermittlungserfolg gibt. Zwar erinnerten sich fast alle Befragten auch 12 Monate nach ihrem Besuch noch an mindestens eine der drei Kernbotschaften des Projektes, was den Schluss zulässt, dass der Aufenthalt im Nationalpark-Zentrum bei den meisten Ausstellungs- und Multivisions-Besucherinnen und -Besuchern einen nachhaltig positiven Eindruck in irgendeiner Form hinterlassen hat. Die Ausstellung konnte diese drei Kernbotschaften offensichtlich aber erfolgreicher vermitteln als die Multivision.

Woran sich die Befragten ein Jahr nach ihrem Besuch im Nationalpark-Zentrum am stärksten erinnerten, waren allgemeine Eindrücke von den Landschaften, Tieren und Pflanzen des Nationalparks und nicht so sehr an spezifisches Faktenwissen. Dies galt für die Ausstellungs- und die Multivisions-Besucherinnen und -Besucher gleichermaßen. Welche Form und Intensität diese Eindrücke annahmen, hing von der Art der eingesetzten Medien ab. Wurden während des Telefoninterviews inhaltliche Informationen erwähnt, dann verknüpften die Befragten ihre Eindrücke mit bestimmten Ausstellungsbereichen (z.B. Geologie der Kreideklippen, Spinnen und Käfer im Buchenwald) oder, im Fall der Multivision, mit einem visuellen Eindruck (z.B. dem über dem Nationalpark schwebenden Adler oder den Zeitrafferaufnahmen der Wiesenblumen). Dass sich die Ausstellungs- und Multivisions-Besucher nach so langer Zeit noch an bestimmte Bilder und Eindrücke erinnern konnten, ist eindeutig der Auswahl und Qualität der darstellenden Medien zu verdanken.

Zur Vermittlung emotionaler Eindrücke - dies galt für die Multivision ebenso wie für die Ausstellung - spielten lebendig-anschauliche Bilder und Soundeffekte/Musik eine zentrale Rolle. Obwohl seit ihrem Besuch 12 Monate vergangen waren, konnten sich die Befragten noch ganz genau an bestimmte emotionale Eindrücke erinnern, die von visuellen oder akustischen (oder beiden) Elementen geprägt waren. Es scheint eine starke Korrelation zu bestehen zwischen der Auswahl der Medien zum Zweck der Erzeugung eines emotionalen Eindrucks und dessen langfristiger Verankerung im Gedächtnis der Besucherinnen und Besucher.

Obwohl die Ausstellung und die Multivision bei der Vermittlung ihrer Botschaften unterschiedlich erfolgreich waren, erzeugten sie bei den Besucherinnen und Besuchern doch eine starke emotionale Resonanz. Dass diese Wirkung der Multivision etwas geringer ausfiel, könnte nicht nur daran liegen, dass diese Vorführung lediglich 14 Minuten lang dauerte, sondern auch daran, dass es sich beim „Zuschauen“ um ein eher passives Ereignis handelt. Die stärkere Wirkkraft der Ausstellung könnte auch darin begründet sein, dass den

Besucherinnen und Besuchern hier mehrere Audio-Guide-Varianten zur Auswahl standen, so dass sie ihre „Reise" durch die Ausstellung individuell und aktiv selbst gestalten konnten. Die Geschichten, Naturgeräusche und die Musikbegleitung im Audio-Guide trugen zur Verstärkung der emotionalen Komponenten des Ausstellungserlebnisses bei und schufen eine Umgebung, in der das Publikum einen „Flow-Zustand" erleben konnte - einen Zustand des gänzlichen Aufgehens in einer Tätigkeit, bei der man Raum und Zeit um sich herum vergisst, die als glatt verlaufend und angenehm erlebt wird und zu Zufriedenheit und freudvollem Erleben führt. Ein Ausstellungsdesign, das zum „Eintauchen" einlädt und ein individueller Audio-Guide-Begleiter - diese Kombination schien es den Besucherinnen und Besuchern der Ausstellung ermöglicht zu haben, sich ein ganz persönliches Ausstellungserlebnis von ganz eigener Bedeutung zu schaffen. Ihr Besuchserlebnis auf diese Weise persönlich mitgestalten zu können trug offenbar dazu bei, dass sie sich sogar nach einem Jahr noch lebhaft an einzelne Aspekte der Ausstellung erinnerten, weil diese für sie eben eine ganz persönliche, individuelle Bedeutung und Erlebnisqualität hatten. In diesem Fall scheint dem emotionalen Element des Ausstellungserlebnisses die Rolle eines Katalysators zuzukommen, der dazu beiträgt, das in der Ausstellung Erlebte und Wahrgenommene besonders nachhaltig im Gedächtnis zu verankern. Die emotionale Komponente scheint auch ein ganz wesentlicher Grund dafür zu sein, dass es der Ausstellung wie der Multivision gelungen ist, die Einstellung der Besucherinnen und Besucher zur Natur - in diesem Fall gegenüber der Landschaft und der Tier- und Pflanzenwelt des Nationalparks Jasmund - positiv zu beeinflussen.

Die meisten Befragten *beschrieben* ihren Besuch im Nationalpark-Zentrum übrigens auch als ein persönlich bedeutsames Erlebnis. Insofern bestätigte die telefonische Nachbefragung die Ergebnisse der vorangegangenen summativen Evaluationen und konnte ein tieferes Verständnis für die besonderen Eigenschaften der Ausstellung und der Multivision vermitteln. Von beiden haben die Besucherinnen und Besucher des Nationalpark-Zentrums Königstuhl offenbar nachhaltige Eindrücke mit nach Hause genommen.

6.4 Zusammenfassende Interpretation der Ergebnisse

Die Herausforderung bei diesem Projekt bestand darin, den Besucherinnen und Besuchern im Nationalpark-Zentrum Königsstuhl die richtigen Fragen zu stellen, um aussagekräftige Erkenntnisse darüber zu gewinnen, in welcher Form die Multivision und die Ausstellung emotional auf sie gewirkt haben. Die Antworten und die zahlreichen Kommentare der Besucherinnen und Besucher lieferten die Basis für eine Untersuchung der Merkmale und Komponenten, die den Besuch im Nationalpark-Zentrum zu einem faszinierenden, sinnvollen und unvergesslichen Erlebnis machten.

> *„Das war die beste Ausstellung, die ich je gesehen habe ... und ich habe viele Ausstellungen gesehen."*
> *„Ich habe noch nie so was erlebt, ich bin begeistert."*

Die Untersuchung *affektiver Erfahrungen* und deren Rolle in einem Ausstellungskontext ist nicht neu. Mit diesem Konzept befasst sich die Forschung bereits seit über einem Jahrzehnt mit dem Ziel, Ausstellungen besuchergerechter und effektiver zu gestalten. Die Ergebnisse zahlreicher Evaluationsstudien bestätigen, dass der Einsatz affektiver Komponenten (Gefühle, Einstellungen, Emotionen) im Hinblick auf Informationsaufnahme und Einstellungsänderung in Ausstellungen eine wesentlich wichtigere Rolle spielen als rein kognitive Vermittlungsansätze (MARSH 1996).

Um die Gefühle der Besucherinnen und Besucher anzusprechen, setzte man bei der Konzeption der Multivision und der Ausstellung auf den Einsatz von Bildern, Naturgeräuschen, Erzählweisen („Storytelling") und Musik. Das Ausstellungsteam wollte die Besucherinnen und Besucher dazu anregen, ihre Sichtweise der Natur zu hinterfragen und Natur auf eine neue Weise wahrzunehmen. Diese Veränderungen sollten durch das Zusammenwirken von emotional wahrnehmbaren Komponenten und kognitiven Informationen herbeigeführt werden, die in die Multivision und die Ausstellung integriert wurden.

Durch den Einsatz atemberaubender visueller Bilder und eines atmosphärischen Soundtracks als zentrale Elemente der Multivision und der Ausstellung wurde eine *Erholung bewirkende Umgebung* („restorative environment") geschaffen. In der Ausstellung wurde dies durch die szenografische Gestaltung der Ausstellungsräume und den Einsatz interpretativer Methoden (z.B. Audio-Guide, Medien, interaktive Elemente, authentische Exponate, lebendige Tiere etc.) noch verstärkt.

Eine *Erholung bewirkende Umgebung* zeichnet sich durch vier Merkmale aus: *Erlebnis psychischer Distanz*, *Eintauchen in eine Situation*, *Faszination* und *Kompatibilität* (KAPLAN et al. 1993). In ihren Kommentaren äußerten die Besucherinnen und Besucher sehr häufig, dass sie sich in der Ausstellung regelrecht entrückt und wie in eine andere Welt versetzt gefühlt hatten (Erlebnis einer psychischen Distanz). Die meist ungewöhnlich lange Besuchsdauer deutet darauf hin, dass sie die Ausstellung als einen Ort empfanden, an dem man gut verweilen konnte (Eintauchen in eine Situation). Andere Besucherinnen und Besucher sprachen über Empfindungen wie Interessiertheit, Bewunderung und Staunen über die Natur des Nationalparks, wie sie in der Multivision und in der Ausstellung dargeboten wurde (Faszination). Und nicht zuletzt dienten die Präsentationen den Besucherinnen und Besuchern auch als willkommene Orientierung und boten ihnen einen Überblick über die Natur im Nationalpark (Kompatibilität).

Die anregend-entspannende Umgebung in der Ausstellung und in etwas geringerem Maße auch in der Multivision schuf Bedingungen, unter denen Besucherinnen und Besucher einen „Flow"-Zustand empfinden können. Anhand von Kommentaren von Multivisions- als auch von Ausstellungs-Besucherinnen und -Besuchern ist erkennbar, dass dies bei vielen der Fall war. Die ästhetische Dichte beider Angebote schien der Entstehung eines

„Flow"-Zustandes besonders förderlich gewesen zu sein. Dies könnte es den Besucherinnen und Besuchern ermöglicht haben, sich intensiver auf bestimmte Aspekte der Ausstellung zu konzentrieren und einzulassen, ausgewählte Aspekte der Natur besser zu begreifen, die Natur in ihrer Ganzheit zu erfassen und aufgrund dessen die Ausstellung insgesamt als angenehm und unterhaltsam zu empfinden. Dass viele einen solchen „Flow"-Zustand erfuhren, wird aus verschiedenen Aussagen deutlich, wonach sich Besucherinnen und Besucher *„wie in eine andere Welt versetzt"* fühlten und ihnen - insbesondere in der Ausstellung - jegliches Zeitgefühl abhanden kam.

Dieser von den Besucherinnen und Besuchern empfundene „Flow"-Zustand verstärkt die Anziehungs- und Haltekraft der Ausstellung. Die szenografisch dichte Inszenierung und der Audio-Guide-Soundtrack aus Text, Musik und Naturgeräuschen fördern die Konzentrationsfähigkeit der Besucherinnen und Besucher. In der Ausstellung zeigte sich dies darin, dass sie lange bei bestimmten Ausstellungselementen/Exponaten verweilten und sich dadurch intensiver mit den jeweiligen Inhalten befassten. Die Möglichkeit zur Konzentration auf das Erlebte - ob in der Multivision oder in der Ausstellung - versetzt die Besucherinnen und Besucher in die Lage, die vom Besucherzentrum zu vermittelnden Kernbotschaften besser zu verstehen.

Diese Möglichkeit zur geistig stärkeren Durchdringung scheint bei vielen Besucherinnen und Besuchern auch ein Nachdenken über die Natur auf einer höheren Ebene zu fördern. Dies wird durch zahlreiche Kommentare belegt, die eher reflektierende als rein beschreibende Aussagen enthalten. In vielen Fällen hat in der Denkweise der Besucherinnen und Besucher eindeutig eine Entwicklung stattgefunden. Sie beschäftigen sich nicht mehr nur mit rein kognitiven Aspekten (z.B. Faktenwissen über Landschaften, Tiere und Pflanzen im Nationalpark), sondern werden nachdenklich. Aus vielen Kommentaren ist erkennbar, dass das Denken vieler Besucherinnen und Besucher dabei auf einer abstrakten Meta-Ebene stattfindet. Sie wurden in die Lage versetzt, auf ganzheitlichere Weise kontemplativ über die Natur nachzudenken; einige vermochten in diesem Zusammenhang sogar über ihr eigenes Verhalten in Bezug auf die Natur zu reflektieren.

Diese ganzheitlichere Denkweise lässt erkennen, dass durch das emotional geprägte Erlebnis bei den Besucherinnen und Besuchern innerlich ein Prozess angestoßen wurde, der die Konstruktion von Sinn und Bedeutung ermöglichte („meaning-making"[28]). Durch Anknüpfung an persönliche Erinnerungen und Erlebnisse können die Besucherinnen und Besucher für die im Besucherzentrum erlebten Erfahrungen ein sehr persönliches Verständnis entwickeln. Die Gestaltung der Multivision und der Ausstellung liefern hierzu

---

28 „Meaning-making has been defined as a paradigm (which) illuminates the visitor's active role in creating meaning of a museum experience through the context he/she brings, influenced by factors of self-identity, companions and leisure motivations" (SILVERMAN 1995: 161).

einen geeigneten Hintergrund. In Kombination mit den bewusst emotional gehaltenen Mitteln der Ansprache, wie sie im Besucherzentrum gezielt eingesetzt wurden, bietet die Ausstellung ein informelles Lernumfeld, das diese Konstruktion von Sinn und Bedeutung ermöglicht. Erinnerungen an persönliche Erlebnisse dienen hierbei als Basis für reflektierende Überlegungen, die wiederum ein höheres Verständnisniveau fördern. Indem das Besucherzentrum die Besucherinnen und Besucher dazu anregt, den Kernbotschaften - "Natur braucht Zeit", „Natur ist faszinierend", „Natur ist wertvoll" - persönlich Sinn und Bedeutung zu geben, bietet es ihnen eine Plattform, sich über die Bedeutung der Natur in ihrem Leben vertieft Gedanken zu machen. Es ist bemerkenswert, dass ein Besucherzentrum dieses sehr tiefgehende persönliche Verständnis bei der großen Mehrheit der Besucherinnen und Besucher zu fördern vermag.

„Zum Schluss wird man animiert, über alles noch mal nachzudenken"

Aus den Kommentaren wird deutlich, dass das Nationalpark-Zentrum Königsstuhl manchmal sogar noch mehr zu leisten vermochte, als die Konstruktion von Sinn und Bedeutung zu fördern. Einige Besucherinnen und Besucher schienen etwas noch Tiefergehendes zu erfahren, das man als *Presencing* (vgl. SENGE et al. 2004) bezeichnen kann. Dabei findet eine Umwendung des Denkens statt, wobei das gegenwärtige Wahrnehmen eine Öffnung gegenüber zukünftigen Möglichkeiten und Handlungen bewirkt. Im Nationalparkzentrum wird dieser innere Prozess durch das Zusammenspiel von emotionalen und kognitiven Erfahrungen angestoßen, die die Besucherinnen und Besucher bewegen, Natur auf eine neue Weise zu betrachten. Gefördert wird dieser Prozess durch die atemberaubenden Bilder und die Untermalung aus Musik und Naturgeräuschen, die das Publikum emotional stark ansprechen und sie die Natur aus einem ganz anderen Blickwinkel wahrnehmen lassen. Presencing findet in dem Moment statt, in dem die Besucherinnen und Besucher ihr eigenes Selbst öffnen und eine innere Weisheit hervortreten kann: *„Gehe zu dem Ort der Stille, wo das Wissen an die Oberfläche tritt"*(ARTHUR, zitiert nach SCHARMER 2003). Die Gewahrwerdung dieser inneren Weisheit wendet das Denken von der reinen Wahrnehmung in Richtung des Tuns, wodurch sich ein neues Verständnis der Wirklichkeit entwickeln kann.

„Man braucht Abstand ... man muss das (den Besuch) erst mal setzen lassen."

Das Besucherzentrum lässt demnach einige Besucherinnen und Besucher nicht nur zu einem tieferen Naturverständnis, sondern auch zu einem neuen Bezug zur Natur als einem bedeutsamen Element in ihrem Leben finden. Etliche Kommentare lassen erkennen, dass bei einigen von ihnen Einstellungsveränderungen stattgefunden haben und neue Verhaltensweisen angestrebt werden. Dass das Besucherzentrum bei einigen Besucherinnen und Besuchern eine Presencing-Erfahrung auszulösen vermochte, lässt sich am besten anhand von zwei Beispielen veranschaulichen. Eine Besucherin beschrieb ihren Besuch in der Ausstellung als ein wichtiges, lebensveränderndes Erlebnis. Die Ausstellung bot ihr

- erstmals in ihrem Leben - die Gelegenheit, die Schönheiten und die Wunder der Natur zu erleben. Aufgrund dieser Erfahrung wurde ihr zutiefst bewusst, dass die Natur in ihrem bisherigen Leben vollkommen fehlte - und was sie bis zu diesem Moment alles versäumt hatte. Ihre Äußerungen während des Interviews lassen erkennen, dass in ihrem Denken und Fühlen eine Wandlung von der Wahrnehmung dieses vergangenen Defizits hin zu einem künftigen Handeln stattfand - ein deutliches Anzeichen für *Presencing*:

> *„(Meine Stimmung nach dem Ausstellungsbesuch ist) ein warmes Gefühl, aber gleichzeitig Trauer, dass (man) vieles nicht genauer wusste und nicht früher im Leben erleben konnte ... wie bringe ich meine Tochter dazu, das (die Schönheit und Faszination der Natur) auch zu erleben?"*

Presencing-Erfahrungen dieser Art unterstreichen die Nachhaltigkeit der vermittelten Kernbotschaften. Dies lässt sich am Beispiel einer Mutter belegen, die an der telefonischen Nachbefragung teilnahm. Sie erzählte von den Erfahrungen, die sie inzwischen mit ihren Kindern gemacht hatte. Vor dem Besuch der Ausstellung im Nationalpark-Zentrum Königsstuhl hatten ihre Kinder noch nie Museen oder andere informelle Lernumgebungen aufgesucht. Einige Monate danach fuhr die Familie in Urlaub. Die Kinder fragten ihre Eltern, was sie am Urlaubsort alles unternehmen könnten. Sie waren stark daran interessiert, ein Museum zu besuchen - und wählten eines aus, das eine Audio-Guide-Führung anbot. Der Besuch machte ihnen Spaß, aber sie erinnerten sich noch lebhaft an ihren Ausstellungsbesuch im Nationalpark-Zentrum, der zu diesem Zeitpunkt bereits Monate zurücklag - „*Das war echt toll*!" Hier hatte sich die Wahrnehmung eines Erlebnisses - in diesem Fall in einer informellen Lernumgebung - ins Positive verschoben. Der *Presencing*-Prozess machte die Kinder nunmehr offen für solche Angebote und es entstand eine neue Einstellung zu informellen Lernumgebungen und den Erlebnissen, die diese ihnen bieten können. Dies wiederum hatte offenbar ihre Bereitschaft geweckt, weitere Erfahrungen dieser Art zu suchen. Der Ausstellungsbesuch im Nationalpark-Zentrum hatte also nicht nur eine Veränderung ihrer Einstellung gegenüber informellen Lernumgebungen bewirkt, sondern sie auch dazu motivieren können, ihr Verhalten zu ändern, d.h. aus Nicht-Besuchern wurden künftig motivierte Besucher! Aus diesen und weiteren Besucherkommentaren könnte man die Schlussfolgerung ziehen, dass das Stattfinden von *Presencing*-Prozessen dieser Art eine Voraussetzung für die nachhaltige Wirkung einer Ausstellung auf die Besucherinnen und Besucher darstellt.

Last but not least scheint die Dauer der Besuchszeit einen Einfluss auf die Qualität der Erfahrungen zu haben. Dies lässt sich erkennen anhand der unterschiedlichen Verständnisebenen, die sich bei der Auswertung der Evaluationen zwischen Multivision und der Ausstellung zeigten. Im Gegensatz zur Multivision scheint die Ausstellung bei den Besucherinnen und Besuchern einen wesentlich tieferen Eindruck hinterlassen zu haben. Dies ist sicherlich darauf zurückzuführen, dass die Ausstellung aufgrund ihrer besonderen

Gestaltung die Besucherinnen und Besucher „geistig eintauchen“ ließ. Dies förderte Konzentration und Aufmerksamkeit und bot den Besucherinnen und Besuchern mehr Gelegenheit zu *Presencing*-Erfahrungen und zur persönlichen Sinn- und Bedeutungsfindung.

Wie die Auswertung der Evaluationsergebnisse aus allen Erhebungsinstrumenten bestätigte, spielt der interpretative, also Gefühl und Sinne einbeziehende Ansatz eine Schlüsselrolle bei der Schaffung eines nachhaltigen Besuchserlebnisses im Nationalpark-Zentrum Königsstuhl. Der kreative Einsatz von Bild und Ton erwies sich als höchst effektiv, um den Besucherinnen und Besuchern die Botschaften auf emotional-affektiver Ebene nahe zu bringen. Die szenografisch erlebnisreiche Ausstellungsumgebung, die ausgewählten Medien und die interaktiven Elemente verstärken eindeutig die Haltekraft der gesamten Ausstellung. Multivision und Ausstellung stellen ein Ambiente bereit, das der persönlichen Auseinandersetzung mit den Kernbotschaften der Ausstellung förderlich ist. Dies erhöht die Wahrscheinlichkeit, dass die Besucherinnen und Besucher auf eine höhere Verständnisebene gelangen und zeigt in vielen Fällen eine langfristig nachhaltige Wirkung.

7 Schlussbetrachtungen

1. Im Gesamtergebnis zeigen die Evaluationsergebnisse sehr eindeutig, dass der strategische Ansatz des E+E-Vorhabens Nationalpark-Zentrum Königsstuhl erfolgreich war. Durch seine Art der Umsetzung konnte das Projekt die gesteckten Kommunikationsziele erreichen. Als *Erfolgsfaktoren* haben sich insbesondere erwiesen:
   - die Orientierung an der aus der Werbewirkungsforschung stammenden Erkenntnis, dass Einstellungen vor allem dann beeinflusst werden können, wenn es gelingt „innere Bilder“, d.h. visuelle Vorstellungen, positiv zu prägen,
   - die Beschränkung auf einfache Kernbotschaften, auf die sich die Ausstellungsinhalte immer wieder beziehen,
   - die konsequente emotionale Ansprache des Publikums,
   - ein Vermittlungsansatz, der demzufolge stark mit Bildern, Naturgeräuschen, Musik, Rauminszenierungen und Stilelementen des „Geschichtenerzählens“ kommuniziert.
   - Zu den Erfolgsfaktoren zählt nach Einschätzung der beiden Evaluatorinnen auch, dass von einem anfangs noch kleinen Projektteam bereits zu Beginn eine starke, Erfolg versprechende Vision entwickelt wurde, und es dann gelang, diese Vision bis zur Eröffnung des Zentrums im März 2004 und Fertigstellung der summativen Evaluationen auch mit allen Beteiligten konsequent umzusetzen.
2. Die Evaluationsergebnisse zeigen, dass ein Produkt von besonderer Qualität und mit einem beachtlichen Potenzial geschaffen wurde. Um dies Potential langfristig zu erhalten oder gar auszubauen, ist die Einführung eines kontinuierlichen Monitorings

bzw. Qualitätsmanagements unabdingbar. Dabei sollte der Einsatz von Monitoring und Evaluation nicht nur als Kostenfaktor gesehen werden. Die Erkenntnisse daraus schaffen Transparenz und Entscheidungsgrundlagen, die dazu beitragen können, Optimierungen vorzunehmen, Fehlentwicklungen zu vermeiden und Kosten zu senken. Das mit den beiden Evaluationen entwickelte methodische Instrumentarium bietet eine solide Basis für ein kontinuierliches Qualitätsmanagement im Nationalpark-Zentrum Königsstuhl und könnte auch für andere, vergleichbare Projekte adaptiert werden. Zur weiteren Optimierung besucherorientierter Ausstellungsprojekte wäre es allerdings wünschenswert, die Stimme des Zielpublikums durch Vorab- und formative Evaluationen bereits von Anfang an in den Entstehungsprozess einzubeziehen.

3. In der Absicherung eines professionellen Betriebs und Qualitätsmanagements sehen die Autoren auch eine besondere Verantwortung für den oder die Fördermittelgeber. In den Aufbau eines solchen Projektes fließen hohe Investitionssummen, die sich erst im langfristigen Betrieb „amortisieren“. Vor diesem Hintergrund sollten Fördermittelgeber verbindliche Strategien entwickeln bzw. einfordern, die auch im späteren Betrieb ein solides Qualitätsmanagement und eine professionelle Kontrolle der langfristigen Projektumsetzung und Weiterentwicklung erlauben.
4. Zum soliden Qualitätsmanagement in einem Besucherzentrum gehören nach Auffassung der Autoren mindestens die folgenden Aspekte:
   - Kontinuität in der Unternehmenskultur (Weiterverfolgen von Zielen, Werten, Visionen und Corporate Identity eines Projektes im dauerhaften Betrieb),
   - Professionelle Personalentwicklung, darunter die regelmäßige Qualifizierung und Schulung von Mitarbeiterinnen und Mitarbeitern (Besucherservice) und die Schaffung eines kreativen und motivierenden Betriebsklimas,
   - Regelmäßige Pflege und Optimierung der angebotenen Produkte und Dienstleistungen,
   - Aufbau und Weiterentwicklung eines qualitativ hochwertigen Veranstaltungsprogramms,
   - Netzwerkbildung und intensive Kooperation zwischen Besuchereinrichtung, der zuständigen Nationalparkverwaltung (Stichwort: gemeinsamer Nationalpark-Service) und anderen Akteuren in einem Nationalpark bzw. einer Nationalparkregion,
   - Professionelles und zum Charakter der Einrichtung passendes Marketing,
   - Langfristig tragfähige und strategisch ausgereifte Betriebskonzepte.
5. Das E+E-Vorhaben Nationalpark-Zentrum Königsstuhl hat gezeigt, dass es sich auch für den Naturschutz lohnt, auf die Ansätze des sozialen Marketings und der

Unternehmenskommunikation zurückzugreifen. Die deutschen Großschutzgebiete (vielleicht der Naturschutz allgemein) sollten sie sehr viel stärker und systematischer nutzen, um ihre Botschaften erfolgreich zu kommunizieren. Denn die kommunikativen Aufgaben im Naturschutz unterscheiden sich im Grundsatz nicht von den kommunikativen Aufgaben in Unternehmen oder anderen Institutionen bzw. gesellschaftlichen Initiativen.

Ein interessanter Nebenaspekt für die gesamtgesellschaftliche Debatte um Naturschutzkonzepte in Deutschland liegt in der Erkenntnis, dass die Deutschen sich selbst überlassene Natur weit positiver empfinden als gedacht. Die deutsche Bevölkerung ist also offenbar viel „wildnisfähiger“ als häufig vermutet.

6. Die Realisierung des Nationalpark-Zentrums Königsstuhl hatte Züge einer „Expedition“, die lange, gewundene Wege gehen musste, um ihr Ziel zu erreichen. Bündnispartner mussten gewonnen, Finanzierungsmöglichkeiten gesucht (und gefunden), Eigentums-, Rechts- und steuerliche Fragen geklärt, Trägerschaftskonstruktionen entwickelt, Verträge geschlossen, Teams aufgebaut, Widerstände überwunden, Konzepte und Planungen entwickelt und neben den absehbaren auch unzählige nicht absehbare Hindernisse aus dem Weg geräumt werden, bevor die eigentliche Projektrealisierung beginnen konnte. Solche Erfahrungen hat wahrscheinlich nahezu jedes Projektteam gemacht, das ein Besucherzentrum ähnlicher Größe in einem deutschen Großschutzgebiet aufgebaut hat. Externen ist es oft schwer vermittelbar, warum ein solches Projekt von der ersten Idee bis zur Eröffnung zehn Jahre braucht und die Vorbereitung dabei mehr Zeit benötigt als die Realisierung.

   Aus Sicht der Projektleitung ist dieses Phänomen auch Ausdruck einer Schwäche bzw. eines Strukturproblems im deutschen Schutzgebietsmanagement. Jedes Besucherzentrum in Deutschland scheint seine Entstehungsgeschichte individuell zu schreiben, und jedes Projektteam macht dabei einander ähnelnde Erfahrungen immer wieder neu. Es gibt keine Standards, keine übergeordneten Hilfestellungen, kein System geregelter Unterstützung oder organisierter Qualitätssicherung. Damit kein falscher Eindruck entsteht: Hiermit verbindet sich kein Aufruf nach zentralisierter amtlicher Kontrolle, wohl aber nach einem Unterstützungs- und Harmonisierungsmechanismus, der als qualitativ hochwertiges und hilfreiches (nicht kontrollierendes) Angebot übergeordnet organisiert werden müsste. Er könnte viele Reibungs- und Effizienzverluste sparen und auch qualitätssichernd wirken. Als öffentliches Aushängeschild von Schutzgebieten sind Besucherzentren zu wichtig, um sie „lediglich“ als eine Aneinanderreihung von Einzelprojekten zu sehen.

7. Das Publikum emotionalisieren zu wollen, ist ein oft genanntes Ziel in der Besucherkommunikation und auch in der Umweltbildung. Erfolgskontrollen, ob das mit den

eingesetzten Methoden gelingt, gibt es kaum. Mit dem Nationalpark-Zentrum Königsstuhl ist ein Projekt realisiert worden, in dem die Emotionalisierung tatsächlich gelang und die Kommunikationsziele selbst für die Initiatoren des Projektes überraschend deutlich erreicht werden konnten. Das E+E-Vorhaben „Nationalpark-Zentrum Königsstuhl" offeriert damit eine erfolgreiche Strategie, um gezielt für die Nationalpark-Idee zu werben, die aber aus Sicht der Autoren im Rahmen der Naturschutzkommunikation generell weiter verfolgt und weiter entwickelt werden sollte.

8. Der über die Evaluationen bestätigte Erfolg des im Nationalpark-Zentrum Königsstuhl realisierten Kommunikationskonzeptes ist aber keine Aufforderung zur bloßen Kopie. Wirksame strategische Kommunikation erfordert einen komplexen Prozess, der auf die spezifischen Rahmenbedingungen eines Kommunikationsprozesses jeweils auch spezifisch angepasst werden muss. Ihre Stärke liegt nicht im Patentrezept, sondern in einem flexiblen Instrumentarium, das vor allem dann Erfolge bringen kann, wenn es kreativ, professionell und zielgerichtet eingesetzt wird.

9. Interessant in diesem Zusammenhang ist die Erfahrung des Projektteams, dass das Konzept und die Umsetzung des E+E-Vorhabens „Nationalpark-Zentrum Königsstuhl" von den *Besucherinnen und Besuchern* zwar begeistert aufgenommen, von einem Teil des *Fachpublikums* - Biologen, Förster, Naturschutzexperten, andere Ausstellungsmacher - dagegen bisweilen relativ kritisch beurteilt wird. Experten scheinen den Ausstellungsbesuch häufig anders zu erfahren als die Zielgruppen des Projekts. Es sei daher an den bekannten Satz erinnert, dass auch in der Naturschutzkommunikation „der Wurm dem Fisch und nicht dem Angler schmecken muss".

10. So sollten die Ergebnisse des E+E-Vorhabens aus Sicht der Autoren auch als Aufforderung verstanden werden, im Naturschutz bewusst und gezielt Gefühle anzusprechen. Dazu gehört der Mut, sich auf wenige, dafür aber eindeutige und klare Botschaften zu beschränken, anstatt die ganze Komplexität ökologischer Zusammenhänge und eine Fülle von Fakten zu präsentieren. „Emotional Branding" als Strategie kann sich auf die Erfahrung unterschiedlichster Professionen aus dem Kommunikations- und Unterhaltungsbereich stützen, dass ein Publikum immer über das Herz, aber selten über den Kopf zu gewinnen ist.

Literatur

BAUER, N. (2002): Einstellungen zu Wildnis und Verwilderung - Erste Ergebnisse einer sozialwissenschaftlichen Studie (Präsentation am 07.06.2002 bei der Kolloquienreihe „Mainzer Universitätsgespräche" in Mainz). [Online-Dokument] URL http://www.studgen.uni-mainz.de/manuskripte/bauer.pdf (15.5.2003).

BORTZ, J. & DÖRING, N. (2002): Forschungsmethoden und Evaluation für Human- und Sozialwissenschaftler. 3. Aufl. - Berlin (Springer): 812 S.

CSIKSZENTMIHALYI, M. (1990): Flow. The Psychology of Optimal Experience. - New York (Harper and Row): 320 S.

KAPLAN, S., BARDWELL, L. & SLAKTER, D. (1993): The Restorative Experience as a Museum Benefit. - Journal of Museum Education 18 (3): 15-18.

KROEBER-RIEL, W. (1993): Bildkommunikation: Imagerystrategien für die Werbung. 1. Aufl. - München (Vahlen): 361 S.

KUTSCH, M. & RÖCHERT, R. (2002): Übergeordnete Ziele und Botschaften des Nationalpark-Zentrums Königsstuhl. Unveröffentlichtes Arbeitspapier.

KUTSCH, M. & RÖCHERT, R. (2002): Ziele und Botschaften der Hauptausstellung. Unveröffentlichtes Arbeitspapier.

LANTERMANN, E.-D., REUSSWIG, F., SCHUSTER, K. & SCHWARZKOPF, J. (2003): Lebensstile und Naturschutz. Zur Bedeutung sozialer Typenbildung für eine bessere Verankerung von Ideen und Projekten des Naturschutzes in der Bevölkerung. - In: ERDMANN, K.-H. & SCHELL, C. (Bearb.): Zukunftsfaktor Natur - Blickpunkt Mensch. - Münster (Landwirtschaftsverlag): 127-244.

MARSH, C. (1996): The Role of Emotions. - ASTC Newsletter (Washington D.C.) November/December: 1-3.

MUNRO, P. (2004): „Wo Natur die erste Geige spielt“ - Bericht über die Summative Evaluation der Multivision und Ausstellung im Nationalpark-Zentrum Königsstuhl (unveröffentlicht). - München (Gutachten i. A. des WWF Deutschland. Zephyrus - Menschen und Ideen im Dialog): 74 S.

PAATSCH, U. (2001): Evaluation des Multimar Wattforums Tönning - die Ergebnisse im Überblick. [Online-Dokument] URL http://www.bfn.de/03/031603_es_multimar.pdf (11.11.2003).

RUMP, C. (1996): Rahmenkonzeption für das Nationalparkhaus am Königsstuhl (unveröffentlicht). - Bremen (Konzeptstudie i. A. des WWF Deutschland.): 90 S.

SCHARMER, O. (2003): Präsentation am 11.10.2003 auf dem Munich Leadership Forum der "International Leadership Association" in München.

SENGE, P., SCHARMER, O., JAWORSKI, J. & FLOWERS, B. (2004): Presence: Human Purpose and the Field of the Future. - Cambridge - Massachusetts (SoL): 289 S.

SERRELL, B. (1996): Exhibit Labels. An Interpretive Approach. - Walnut Creek CA (SAGE Publications Ltd): 280 S.

SILVERMAN, L. (1995): Visitor Meaning - Making in Museums for a New Age. - Curator 38 (3): 161-170.

SOMMER, S. (2005): Bericht der Projektevaluation „Nationalpark-Zentrum KÖNIGSSTUHL“ (unveröffentlicht). - Berlin (Gutachten i. A. des WWF Deutschland. Humboldt-Universität zu Berlin, Geographisches Institut, Landschaftsökologie/Landschaftsforschung): 129 S.

WASEM, K. (2002) Akzeptanz von Wildnisgebieten. Hintergründe zur Befürwortung und Ablehnung von Wildnisgebieten: dargestellt an den Fallbeispielen Naturlandschaft Sihlwald und Auenschutzpark Aargau (Diplomarbeit). [Online-Dokument] URL http://www.ftl.hsr.ch/text/publikationen/Akzeptanz_Wildnis.pdf (26.5.2003).

WEYER, M. (1998): Ausstellungen zur Umweltbildung - ein Forschungsprojekt des Umweltbundesamtes. - In: SCHER, M.A. (Hrsg.): (Umwelt-) Ausstellungen und ihre Wirkung: Tagung vom 29.-31. Januar 1998. - Olderburg. - Schriftenreihe des Staatlichen Museums für Naturkunde und Vorgeschichte 7: 57-73.

WWF (1998): Bundesweite repräsentative Emnid-Umfrage im Auftrag der Umweltstiftung WWF-Deutschland zum Thema „Nationalparke“. - Frankfurt.

Autorinnen- und Autorenverzeichnis

Dr. Gerd Meurs

Geboren am 13.08.1957 in Kevelaer, Niederrhein. 1978 - 1986 Studium der Biologie und Geographie an der Freien Universität Berlin und an der Carl-von-Ossietzky Universität Oldenburg. 1986 - 1994 wissenschaftlicher Angestellter am Institut für Chemie und Biologie des Meeres (ICBM), Abteilung Aquatische Zooökologie. 1994 Promotion im Fach Biologie. 1995 - 1996 Mitglied der Steuergruppe in der Ökosystemforschung Niedersächsisches Wattenmeer. Seit 1996 Leiter des Multimar Wattforum Tönning.
Multimar Wattforum Tönning; Am Robbenberg; 25832 Tönning;
E-Mail: g.meurs@multimar-wattforum.de

Patricia Munro

Nach Ihrem Studienabschluss am Swarthmore College (USA) erhielt Patricia Munro ein Fulbright Stipendium in Museumskunde. Anschließend erwarb sie an der George Washington University den M.A. in Museum Studies mit Schwerpunkt Museumsmanagement. Frau Munro ist Geschäftsführerin der Firma zephyrus - Menschen und Ideen im Dialog (www.zephyrus.net) und Partnerin der Cultural Consulting Group (www.culturalconsultinggroup.net), eine Kultur- und Unternehmensberatungsfirma mit Büros in München, Weimar und New York (USA). Patricia Munro hat zahlreiche Artikel rund um die Themen Evaluation und Besucherorientierung verfasst, bietet entsprechende Beratung an und hält europaweit Fachvorträge.
zephyrus - Menschen und Ideen im Dialog; Danklstrasse 30; 81371 München;
E-Mail: munro@zephyrus.net

Ralf Röchert

Jahrgang 1960. Studium an der Universität Bielefeld (Dipl.-Biologie), der University of Edinburgh (Resource Ecology) und der Hochschule für Musik und Theater in Hannover (Journalismus). Seit 1986 für verschiedene Organisationen im Natur- und Umweltschutz tätig. Nach einem zweijährigen Intermezzo als Fernsehjournalist Wechsel zum WWF Deutschland im Jahr 1994. Dort bis Februar 2007 stellvertretender Leiter im Fachbereich Meere & Küsten, zuletzt als Projektmanager verantwortlich für die Aktivitäten des WWF Deutschland in der internationalen WWF-Projektregion „Western Africa Marine Ecoregion“. Bis zur Eröffnung im Jahr 2004 fachlicher Aufbauleiter des Nationalpark-Zentrums

Königsstuhl und damit verantwortlich für Konzept und Umsetzung des hier beschriebenen E+E-Vorhabens. Zurzeit stellvertretender Abteilungsleiter „Presse- und Öffentlichkeitsarbeit“ im „Alfred-Wegener-Institut für Polar- und Meeresforschung in der Helmholtz-Gemeinschaft“.
Alfred-Wegener-Institut für Polar- und Meeresforschung; Am Handelshafen 12;
27570 Bremerhaven; E-Mail: Ralf.Roechert@awi.de

Stefanie Sommer

Jahrgang 1976. Studium an der Friedrich-Alexander-Universität Erlangen-Nürnberg und der Humboldt Universität zu Berlin (Dipl.-Geographie) sowie der Freien Universität Berlin (Umweltmanagement). Von 2002 bis 2005 Mitglied der Arbeitsgruppe von Prof. Dr. Ludwig Ellenberg im Bereich Landschaftsökologie und Landschaftsforschung am Geographischen Institut der Humboldt Universität zu Berlin In diesem Zusammenhang Evaluation des hier beschriebenen E +E-Vorhabens im Auftrag des WWF Deutschland. Seit 2004 auf Rügen im Bereich Tourismus- und Regionalmarketing tätig. Derzeit Weiterbildungsstudium zur Betriebswirtin an der Fernuniversität Hagen.
Rosa-Luxemburg-Str. 1; 18546 Sassnitz; E-Mail: stefanie_sommer@t-online.de

Heinrich Spanier

Dipl. Ing. Heinrich Spanier, Jahrgang 1956, Studium der Landesflege in Hannover. Referatsleiter in einem Bundesministerium. Studien zum kulturellen Hintergrund von Landschaft. Arbeiten zur Sprache der Ökologie (Dt. Akademie für Sprache und Dichtung) sowie zur Bedeutung der bildenden Künste für die Ausprägung des Naturschutzes.
Höhlenweg 16c; 53125 Bonn; E-Mail: Spanier.Schell@t-online.de.

Aktuelle Veröffentlichungen des Bundesamtes für Naturschutz

Ein Verzeichnis aller Veröffentlichungen ist im Internet einsehbar unter www.lv-h.de/bfn. Dort können auch alle lieferbaren Veröffentlichungen des BfN online bestellt werden.

Das gedruckte Veröffentlichungsverzeichnis kann beim Landwirtschaftsverlag kostenlos angefordert werden. Weitere kostenlose Informationsbroschüren sind erhältlich beim:

Bundesamt für Naturschutz
Öffentlichkeitsarbeit
Konstantinstr. 110, 53179 Bonn
Tel.: 02 28/84 91-10 33
Fax: 02 28/84 91-10 39
E-Mail: presse@bfn.de
Internet: www.bfn.de

Heft 31

Hölzel, N., Bissels, S., Donath, T. W., Handke, K., Harnisch, M. und Otte, A.
Renaturierung von Stromtalwiesen am hessischen Oberrhein
2006, 263 Seiten, mit CD-ROM,
ISBN 978-3-7843-3931-3

Heft 32:

Jackel, A.-K., Dannemann, A., Tackenberg, O., Kleyer, M. und Poschlod, P.
BioPop – Funktionelle Merkmale von Pflanzen und ihre Anwendungsmöglichkeiten im Arten-, Biotop- und Naturschutz
2006, 168 Seiten,
ISBN 3-7843-3932-8

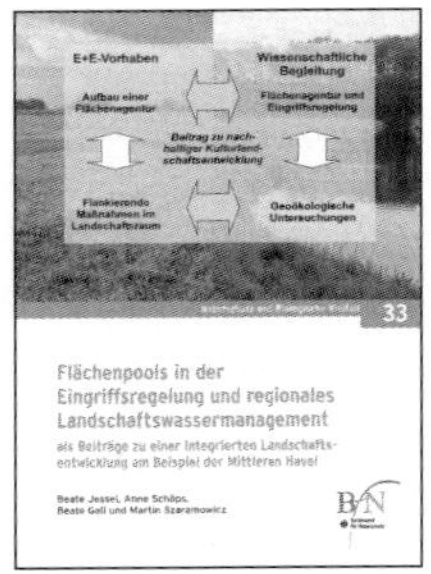

Heft 33

Jessel, B., Schöps, A., Gall, B. und Szaramowicz, M.
Flächenpools in der Eingriffsregelung und regionales Landschaftswassermanagement
2006, 407 Seiten,
ISBN 3-7843-3933-6

Heft 34:

Riecken, U., Finck, P., Raths, U., Schröder, E. und Ssymank, A.
Rote Liste der gefährdeten Biotoptypen Deutschlands
2006, 312 Seiten,
ISBN 3-7843-3934-4

Heft 35:

Frohn, H.-W. und Schmoll, F. (Bearb.)
Natur und Staat. Staatlicher Naturschutz in Deutschland 1906-2006
2006, 748 Seiten,
ISBN 3-7843-3935-2

Heft 36:

Oheimb, G. von, Eischeid, I., Finck, P., Grell, H., Härdtle, W., Mierwald, U., Riecken, U. und Sandkühler, J.
Halboffene Weidelandschaft Höltigbaum
2006, 280 Seiten, mit CD-ROM,
ISBN 3-7843-3936-0

Heft 37:

Bremer, S., Erdmann, K.-H. und Hopf, T. (Bearb.)
Freiwilligenarbeit im Naturschutz
2006, 224 Seiten,
ISBN 978-3-7843-3937-5

Heft 38:

Erdmann, K.-H., Bork, H.-R. und Hopf, T. (Bearb.)
Naturschutz im gesellschaftlichen Kontext
2006, 337 Seiten,
ISBN 978-3-7843-3938-2

Heft 39:

Büschenfeld, J. (Bearb.)
Naturschutz und Gewässerschutz. Gegenwarts- und Zukunftsfragen in historischer Dimension
2007, 326 Seiten,
ISBN 978-3-7843-3939-9

Heft 40:

Oppermann, B., Schipper, S., Hachmann, R., Meiforth, J. und Warren-Kretzschmar, B.
Leitfäden zur interaktiven Landschaftsplanung
2007, 10 Leitfäden im Schuber mit CD-ROM,
ISBN 978-3-7843-3940-5

Heft 41:

Bielefeld, U., Hierlmeier, R. und Schönecker, S.
Beitrag der kommunalen Landschaftsplanung zur Umweltprüfung und -überwachung von Flächennutzungsplänen
2007, 134 Seiten,
ISBN 978-3-7843-3941-2

Heft 42:

Gerken, B. und Sparwasser, K.
Hutelandschaftspflege mit großen Weidetieren im Solling
2007, DVD mit 12 Seiten Booklet,
ISBN 978-3-7843-3942-9

Heft 43:

Scherfose, V. (Bearb.)
Bundesweit bedeutsame Gebiete für den Naturschutz
2007, 364 Seiten,
ISBN 978-3-7843-3943-6

Heft 44:

Sekretariat des Übereinkommens über die biologische Vielfalt
Die Lage der biologischen Vielfalt: 2. Globaler Ausblick
2007, 96 Seiten,
ISBN 978-3-7843-3944-3

Heft 45:

Brockmann-Scherwaß, U., Bücking, T., Fritze, M.-A., Heimann, R., Hübner, T., Krechel, R., Pavlović, P. und Scherwaß, R.
Renaturierung der Berkelaue
2007, 256 Seiten, 2 Falttafeln, 1 CD-ROM,
ISBN 978-3-7843-3945-0

Heft 47:

Piechocki, R. und Wiersbinski, N. (Bearb.)
Heimat und Naturschutz Die Vilmer Thesen und ihre Kritiker
2007, 418 Seiten,
ISBN 978-3-7843-3947-4

Heft 48:

Potthast, T. (Bearb.)
Biodiversität – Schlüsselbegriff des Naturschutzes im 21. Jahrhundert?
2007, 232 Seiten,
ISBN 978-3-7843-3948-1

Heft 49:

Breckling, B., Dolek, M., Lang, A., Reuter, H. und Verhoeven, R.
GVO-Monitoring vor der Umsetzung
2007, 244 Seiten,
ISBN 978-3-7843-3949-8

Heft 51:

Klos, G., Kretschmer, H., Roth, R. und Türk, S.
Siedlungsnahe Flächen für Erholung, Natursport und Naturerlebnis
2008, 108 Seiten,
ISBN 978-3-7843-3951-1

Heft 54:

Erdmann, K.-H., Hopf, T. und Schell, C. (Bearb.)
Informieren und faszinieren – Kommunikation in Natur-Infozentren
2008, 194 Seiten,
ISBN 978-3-7843-3954-2

Preisliste

Aus postalischen Gründen werden die Preise der Veröffentlichungen gesondert aufgeführt.

Naturschutz und Biologische Vielfalt

Heft 31 = € 22,–
Heft 32 = € 18,–
Heft 33 = € 22,–
Heft 34 = € 24,–
Heft 35 = € 36,–
Heft 36 = € 20,–
Heft 37 = € 18,–
Heft 38 = € 20,–
Heft 39 = € 20,–
Heft 40 = € 24,–
Heft 41 = € 14,–
Heft 42 = € 9,90
Heft 43 = € 22,–
Heft 44 = € 10,–
Heft 45 = € 22,–
Heft 47 = € 20,–
Heft 48 = € 18,–
Heft 49 = € 18,–
Heft 51 = € 14,–
Heft 54 = € 16,–

Hinweis in eigener Sache:

Das Bundesamt für Naturschutz (BfN) publiziert seine wissenschaftlichen Ergebnisse nur noch in einer Schriftenreihe, die unter dem inhaltlich weiter gefassten Titel „Naturschutz und Biologische Vielfalt" das gewachsene Aufgabenspektrum des BfN thematisch besser abdeckt. Diese neue Reihe löst damit die bisherige „Schriftenreihe für Vegetationskunde", „Schriftenreihe für Landschaftspflege und Naturschutz" und „Angewandte Landschaftsökologie" ab.